経営法友会 編

The Association of
Corporate Legal Departments

新型コロナ 危機下の 企業法務 部門

商事法務

はじめに

　本書は、この4月中旬に経営法友会内で企画された。新型コロナウイルスにかかる緊急事態宣言が発令・延長される中、企業の総務・法務部門担当者がいま何を考えており、何に悩んでいるのか。近未来において何をすべきと考えられるか。これらについて記録しておこう。同時に、危機時のプラクティスで得た知見やノウハウを全国の企業法務部門で共有しよう。このようなところが刊行の動機であり、まさに新型コロナウイルス危機の最中に身を置きながら、企業法務担当者自身により執筆されたものである。ゴールデンウィークが明けた最初の月曜である5月11日を締切として寄稿を依頼したことから、多くの執筆者が5月上旬の状況をもとに執筆している。

　「企業法務」の中心的な担い手は、法務「部門」である。この未曽有の危機において、取引法務も、労務も、ガバナンスも、債権回収も、たしかに法務部門にとっての重要検討事項であることは論を俟たない。しかし、本書はそのような検討事項それぞれに、逐一回答を与えようとするものではない。法的論点それ自体を扱うのではなく、企業活動をサポートする法務部門の有り様をファクト・ファインディングするとともに、法的論点を扱う際にも「具体的にどのように検討の俎上に載せるか」を問題としている。

　本書に寄稿された各論考の具体的な描写から、あるいは執筆者の思考プロセスから、企業法務に携わる読者が得るものは大きいものと確信する。その名宛人は、経営法友会の会員企業であるかどうかにかかわらず、ともに危難に直面している企業法務の真の担い手、すなわち企業内法務担当者である。我々は危機時においてこそ法務の力を信じる点で、仲間であり同志であることを、ここに確認したいと思う。

　この「はじめに」を記しているのは5月の最終日。すでに緊急事態宣言は解除されており、「新しい生活様式」が営まれることを前提に、経済活動が少しずつ再開されようとしている。6月になれば、その活動は徐々に活発化していくだろう。在宅勤務を継続する企業も多いと思われるが、一部に留まるかもしれない。新型コロナウイルスの感染者数が今後どのような動きを見せるのかは依然として予断を許さない状況にあり、5月末時点では日本各地で、すわ「第二波」の到来かと思わせるような事例も見られているが、我々は想像力を発揮して、With Coronavirus 時代の企業法務のあり方を、企業経営のあり方とともに考え抜かねばならない。今年の夏も猛暑であると予想されているし、風水害が列島を襲う危険も拭えない。いくら準備をしてもし過ぎることはない。

　本書が成るにあたっては、経営法友会の活動を支える幹事・運営委員を中心に、会員企業有志の協力を得ることができた。不慣れな在宅勤務の中で各論考に知恵と勇気を編み込んでいただいた執筆者と、世話人を買って出てくれた佐々木毅尚幹事（太陽誘電）および守田達也幹事（双日）に感謝する。

　最後に、1971年創立の経営法友会は2021年で50周年を迎えるが、創立以来常に当会とともにあり、企業法務の応援団である公益社団法人商事法務研究会と株式会社商事法務に、心から感謝申し上げたい。

2020年5月31日

経営法友会 代 表 幹 事　小幡　忍
日本電気株式会社
執行役員兼チーフリーガル
＆コンプライアンスオフィサー

経営法友会 総務部会主査　田畑博章
ANAホールディングス株式会社
グループ法務部 担当部長

目次

新型コロナ危機下の
企業法務部門

第1章　想像力を働かせよう

第2章　法務のあるべき姿は

第3章　仕事の質を高めよう

第4章　機関運営を進化させよう

第5章　みんなで語ろう

第1章
想像力を
働かせよう

With / After
Coronavirus

1 危機下の企業法務部門
——新型コロナウイルス対策本部より

前田光俊　三井化学株式会社 理事 総務・法務部長

> いつの日か目覚めて、ティファニーで朝ごはんを
> 食べるときにも、この自分のままでいたいの。
> ——カポーティ『ティファニーで朝食を』
> （村上春樹訳・新潮文庫）

　現在、新型コロナウイルス（COVID-19）の感染者は、全世界で400万人を超え、死者も25万人を超えている（5月10日現在）。

　個人的には、昨年末時点では、中国武漢市を中心としたエリアだけに流行している新型肺炎との認識しかしておらず、1月に中国に出張に行く友人に気をつけるように言った記憶があるが、まさかここまで全世界に広がり、多くの人の命や移動の自由を奪い、経済活動に深刻な打撃を与えるとまでは、まったく予想できなかった。

　本稿は、新型コロナウイルスというリスクにどのように対応した（ている）か、という筆者の経験を拙い文章でまとめたものであり、その意味では、「危機管理下の法務」というテーマにそぐわないかもしれないが、お許し願いたい。本稿が多少でも読者の参考になれば幸いである。

1 中国における状況および当社の対応

　当社は中国に19の関係会社と駐在事務所1拠点を有し、社員総数約1500人（日本人駐在員は50人強）を抱えているが、東京の本社が中国における状況を深刻に考えるようになったのは、2020年の春節前、1月中旬からであったと思う。その当時、当社の中国の地域統括会社より、当社グループ社員の武漢市周辺への出張を取りやめることの進言と春節前後の日本人駐在員・出張者の移動

に関する相談があったことがきっかけであったと思う。

　当社においては、2009年の新型インフルエンザ流行時に社員の安全確保対策と事業継続対策を内容とするBCPを立案済みであったため、今般の新型コロナウイルス流行に対しても、当該BCPを活用した対応を図っていくこととした。

　当該BCPに基づく場合、対策本部（本部長は、「リスク・コンプライアンス委員会委員長：法務担当役員）を立ち上げることとなっていたが、当初は中国に限定されたエピデミックという印象もあり、対策本部の前段階として、総務・法務部が事務局を務める「新型コロナウイルス感染症対策連絡会議」（対策連絡会議）を2月3日に立ち上げ、中国の状況を事業部・コーポレート各部にて共有し、新型コロナウイルスにより中国各拠点が余儀なくされた休業からの操業再開・維持のための支援について必要な対策を講じていくこととした。

　対策連絡会議立ち上げ後も中国地域統括会社との連携を緊密に保ち、双方の状況認識に誤解が生じないように心がけた。たとえば、2月12日に外務省から出張者や駐在員の早期一時帰国や渡航延期の検討要請が発出されたが、中国の地域統括会社より中国各社において駐在員と現地スタッフが操業再開に向けて一丸となって奮闘している中、日本人駐在員だけを全員退避させることは士気にも大きく関わるため、一律に駐在員を帰国させる措置を採らず、現場の判断を尊重して欲しい旨の要望がなされたため、当社グループとしては、駐在員の帰国は個別に判断すること、帯同家族の帰国は推奨することを原則とした。

　幸いなことに、現在に至るまで、中国における当社グループに感染者は発生しておらず、中国各拠点の操業も無事に維持されている。結果論かもしれないが、中国の地域統括会社と対策連絡会議が連携することで適切な対応が図れたと考えている。

2 日本における状況および当社の対応

(1) 日本における状況の変化

　1月下旬から2月初旬の状況を振り返ってみると、私自身は新型コロナウイルスについては、中国に限定された問題であり、駐在員を含む中国各社の従業員の感染リスクや操業リスクを懸念したに留まっていたように思う。日本の問題としても1月末から数次にわたりチャーター便で帰国した方々やダイヤモン

ド・プリンセス号において隔離された方々からの感染をいかに防ぐかということが重要で、日本全国に感染が拡大するリスクについてはそれほど深刻に考えていなかったように感じる。しかし、2月下旬になり、日本国内の感染者も都市部を中心に絶えることなく報告され、欧州における新型コロナウイルスの流行もニュースになり始め、新型コロナウイルス禍が中国に限定されない世界規模のリスクであることが実感され始めた。これに加えて、当社が入居するビルの周囲のビルに感染者が発生し、「原則自宅勤務」を実行する会社が増えてきたことから、新型コロナウイルスの脅威を身近にひしひしと感じ始めるとともに、対策連絡会議事務局としても警戒レベルを上げる必要を強く感ずるようになってきた。

　政府の対応に変化が現れ始めたのもこの頃であったように思う。政府が2月13日に発表した「新型コロナウイルス感染症に関する緊急対応策」は水際対策が中心であったが、2月25日に発表した「新型コロナウイルス感染症対策の基本方針」においては、感染経路不明の感染者の増加という事実を踏まえ、人と人の接触を可能な限り減らして感染者の爆発的な増加を防ぐということが強調されていた。特に企業に対しても、「患者・感染者との接触機会を減らす観点から（中略）発熱等の風邪症状が見られる職員等への休暇取得の勧奨、テレワークや時差出勤の推進等を強力に呼びかけ」がなされている。すでに水際対策から市中感染対策への方針転換が図られていたと思う。

(2)　当社における対応

　こうした動きも踏まえた上で、当社も、工場において感染者が発生した場合、操業停止は重大なリスクであると考え、2月26日には、本社から各工場への出張を禁止することとした（併せて国内外の出張も特別な理由がない限り禁止）。当社の工場は、アルコールも入れられるプラスチック容器や不織布製のマスクや防護服等の感染予防対策に必要な製品の原料を製造している製造装置もあり、工場の操業停止を避けることは、企業の収益にかかわる問題以上に社会的な使命であるとも考えた。

　また、2月28日には、東京地区に勤務する社員への感染リスク対策として、テレワークを取得しやすい環境を整えるために、それまで「週2日および

月8日」とされていたテレワークの上限を一時的に撤廃することとした。さらに、2月29日に安倍首相が行った「これから1〜2週間が、急速な拡大に進むか、終息できるかの瀬戸際となる。今からの2週間程度、国内の感染拡大を防止するため、あらゆる手を尽くすべき」との声明を受けて、3月3日に対策連絡会議を「新型コロナウイルス感染症対策本部」（「対策本部」）に改組するとともに、東京地区における3月4日〜19日の勤務について「原則テレワーク」とすることを決定した（この後、「原則テレワーク」期間については、数次にわたり延長し、現時点では5月31日まで延長する予定である。）。

当社グループ内に感染者が出ていない中での「原則テレワーク」への移行は、当社社員への感染リスクを未然に防ぐとともに、通勤者を減らすことが感染者数増加のピークカットに有用であり、感染者の爆発的増加および医療への過度な負担を避けるために有効である、とのことに対する些少であっても一企業として貢献するためであった。

③ 感染の世界的拡大後の状況および当社の対応

(1) 「対策本部」の役割

対策本部の役割としては、2009年当時の新型インフルエンザの際に「①社員安全確保対策に定める各フェーズごとの対策（感染予防措置、医療物品の備蓄、渡航規制、感染時対応等）の指示、②発生国事業所における医療物品確保の支援」であることが定められていた。

中国に対する措置については、すでに対策連絡会議の時点で実行していたため、対策本部としては、日本国内の対応策の策定と中国以外の国における対応支援が主要なミッションとなった。

また、対策本部としての活動は、対策連絡会議の反省も踏まえたものとした。対策連絡会議の運営の際には、中国の状況と中国から波及した日本国内の状況を考慮・対応に注力し、中国に若干遅れて感染が深刻化していた韓国に対しては、当社の関係会社が所在するにもかかわらず、十分な考慮をすることができなかった。当時の対策連絡会議にはすでに在中国の当社メンバーがSkypeベースで参加していたことに鑑みれば、韓国メンバーも同様に参加させ、韓国の状況等の共有や対策の立案等が可能であったと思われる。結果的には、韓国

における深刻な状況は、韓国に所在する各社社長間の連携とその判断により乗り切ることになり、対策連絡会議として有効な支援ができなかったことについては、忸怩たる思いに駆られる。

　同様の状況は、新型コロナウイルス禍が深刻化したインド、シンガポールやニューヨークとの間においても発生した。各拠点からは、本社の各セクションに各地の状況が定期的に報告されていたものの、その情報が共有化されることがなかったため、本社の複数の部署が各社に状況を問い合わせるという不効率な状況が生じた。対策本部設置後は、こうした東京本社における情報の濃淡を減じ、適切な支援を行うべく、本社各所に集積された情報を対策本部にて吸い上げる形で共有することとし、本社各部が必要な情報を閲覧できるようにした。

　また、各拠点の代表者による対策本部会議への参加についても積極的に勧め、時差の問題が少ないアジア地域拠点の代表者はほぼ参加することとなり、南北アメリカの代表者も定期的に参加し、各地の状況等を肉声で伝えることができた。さらに、会議に参加する各社の代表者からは、対策本部会議というオフィシャルな場のみならず、その他の機会でもコミュニケーションを図ることにより、より細々とした相談も受けることになり、実態に即した情報も得ることができるようになった。

　グローバルなリスク管理という面から見ると、今回のような時期・程度の違いがあっても、全世界がほぼ同時に同じ脅威に晒されるという経験がなかったため、当初は今回のリスクを実感としてグローバルという面で捉えることができず、適切な初動が取れなかったように思う。今後、新型コロナウイルスのような禍が再度起きるようなことはないことを祈るばかりではあるが、平時からのグローバルなネットワークの構築とネットワークを通じたコミュニケーションを保つことは、有事の際には極めて効果的であると実感できた。

⑵　「テレワーク」という働き方
　対策本部会議は、新型コロナウイルスのリスクを議論する場でもあったが、テレワークという新しい業務スタイルについても議論し考える場となった。当社は、2019年4月より、育児や介護の必要性という条件を撤廃し、全社員が

「週2日および月8日」という上限の中でテレワークをすることを認めていたため、個人差はあるものの、多くの社員がテレワークの経験があり、社員の個人レベルでのテレワークへの移行にはそれほど抵抗感がなかったように思う。

しかしながら、ほぼ全社員が一斉にテレワークを取得するという状況は、テレワークのシステムの設計の前提ではなかったため、「原則テレワーク」開始以降、VPN接続の不調等のシステム障害やPC不足等の問題が発生したが、当社IT部門の不眠不休の奮闘のお陰もあり、予断を許さないものの、現時点では多くの社員が安定したIT環境でテレワークに従事することができている。

また、「原則テレワーク」としたものの、完全に全社員がテレワークに移行することは困難であった。生産を維持するために工場で働く社員、技術開発のために研究所で働く社員、オフィスに設置された受発注システムを用いたデリバリー対応や決算業務や商事法務業務、さらにはテレワークを維持するためのIT部門で働く社員の出社は不可避であった。

テレワークできる職種とテレワークが困難な職種の区分については、3月上旬から欧米で開始された実際の都市封鎖の情報や3月23日の小池東京都知事による「ロックダウン（都市封鎖）等強力な措置を取らざるを得ない状況が出てくる可能性がある」との記者会見での発言を踏まえつつも、対策連絡会議が各部署に対し、「都市封鎖が行われ出社が禁止される状況」におけるBCP策定を依頼していたことが役に立った。すなわち、どの部署においても、すべての業務をテレワークで完全に遂行することは不可能で、不可避的な出社が必要であることが事前に認識されていた。現在でも「原則テレワーク」勤務であっても、上司の承認を得た上で、必要最小限な従業員が出社している状況である（なお、当社の本社では、現時点で70％超の従業員がテレワーク勤務をしている）。

必要最小限の社員の出社を認めることは、会社の機能維持と社員の安全のバランスを測りながらの措置ではあったが、対策本部は、不可避的に出社せざるを得ない社員の健康管理に対し、産業医の指示に基づく適切な感染予防措置（出社前健康状態の確認を含む）の実施、Split Operationや時差出勤等を活用して可能な限り感染リスクを低減するように指示した。

私事ではあるが、私はテレワーク勤務を断続的に行っているものの、出社せざるを得ない場合が多く、毎朝ドアを開けるたびに「感染」という二文字が頭

をよぎる。大袈裟かもしれないが、恐らくこういう情勢下で出社している方々は、大なり小なり同じような心情をお持ちではないかと思う。いつ終わるともわからない新型コロナウイルス禍を思いつつ、早朝の電車の中でぽつりぽつり、飛び飛びに座っている出勤途中の方々に向かって「今日も頑張って無事に帰りましょう」と（内心）言っている（言い聞かせている）日々を送っている。

4　今後の課題

　今回の事態を「想定外」と一言で言ってしまえば、まさにそのとおりである。我々日本人は、すでに2011年の東日本大震災で想定外の事態に直面しているはずである。しかし、それでもなお、新たな「想定外」の事態に直面している事実に鑑みれば、我々が想定できる事態は現実には極めて限定的であるといわざるを得ない。我々としては、「想定外」と言われる事象に対して、どのように建設的に振る舞えるか、を常に問われていると感じる。極端に言えば、人間の知恵はさほどでもなく、想定できることのほうが少なく、むしろ、想定外の事由に対して知識と経験を用いていかに柔軟に対応していけるかに尽きるのではないかと思う。

　実際に、こうした想定外の事態にあっても、ドイツ、台湾や韓国等の国は、新型コロナウイルスに対して過去の経験に基づき将来を予測することで効果的に対応し、被害を最小限に食い止めている。企業と国という規模の違いはあるが、こうした国を範として、我々も「想定外」の事態に対して「最悪」を避けるための対応を図っていかねばならないと心から思う。

　現時点で今回の新型コロナウイルス禍について総括することはまだ早いと思うものの、今回の新型コロナウイルスが我々の仕事のあり方についていろいろと変化をもたらすことは間違いないと思う。

　厚生労働省が5月7日に発表した「新型コロナウイルスを想定した『新しい生活様式の実践例』」に記載された「働き方の新しいスタイル」として「①テレワークやローテーション勤務、②時差通勤でゆったりと、③オフィスはひろびろと、④会議はオンライン、⑤名刺交換はオンライン、⑥対面での打合せは換気とマスク」ということが挙げられている。我々法務の仕事に喩えると、弁護士や交渉相手との名刺交換から始まって、悩ましい問題やM&A案件につい

て、部屋にこもって長時間にわたるFace-to-Faceの会議というものを見直さねばならないということになる。

　従来より、仕事のあり方については、「働き方改革」「ワークライフバランス」という流れでも見直そうという動きが活発化していたが、今回はさらにその勢いが増すことになろうと思う。新型コロナウイルスの感染力という点に着目すれば、仕事のあり方を変えない限り、自分の家族、友人、同僚、仕事相手に対し、感染リスクを負わせることになり、場合によっては、相手の人生を変える恐れもあるということになる。対策本部としては、こうした当社なりの「働き方の新しいスタイル」（執務スタイルにおける「POST CORONA NEW NORMAL」と言うべきか）、についても提言をすることを考えているが、自分自身の旧態依然たる仕事のスタイルを振り返りつつ、どのようなものを打ち出すべきか悩んでいる。

　リスクマネジメントや法務業務という点に目を移して、今後検討すべき課題をいくつか挙げてみたい。今回の対策本部の経験に基づくリスクマネジメント上の課題としては「同時発生型グローバルリスクに対応できるネットワークの構築」、組織のリーダーの課題としては「テレワーク時におけるチームビルディング・チーム運用のあり方」（テレワーク時期が新年度・新体制開始に重なったため、新体制としてスタートをどのようにして部下に伝えるか苦労したため）、法務責任者の課題としては「テレワーク時のリーガルテックのあり方」（契約のドラフトの最終化はできても、契約締結手続や契約本紙の保管等について種々相談を受けたため）等であり、今後検討を加速化する必要があると思われ、実際に進めていかねばならないと考えている。

5 雑　感

　現在も緊急事態宣言が続く中、飲食店の休業が深刻な社会問題となっており、筆者の馴染みの店も休業中が多く、緊急事態宣言後に無事に再開／再会できるか、不安に思っている。そして、緊急事態宣言が終了したとしても、「新しい生活様式」に即した生活をする場合、以前のような生活は戻らないのかもしれない、という思いも頭をよぎる。しかし、カウンターしかない居酒屋で日本酒を飲む、スツールに腰かけてバーでバーボンを飲む、と言った日常が戻る

のか、二度と戻ってこないのか、と今は思わず悩まず、「今夜生き延びたら、また身を潜めればいい」(『ジャスティス・リーグ (Justice League)』2017年公開)と信じて頑張りたい。

(まえだ・みつとし)

2 新型コロナ危機後の企業法務に期待されるもの

小幡　忍　日本電気株式会社
執行役員兼チーフリーガル＆コンプライアンスオフィサー

> 最も強い者が生き残るのではない、
> 最も賢い者が残るのでもない。
> 唯一生き残るのは変化する者である。
> ──ダーウィン『種の起源』
> （八杉竜一訳・岩波文庫）

　2019年末、中国湖北省武漢市で発生した新型コロナウイルスが短期間で世界中に拡散し、日本政府は2020年4月7日に緊急事態宣言を発出し、事業者に対して休業を要請するとともに、国民に対して外出の自粛を要請する事態となっている。最初に危機を克服した中国をはじめ欧州のいくつかの国や米国のいくつかの州では事業再開に向けた動きが進んでいるが、日本においては5月末まで緊急事態宣言が延長されることとなり、まだその糸口が見え難い状況にある。

　このような中、当社では、2020年2月、社員に対して従来から導入していた在宅勤務の取得を強く推奨するとともに、緊急事態宣言が発出された4月7日からは原則、全社員が在宅で勤務することとなった。実際、私自身も4月に出社したのはわずか2日に留まった。このように社会や職場環境、働き方が大きく変化する中、コロナ危機後の企業法務に期待されるものについて考えてみたい。

1 世の中の劇変

　最近の企業法務を取り巻く環境の変化には目まぐるしいものがあり、この動きは加速することはあっても、減速することは到底考えられない。まず、法律の制定、改正について、主要なものだけでもこの4月には改正民法が施行さ

れ、また課徴金の調査協力減算制度などが導入された独占禁止法も年内には施行される予定であるし、個人情報保護法についても近々、改正される予定である。一方、海外においても、すでに施行されている欧州一般データ保護規則（GDPR）をはじめとして、本年1月に施行された米国カリフォルニア州消費者プライバシー法（CCPA）などいくつもの国などにおいて同様の立法化の動きがある。加えて、競争法のみならず外国公務員に対する贈賄規制などの分野における当局の執行については引き続き厳しいものがある。また、昨今のコーポレートガバナンス強化に向けた要請は緩む兆しはなく、企業に対するステークホルダーの目は一層厳しいものとなり、その結果として一つ対処を誤った場合における企業のレピュテーションリスクは非常に大きなものになってきていることに加え、SDGｓやESGなどの企業に対する社会的要請も日に日に重くなってきている。技術の分野に目を転じても、新技術の発展には目まぐるしいものがあり、たとえばデジタルトランスフォーメーション（DX）、AIや5Gなど今までとは企業や人の生活様式を大きく変えることとなる技術が利用が始まり、それに対応するための規制の制定に向けて動き始めてきている。さらに、視点を外に向けると、米中貿易摩擦や国をまたがるサイバーアタックなどを例に、地政学的なリスクが高まってきており、それに対する企業としての備えも重要なものとなってきている。

　上記のとおり、これだけでも企業法務を取り巻く環境は激変していると言えるが、今回の新型コロナウイルスによる影響はこれらを凌ぐものであると考える。多くの識者が述べているように、今回の新型コロナウイルスのパンデミックにより世の中（社会）は劇的に変化すると思われる。将来、今日を振り返るときにはBefore Corona（BC）やAfter Corona（AC）として歴史の転換点の1つして見られることになると思う。たとえば、今までは制度としては導入されていた在宅勤務が実際に広く活用されているし、それに伴い自宅で行うWeb会議などが当たり前のものとなっている。営業においても、従来の対面型の人間関係を重視した営業から徐々にリモートな形での営業に変化し、結果として営業の在り方も大きく変化すると思われる。これらの変化に伴って、従来型の利潤を追求する資本主義が少し変容するとともに、人間の価値観も変わってくるのではないかと思われる。近年の経済成長はグローバルなサプライチェーンを巧

みに活用することで促進されてきたが、今回の新型コロナウイルスではいみじくもその弱点を露呈することになり、今後、企業は自社のサプライチェーンや生産マップを見直すことが求められる。また、今回の新型コロナウイルスに関しては、各国が自国法に基づいて感染拡大を防ぐための対応を取ってきたが、今後はこの延長で世界的に保護主義化が促進される恐れもある。

　今回の新型コロナウイルスは、ワクチンが開発されることなどにより早晩収束されることになると考えらえるが、その場合においてもBefore Coronaの世界には戻らないと考えるべきである。逆に、企業は今後、第2、第3の新型コロナウイルスが発生すること、さらに、そのウイルスは今回のものよりも一層強力なものとなり得ることを想定して周到に準備をしておくことが必須である。2011年の東日本大震災を受け、企業にとって地震に対して適切なBCPを準備している企業も多いと思われる。しかし、ここ数年、台風や大雨に伴う洪水など国内では地震以外の自然災害も頻発している。企業にとっては、パンデミックをこれらの自然災害と同様またはそれ以上のものとして考え（ヒト、モノの行き来が活発なグローバル社会ではパンデミックのほうが与えられる影響が大きい）、十二分に準備しておくことが必要である。

② 2つの「SOUZOURYOKU」

　このように社会、世の中が劇変、それも今回の新型コロナウイルスにより根本的に変化するにあたり、私は企業法務に携わる者にとってより今後一層必要になるものは2つの「SOUZOURYOKU」であると考えている。具体的には、①想像力（imagination）と②創造力（creativity）である。私自身、企業における企業法務の役割（ミッション）は、グループ企業を含む自社における法的リスクの最小化と利益の最大化に貢献することであると考えている。具体的には、自社に関して今後起こり得るさまざまなことをあらかじめ想像し、それに対してできるだけの対処することで法的なリスクを軽減したり、ビジネスの仕組みを変える提案をすることなどで利益を拡大させることに貢献することである。その中で企業法務に携わる者にとって特に重要なのは想像力（imagination）であると考える。法的リスクに対処するためには、とにかく起こり得る可能な限りのことを想像することが第一歩であり、何よりも重要なことである。たとえ

ば、契約交渉の場において、契約の文言や相手方の提案から自社にとってのリスクをどれだけ想像し、自社に対するその影響度合いを適切に評価できるかが非常に重要である。昨今、企業法務の分野においても人工知能（AI）の活用が進みつつある。このこと自体、企業法務の効率性の向上に向けて望ましいものであると考えているが、この想像力の部分こそがAIがさらに進化しても人間が価値を提供し続けることができる重要な領域である。このためにも、企業法務に携わる者は、単に契約書の文言をチェックなどの事務処理屋になってはいけない。このような業務は早晩AIにとって代わられてしまうであろう。

③ 企業法務担当者（特に若手担当者）に期待される行動

　上記②のように適切な想像力を身に付けるにはどうしたら良いのか。私としては、以下の4つが大切なのではと考えている。
　①　基本に忠実に
　企業法務の担当者としては、日々起きるさまざまな案件について、その事実関係をまずは正確に把握し、それを論理的に整理、分析することが基本中の基本である。その際に、現下のような不透明な社会においては、必要に応じて原典にあたりながら整理、分析することが特に大切である。すなわち、法律やルールそのものや、基本書などの文献に立ち返って整理、分析するように心掛ける姿勢が大事である。我々は、ついつい簡単に結論がわかるインターネットなどに頼りがちであるが、このような時であるからこそ基本に立ち返ることの大事さを忘れないで欲しい。
　②　社会や世の中のことに関心を持つこと
　新聞やテレビでもよいし、ネットでもよいが、とにかく社会や世の中に関心をもつことが大切である。自分に興味のあるニュースだけを見ていると考えが偏る可能性があるので、広い視野を持つように心掛けることが大切と思う。もし歴史に興味があれば、なぜ現在がこのようになっているのか、将来がどのように変化していくのが見通せる場合もあって非常に有益である。たとえば今回の新型コロナウイルスの対応について、14世紀の欧州におけるペスト（黒死病）の流行や1918年のスペイン風邪の流行を引き合いに出して分析している識者も多いと思うが、これはその一例であると思う。

③ とにかくよく考えること

今の時代、スピードが重要として答えを早く出すことが求められることが多い。しかし、重要や複雑な問題、初めて対応する問題などについては、あえて時間をかけて考えることが大切であると思う。繰り返しになるが世の中の先行きが不透明であるので、何が正解かは非常に見通し難くなっている。そのような時こそ拙速に答えを求めるのではなく、よく考えることが大切で、それが結果としてよい結果につながることも多いと思う。また、考える習慣を身に付けることで、結果として迅速に結論を導けることもできるようになると思われる。

④ 適切な表現力を身に付けること

我々、企業法務担当者は会社員である以上、分析した結果や意見を適切に社内外に発信する必要があり、そのために必要な表現力を身に付けておく必要がある。表現の中でも我々企業法務担当者は書く力を常に磨いておく必要があると考える。我々が作成するドキュメントは契約書であれレターであれ、紛争になった場合には自社を守る最後の拠り所となるものである。その内容が意図したものと異なっていては、後に大問題となってしまうし、勝てる訴訟も負けてしまうこともある。文書を書く時にはさまざまなことを意識しながら書くであろうし、論理の矛盾などにも意識しながら書くことになるので、この書くことの大切さを再度、認識して欲しい。今の時代、SNSやメールがコミュニケーションの中心手段となり、正式な文書を書く機会が減ってきていると思う。ただ、企業法務に携わる者としては、法的に適切な文書を書けることは必須条件なので特に若いうちにその鍛錬を積んで欲しい。たとえば、作成した文書について、あえて発信せずに翌日に自身で読み直してみると、新たな点に気付くことも多く、有益なことも多いと思う。

④ 会社で働くことの意味

在宅で勤務していると、自身が何のために働いているのかの意味を見失うことがあるので、最後に我々が会社で働くことの意味を再度、考えてみたい。我々は会社との間で、会社に対して労働を提供することで会社から賃金などの給与を受け取るという契約関係にある。すなわち、我々はその労働に対して会社から正当な対価を受け取っているのか、また受け取る対価に見合った価値の

提供を会社にできているのかということを常に自問する必要があると思う。我々は企業法務担当者としてその分野のプロフェッショナルとして働いているのであるから、そのプロ意識を持ち続けることが大切である一方、それに見合うだけの専門性を持ち続けることが期待されている。それができなければ、企業法務担当者として失格であろうし、そのような人が多く所属する法務部門であれば会社はそれを自社に抱えておく意味がなくなってしまう。我々は、常にこのことを意識して働くことが必要と思う。

　また、最後に、我々企業法務は常に会社のために働くものであることを忘れないようにすべきである。給与は会社が支払うものである以上、我々の判断は常に何が会社にとってベストなものかを考え、選択していくことが必要である。とかく上司や社内の依頼元のために働くという錯覚に陥ることがあるが、それは誤りであることを理解する必要がある。

5　おわりに

　企業法務を取り巻く環境変化は目まぐるしいものがあるが、それが今回の新型コロナウイルスにより一層の拍車がかかっている。このような先行きが不透明な時代においては会社経営者の法務部門への期待は一層大きくなる。我々企業法務に携わる者は、自身の想像力に磨きをかけるとともに、それを駆使して将来を見通すことで自社の法的リスクやレピュテーションリスクを最小化するとともに、自社の利益を最大化するためにさまざまな創意工夫をして、経営の期待にタイムリーに応えることが強く期待されている。各社においてそれが実現できれば、新型コロナウイルスやその後の苦境を乗り越え、日本企業の国際競争力強化に法務が貢献できることになると強く確信している。

（おばた・しのぶ）

3 企業法務のNEW NORMについて
──POSTコロナに想いを馳せながら

明司雅宏 サントリーホールディングス株式会社
リスクマネジメント本部 法務部部長

> もしも、僕たちがあえて今から、元に戻ってほしくないことに
> ついて考えない限り、そうなってしまうはずだ。まずはめいめ
> いが自分たちのために、そしていつかは一緒に考えてみよう。
> ──パオロ・ジョルダーノ『コロナ時代の僕ら』
> （飯田亮介訳・早川書房）

1 企業法務は新型コロナウイルスとどのように戦ったのか

今春緊急出版されたパオロ・ジョルダーノの上記引用句は、次のように続く。

> 「僕には、どうしたらこの非人道的な資本主義をもう少し人間に優しいシ
> ステムにできるのかも、経済システムがどうすれば変化するのかも、人間
> が環境とのつきあい方をどう変えるべきなのかもわからない。でも、これ
> だけは断言できる。まずは進んで考えてみなければ、そうした物事はひと
> つとして実現できない。」（同書115頁）。

2020年は、東京オリンピックが開催され、世界中からたくさんの方々が来
日し、ある種の祝祭がなされるはずであった。SOCIETY5.0時代がやってく
る、スタートアップやイノベーションが進展し、企業法務にも新しい時代が来
るはずであった。

ところが、中国で発生した新型コロナウイルスは瞬く間に全世界に蔓延し、
ヨーロッパ、米国など世界中の各都市で都市封鎖が行われ、ニューヨークやロ
ンドン・パリの街角から人影が消え、その姿をテレビでまるでSF映画のよう
に眺めていた日本においても、気が付いたら外出の自粛や店舗の閉鎖、学校の

17

休校など、今まで体験したことのない対応を求められた。渋谷のスクランブル交差点はDJポリスの力を借りる必要もなく、誰ともぶつからなく歩くことができるようになり、新幹線はまるで全車両がグリーン車のように空席がほとんどとなり、我々が今まで見慣れたの光景は一変した。

　果たして我々は、本年1月や2月の段階で、このような光景が目の前に広がることを予測していただろうか。たとえば、毎年流行しているインフルエンザ程度という認識であったり、花見シーズンには収束するんじゃないか。ゴールデンウィークは海外旅行をしようと予定を立てていたり、気温が高くなれば大丈夫だろうなどと思ってはいなかっただろうか。それが、夏日を記録する季節になっても、マスクを着用しないと外出できない世界がくるとは、どれだけの人が予想しただろうか。

　ここで振り返って考えてみると、本来企業法務の仕事とはどういうものかというと、ある取引がなされるとして、その取引におけるリスクを想定し、そのリスクを当事者でどのように分配し、リスクをマネジメントし、たとえば、それを文章に落とし込み契約書という合意に持ち込むというものであるはずである。何度も自問自答するのであるが、新型コロナウイルスへの対応において、我々企業法務は、この本来の機能をどこまで発揮できたであろうか。2月の時点で、東京オリンピックは開催されるに違いないと思っていたとしたら、それは企業法務の本来の機能をいったいどこに発揮したというのであろうか。

　企業法務は日常的にリスクを予測して、そのヘッジ策を契約書や社内の仕組み、規程などに落とし込んでいく。訴訟があればその防御を考え、自社の権利が侵害されたとしたら、証拠を集め、訴訟を提起していく。日常的に「万が一」を考えていた我々は、果たしてこの万が一を想定していたのだろうか。この法務機能に備わっているはずの想像力をフルに発揮できただろうか。

　残念ながら、人は、自らが立ち向かうべき課題については、どうしても平常性バイアスがかかってしまう。もし発揮できていなかったとすると、新型コロナウイルスは、我々法務部門にも「感染」してしまっていたのである。

2 企業法務は何をすべきなのか

　終わってしまったことは仕方ない。そして、我々が今からできることは、記録することしかないかもしれない。本書もその1つであろう。また必ず将来起こるであろう災いのときに、この緊急事態の対応を後世の担当者が参照できるようにするためである。

　たとえば、東日本大震災の際には、阪神大震災の際の立法や解釈が参考になり、今回の新型コロナウイルスについては、東日本大震災の際の対応が参考とされている。書籍なども同様である。ネットにおいてさまざまな情報が出されているが、どうしてもまとまったものとなると書籍（電子書籍も含む）を参照することになる。

　きっと、これから時間が経てば、新型コロナウイルス関連について、さまざまな訴訟が提訴され、いくつもの判決も出されることだろう。きっとそれらは収束してから出されることだろう。我々法務担当者は、きっと、その訴訟等の当事者でもない限り、その判決が出される頃にはすっかりこのコロナ禍を忘れてしまっているのだ。国内外の重要な契約の不可抗力条項を一気に検討したことも、労働基準法における休業補償と民法536条の関係性について労働法の専門弁護士と電話会議で検討したことも、数年かけて事前に準備した債権法改正において、あまり詳細に議論をしなかったかもしれない民法611条が急に脚光を浴びたことすらさえも、忘れてしまうのだ。

　残念なことに、感染症やさまざまな天変地異はこれからも繰り返し我々に降りかかってくるだろう。首都圏直下型地震や台風などへの備えも必要となってくるだろう。すべてのリスクに完璧に備えるのは不可能だろうし、優先順位付けも必要となる。今新型コロナウイルスに対する対応をしていく中で、次のリスクへの備えを並行して行うために、人的・財務的リソースを割くことはできないかもしれない。しかし、少なくとも人的・財務的リソースを多く使わなくても、できる備えがある。

　それは、「記録」を取って残すことである。

　世界あるいは日本における感染拡大の状況、政府の指針などを時系列に置き、自社の会議体、発信された対応方針や対策、そこで行われた議論を記録していくことである。整理するのは後でもいいが、記録を取っておくべきである。そして、立法や収束後きっと出されることになるさまざまな判例をフォローしておいて、合わせて記録しておこう。そして、それを次世代にしっかりと引き継ぐのである。

　たとえば、東日本大震災の際に対策を最前線で指揮した責任者はすでにリタイアしていないだろうか。そして、対応の記録はきちんと残されていたであろうか。いずれ、アフターコロナ世代が大多数になる時代がくる。そのときに、自社と社会の対応の記録をベースに定期的に議論しておく必要があろう。我々は、厭なことは忘れたがる生き物である。

③　企業法務のNEW NORMとは

　企業法務担当者は、新型コロナウイルスによるさまざまな変化に、少しだけうろたえたり、あるいはあり得ないくらいの楽観的な感覚で日常的な業務を行っていたのかもしれない。

　しかし、株主総会が近づくと、どのように安全を図るために株主の来場を低減させるか、従来の会場が閉鎖された場合にどうするかといったリスク対応に、悪戦苦闘することとなった。

　とはいっても、変化といえば、まだこの程度の変化ではないと思っていないだろうか。これが収束すれば、日常の契約審査や、法律相談の毎日が待っていると思っているかもしれない。しかし、ビジネスや企業を取りまく環境は激変している。経済活動が再開したとしても、海外出張や大型イベントはしばらくの間──「いつ」ではない、「いつか」──行われないだろう。

　サプライチェーンもグローバルに広がっていたものをある程度閉じた中でのつながりによって、そのリスクヘッジを図る方向になるだろう。国内に限って言えば、インバウンド旅行者によって人があふれかえった日常は当分訪れるこ

とはない。ライブハウスやカラオケボックスで大声を出すことも、多数が集まるセミナー等のイベントの後で、グラスを持ちながら懇親する風景も、当面訪れない。

　そう、世界は変わってしまったのだ。経済が立ち直るにはしばらく時間が必要であろう。好景気を享受していた業界もしばらくは雌伏の時かもしれない。

　しかし、変化の萌芽はすでにあったのである。働き方においてリモートワークや在宅勤務は、新型コロナウイルス以前から行われ出していたのではなかったか。電子サインやバーチャル株主総会も検討が進んでいたのではなかったか。つまり、それが新型コロナウイルスは、想像もつかない速度でこれを加速していっただけなのではないか。

　昨年、経済産業省からいわゆる「令和報告書」が公表された。この内容について、議論が進むはずであった。「Governance Innovation」についてもレポートが出されていた。これらに基づいて新しい法務機能や人材育成のあり方について、新型コロナウイルスが徐々にその姿を日本に現し出したときに、第21回経営法友会大会は開催された（2020年3月9日）。そう、企業法務のNEW NORMとは、無観客のあの場所で、語られていたことではないだろうか。我々は、新しい企業法務の在り方について、すでに議論を進めていたのである。

　たとえば、経営法友会大会でも語られていた「心理的安全性」は、今この時期にこそ必要なものではないか。リモートワークが進展することによって、上司と部下といった形式的な枠組みは取り払われている、あるいは取り払わるべきであると感じている方も多いのではないか。リレー型の仕事のやり方からラグビー型のやり方に変えないと、日々刻刻と変化する情勢に対応できないことに気づいてしまった方もいるのではないか。

　つまり、POSTコロナ時代の企業法務については、我々はすでにそのモデルを提示し、議論していたのである。繰り返しになるが、それが新型コロナウイルスによって変化の速度が増しただけではないだろうか。

　さらにいえば、日本企業はこれからさまざまなビジネスモデルや人・物・金などのリソースを急速にそのアロケーションを変化させていくだろうし、それ

はすでに始まっている。そこでは、従来型のビジネスモデルを維持していくために必要な法務機能ではなく、新しいやり方、新しい売り方、新しい訴求の仕方など、さまざまなビジネス上の変化が進んでいくに違いない。

　法律は、その変化に確実に追いついていない（一例を挙げると、取締役会がWEB会議でできるとしても、議事録記載事項に「場所」と法定されているため、たとえば議長の自宅などを開催場所と記載しなければならない。といった議論は、コーポレート・ガバナンスの本質において、一ミリたりとも有益な議論ではないということに表れている。）。

　そう、既存の伝統的な企業であっても、急にグレーゾーンにぶつかり、逆に新たな規制の必要性を感じたり、法改正の必要性を痛感したりしてくるのではないだろうか。つまり、今求められている法務機能は、まさに「令和報告書」で提言されていた「クリエーション機能」ではないだろうか。

　人材育成の側面もそうである。リモートワークが中心となったとき、ジョブ・ディスクリプションは明確化されるべきであろうし、その際にメンバーシップ型ではなく、ジョブ型の採用が必要であると再認識されたのではないか。そして、たとえば、法務部門が新型コロナウイルス対策の中心として活動している企業では、法律の専門性だけでなく、学際的なさまざまな経験を積むことにより、法務の力をまさに経営に直接生かせると再認識できたのではないだろうか。

　リーガル・テックの導入の必要性についても意識が進んだことだろう。押印業務のために、出社せざるを得ないというディストピアを見てしまったからには。誰も出社していないため半分以上明かりが点いていない薄暗いオフィスで、鍵のかかった金庫から印章箱を取り出し、契約書などに押印している姿。これほどひどい姿はない。

　企業法務のNEW NORMは、すでに始まっていたのである。

　何もゼロから焦っていろいろ考える必要はない。今まで進めてきた、あるいは進めようとしてきたクリエーション機能の強化や、リーガル・テックの導入などの速度を速めるだけである。そして、さらに我々がなすべきは、企業や社

会、あるいは人々の働き方や意識の変化に応じて生まれてくる新しい事象に対して、いったんは既存の法律に基づき対応してみた上で、そこで感じた「違和感」について声を上げることではないか。

　このコロナ禍で、もう一つ我々が学んだことがある。

　それは、「連帯」である。

　変化の声を上げるのは一人かもしれない。でも、連帯して声を上げるとそれは変化を生み出すことも、学んだのではないか。

　「連帯」と「クリエーション」

　忘れてはならない。これこそが企業法務のNEW NORMではないかと、一ミリのぶれもなく私は確信している。

（あかし・まさひろ）

4　数字で読み解く　新型コロナウイルスと法務

藤井豊久　東 海運株式会社
執行役員 コンプライアンス統括部長

一か国だけを研究する者はひとつの国も理解できない。
──ジャレド・ダイヤモンド『危機と人類』
（小川敏子＝川上純子訳・日本経済新聞出版社）

1　はじめに

　日本企業の法務部門は、今回の新型コロナウイルスの世界的なまん延により、はじめて本格的なパンデミックと対峙することとなった。これは一企業に留まらず、各国政府にとっても、1918年のスペイン風邪以来の世界的パンデミックであり、近代国家としては、はじめてこの対応に迫られ、国と地域によってその態様はさまざまである。

　現在でも、新型コロナウイルスの脅威とこれに対する戦いは続いているが、この時点におけるこれまでの経過を数字に基づいて分析するとともに、法的な考察も加えてみたい。

2　数字で読み解く緊急事態宣言、ロックダウンおよびオーバーシュート

(1)　緊急事態（非常事態）宣言とは

　緊急事態宣言は、日本の場合、新型インフルエンザ等対策特別措置法（以下、「特措法」という）32条により、同法16条に規定された政府対策本部長（内閣総理大臣）が発出するものである。これは、同法45条に定める特定都道府県知事が行う外出や施設使用の制限要請など、より強い感染症対策のトリガーとなっている。パンデミック対応以外では、大災害や騒乱時のため、原子力災害

対策特別措置法（15条）に「原子力緊急事態宣言」が、警察法（71条）や災害対策基本法（105条）に「緊急事態の布告」が定められている。

　ただし、日本の場合、憲法に緊急事態宣言の定めはなく、また、特措法45条に基づく外出や施設使用の制限については、罰金などの強制力は付与されていない。強制力がない理由としては、戦前の反省や国民性からだと思われるが、見直すべきとの意見も出ている。

　日本以外の国と地域において、緊急事態宣言（非常事態宣言ともいう）とは、国家的危機対応の根幹として憲法に規定され、基本的には、戦争や内乱、大規模テロ、大災害、パンデミックなど国家的な危機や脅威が発生した場合、国民の生命・財産を保護するため、軍や警察のコントロールをはじめとした包括的な権限を大統領など行政府の長に付与し、私権を制限する制度である。国にもよるが、憲法で緊急事態宣言を定めるほか、日本と同様、感染症関連法において、個別に定める例もある。今回の新型コロナウイルスでは、緊急事態や非常事態を宣言する国もある一方、中国やドイツ、オランダなど、感染者が多く発生していても発出しない国や地域も存在する。

(2)　ロックダウン（都市封鎖）とは

　ロックダウン（都市封鎖）は、法律用語ではない。英語のlockdownの語源は、刑務所内で暴動が起きた際、囚人を監房に閉じ込めることで、子供を帰宅させずに学校内に留め、退避させる場合などにも使用されるようである。日本では、小池百合子東京都知事が3月25日の記者会見で使用し、脚光を浴びるようになった。

　ワシントン法科大学で衛生関連法を専門とするリンゼイ・ワイリー教授によると、強制的な地区防疫から非強制的な自宅待機や特定業種の閉鎖、イベントや集会の禁止などの要請までを指す言葉で、医学用語でもない。

　ロックダウンの目的は、国内流行期において、感染者をゼロにするというよりは、人と人との接触を減らし、感染拡大のピークを平坦にし、かつ時期を遅らせ、医療体制の拡充や特効薬・ワクチンの開発の時間を稼ぎ、医療崩壊を防ぐことにあろう。

　その効果については、後述するが、ロックダウンは諸刃の剣であり、確かに

上記の目的を達成するために大きな役割を果たす一方、発動すると経済活動が停滞し、休業した飲食店や映画館、スポーツジムなどの施設では、経営が成り立たなくなるなど、国民に大きな不利益が生じる。したがって、ロックダウンには経済対策や補償といった財政出動をセットに全体像を組み立てる必要がある。そのため、発動する際の判断は非常に困難なものとなる。また、ロックダウンが短期・単発で済む保証もない。

　日本では、前述のとおり、感染症対策として、政府や自治体に強制的にロックダウンする権限を与えていない。特措法で定められている主たる対策は、緊急事態宣言で指定された区域の特定都道府県知事が実施する①外出自粛要請、②学校や社会福祉施設、興行所、政令で定める店舗などの使用やそこで行われるイベントの開催自粛要請である（同法45条）。対象となる施設管理者が要請に応じない場合、特定都道府県知事は制限等を指示し、その旨を公表することができるが、あくまでも強制力はない。今回はパチンコ店が要請に従わず、大阪府では店名が公表された。

　その他、特措法では特定都道府県知事に土地、物資やその輸送手段の確保などの権限を付与しているが、臨時の医療施設を開設するための土地等（同法49条）および緊急事態に必要な医薬品や食料、マスク等（同法55条）に対してのみ強制力を認めている。なお、この場合、国および都道府県は通常生ずべき損害を所有者や占有者に補償しなければならない（同法62条）。政府が4月25日にマスクの高額販売に対して特措法55条を適用する方針を固めたとの報道がなされた。

　このように日本の場合、特措法に基づく外出や店舗営業等の制限に強制力がないことから、都道府県レベルで実施される法令に基づかない非常事態宣言と大きな違いがなく、異なる点は、精神的なものだけと評する専門家もいる。

　各国の実施状況をみても、外出や店舗営業等の制限について、罰則を科して強制する例もあれば、要請レベルで対応している例もある。トルコでは、平日は20歳以下と65歳以上のみ外出を制限し、週末は感染者の発生状況に応じて、その他の対象者も含め外出制限しており、スウェーデンでは国民の自発性にまかせ、店舗の閉鎖などを行っていない。

(3) オーバーシュート（感染爆発）とは

オーバーシュートや感染爆発は、もちろん、法律用語でもなく、医学用語でもない。これもまた、小池東京都知事の記者会見で脚光を浴びるようになった。

英語でovershootとは、辞書を引く限り、通常の状態を突き抜けるという意味であり、undershootが対語で、こちらは目標未達という意味だそうである。

日本政府の専門家会議では、オーバーシュートについて、累計感染者数が2から3日の間に2倍に増加し、そのような傾向が継続することと定義している。また、同会議では、オーバーシュートと医療崩壊とは独立した事象としている。

(4) オーバーシュートの実態

緊急事態宣言やロックダウンの前提としてオーバーシュートが大きくかかわっていることは想像に難くない。そこでまず、「オーバーシュートとはどのようなものか」を数字で読み解いてみよう。専門家会議の定義に従い、日本をはじめとした16か国について、3日前の累計感染者数と比較し、当日の累計感染者数が2倍以上の日をオーバーシュートの日とし、それが数日継続する場合を計測してみた。また、途中2倍を下回る日があっても、後日再度オーバーシュートの日となった場合は期間を通算してカウントした。

このような基準により集計したのものが、**図表1**である。

オーバーシュート国別一覧表（図表１）

項目	OS有無	オーバーシュート期間		OS日数	オーバーシュート期間グラフ		
		開始日	終了日		1月下旬	2月	3月
日本	なし	―	―	―			
中国	あり	1月19日	1月30日	12日			
韓国	あり	2月20日	3月1日	11日			
イタリア	あり	2月22日	3月3日	11日			
イラン	あり	2月22日	3月6日	14日			
スペイン	あり	2月26日	3月16日	20日			
フランス	あり	2月27日	3月13日	16日			
イギリス	あり	2月27日	3月20日	23日			
オーストリア	あり	2月28日	3月16日	18日			
スイス	あり	2月28日	3月21日	23日			
ドイツ	あり	2月28日	3月22日	24日			
オランダ	あり	3月1日	3月13日	13日			
ベルギー	あり	3月2日	3月17日	16日			
米国（NY）	あり	3月4日	3月24日	21日			
ロシア	あり	3月11日	3月26日	16日			
トルコ	あり	3月14日	3月29日	16日			
平均				17日			

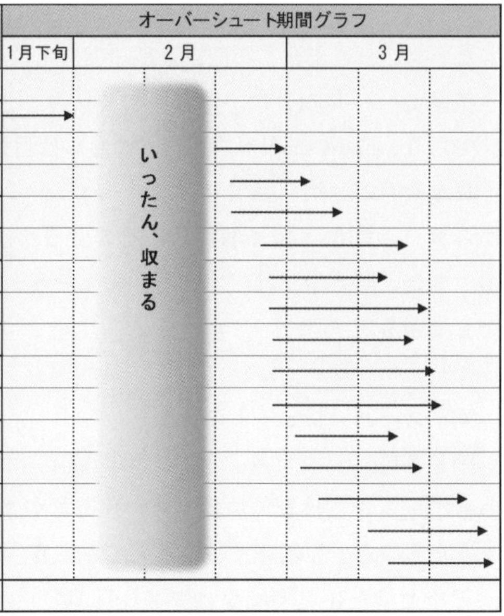

（グラフ欄中央に「いったん、収まる」と縦書きで記載）

　図表１をみると、意外なことに、日本以外の国ではすべて、オーバーシュートが発生していることが判明した。また、期間も長く、平均して17日にわたっている（初日算入）。この表に記載していないが、カナダ、ブラジル、ペルー、エクアドル、チリの北・南米の国々も追加的にチェックしてみたが、同様にオーバーシュートを起している。

　日本では、2月22日の1.8倍が最高で、翌23日に1.5倍になったほかは、1.5倍を超えたことすらない。かつて、西太平洋地区でポリオ根絶に多大な貢献をし、WHO西太平洋地域事務局長を務めた専門家会議の尾身副座長は、日本について、オーバーシュートを経ずロックダウンを実施する唯一の国家だと評している。

　ドイツやオーストリアでも、オーバーシュートが発生しているが、後述するように医療崩壊は起きていない。これは専門家会議の指摘どおりである。

　オーバーシュートをグラフにしたものが、図の右側だが、これをみると世界的な拡大の状況もはっきりとわかる。1月下旬に中国で感染爆発したものの、

2月4日に世界での新規感染者数が頭打ちになり、しばらく安定していた。しかしながら、2月下旬から韓国、イラン、ヨーロッパでオーバーシュートが発生し、3月に入り、アメリカ、トルコ、ロシアに拡散し、今日の混迷が生じている。

　表向き終息に向かっているように見えた2月上旬から2月中旬にかけて、欧米で密かに新型コロナウイルス感染が広がっていたと考えることができる。この時期に北イタリアから感染がヨーロッパに広がったといわれているが、2月はヨーロッパにおける冬のバカンスシーズンで、とくに北イタリアは人気で、今年もアルプスの名峰やスキーを楽しむために各国から人が押し寄せたようである。また、イタリアとスペイン、イランは経済的にも中国との関係が深いといわれている。

(5)　緊急事態宣言・ロックダウン開始までの期間

　累計感染症者数・オーバーシュートと緊急事態宣言・ロックダウンとの関係性について、期間を測定する方法で計測してみる。

①　各国の感染と対応の実態

まず、分析の基礎となるデータ、つまり各国の実態を以下のようにまとめた。

対象は4月3日までに累計感染者数が1万人を超えた14か国と日本である。

累計感染者数と緊急事態宣言・外出制限に関する各国の実態（図表２）

（単位：人）

項目	A 初感染	B OS開始	C 1000人	D OS終了	E 宣言	F 外出制限	G 強制	5月7日現在 感染者	死者	人口10万人あたり 感染者	死者	死亡率
日本	1月15日	-	3月20日	-	4月7日	4月8日	-	15,547	557	12.3	0.4	3.6%
中国	12月8日	1月19日	1月24日	1月30日	-	1月23日	○	82,885	4,633	6.0	0.3	5.6%
韓国	1月19日	2月20日	2月26日	3月1日	2月23日	3月21日	-	10,810	256	20.9	0.5	2.4%
イラン	2月19日	2月22日	3月2日	3月6日	3月13日	3月14日	-	103,135	6,486	126.1	7.9	6.3%
トルコ	3月11日	3月14日	3月22日	3月29日	-	-	-	133,721	3,641	162.4	4.4	2.7%
イタリア	1月29日	2月22日	2月29日	3月3日	1月31日	3月10日	○	215,858	29,958	357.2	49.6	13.9%
スペイン	1月31日	2月26日	3月16日	3月14日	3月14日	3月14日	○	221,447	26,070	473.9	55.8	11.8%
ドイツ	1月28日	2月28日	3月8日	3月22日	-	3月22日	-	167,300	7,266	201.7	8.8	4.3%
フランス	1月24日	2月27日	3月8日	3月13日	3月2日	3月17日	○	137,857	25,987	205.8	38.8	18.9%
イギリス	1月31日	2月27日	3月14日	3月20日	3月23日	3月23日	○	207,977	30,687	312.8	46.2	14.8%
スイス	2月25日	2月28日	3月13日	3月21日	3月16日	3月16日	-	30,043	1,517	352.0	17.8	5.0%
ベルギー	2月4日	3月2日	3月15日	3月17日	3月12日	3月18日	○	51,420	8,415	450.2	73.7	16.4%
オランダ	2月27日	3月1日	3月15日	3月13日	-	3月15日	-	41,973	5,305	243.6	30.8	12.6%
オーストリア	2月25日	2月28日	3月16日	3月16日	3月20日	3月20日	○	15,673	609	177.2	6.9	3.9%
米国(N.Y)	1月21日	3月4日	3月11日	3月24日	3月13日	3月22日	○	1,257,023	75,662	384.3	23.1	6.0%
世界								3,740,874	189,692	49.3	2.5	5.1%
東アジア								109,242	5,446	7.0	0.3	5.0%
中東	・							236,856	10,127	144.3	6.2	4.3%
欧米								2,346,571	211,476	336.8	30.4	9.0%

注：感染者数・死亡者数は日本経済新聞社新型コロナウイルス感染世界マップから
　　引用

　外出制限は全国的に外出が制限された日を指標とした（日本は7都府県で実施
された日、米国はニューヨーク州を、中国では湖北省武漢市を基準とした）。

　Bはオーバーシュートが始まった日、Cは累計感染者数が1,000人に達した
日、Dはオーバーシュートが終了した日、Eは緊急事態（非常事態）が宣言さ
れた日、Fは外出制限が実施された日、Gは外出制限が罰則付で強制されたか
どうかを示している。後段に累計の感染者数・死亡者数、それを人口10万人
あたりに換算したものおよび死亡率も掲載している。

　これをみると、5月7日現在、スペイン、ベルギー、米国、イタリア、スイ
ス、イギリスで10万人あたりの累計感染者数が高い水準にあることが理解で
きる。ドイツとオーストリア、スイスは、累計感染者数については多いが、累
計死者数が低く抑えられている。

　また、日本を含めた東アジア3国は、感染が制御され、欧米10か国では感
染が拡大し、中東2国はその中間にあることがわかる。

　なお、日本とオランダを除いて、オーバーシュートが発生し、累計感染者が
1,000人に達し、その後オーバーシュートが終了している。分析前であるが、

国家的な対応がオーバーシュートの発生と累計感染者数1,000人という数字に左右された結果とも推測できる。

② 感染者数の増加と緊急事態宣言とロックダウンの関係

緊急事態宣言とロックダウンを累計感染者数の拡大時期との関係で分析した。

累計感染者数と緊急事態宣言・外出制限の期間（図表３）

項目	緊急事態宣言				外出制限			
	A－E	B－E	C－E	D－E	A－F	B－F	C－F	D－F
日本	83日	－	18日	－	84日	－	19日	－
中国	－	－	－	－	46日	4日	－	－
韓国	35日	3日	－	－	62日	30日	24日	20日
イラン	23日	20日	11日	7日	24日	21日	12日	8日
トルコ	－	－	－	－	－	－	－	－
イタリア	2日	－	－	－	41日	17日	10日	7日
スペイン	43日	17日	5日	－	43日	17日	5日	－
ドイツ	－	－	－	－	54日	23日	14日	0日
フランス	38日	4日	－	－	53日	19日	9日	4日
イギリス	52日	25日	9日	3日	52日	25日	9日	3日
スイス	20日	17日	3日	－	20日	17日	3日	－
ベルギー	37日	10日	－	－	43日	16日	3日	1日
オランダ	－	－	－	－	17日	14日	0日	2日
オーストリア	24日	21日	4日	4日	24日	21日	4日	4日
米国(NY)	52日	9日	2日	－	61日	18日	11日	－
世界	37.2日	14.0日	7.4日	4.7日	44.6日	18.6日	9.5日	5.4日
東アジア	59.0日	3.0日	18.0日	－	64.0日	17.0日	21.5日	20.0日
中東	23.0日	20.0日	11.0日	7.0日	24.0日	21.0日	12.0日	8.0日
欧米	33.5日	14.7日	4.6日	3.5日	40.8日	18.7日	6.8日	3.0日

A（感染者初発生日）、B（オーバーシュートが開始した日）、C（累計感染者数が1,000人に達した日）、D（オーバーシュートが終了した日）から、E（緊急事態宣言日）またはF（外出が制限された日）までのそれぞれの期間（日数）を測定したものが**図表３**である。

たとえば、A－Eの下の数字は、A（感染者が初めて発生した日）からE（緊急事態が宣言された日）までの期間を表す。日本の場合、感染者がはじめて発生した日（1月15日）から緊急事態宣言発令の日（4月7日）まで83日あったということである。

　ア　緊急事態宣言までの期間

　(ア)　A－E　累計感染者が初めて発生した日からの期間

　イタリアは、この日をトリガーに緊急事態宣言を出したものと思われる。平均では37日、東アジアで約2か月、中東（イラン）で約23日、欧米で約1か月強となっている。東アジアと欧米では約1か月の差がある。

　(イ)　B－E　オーバーシュートが開始した日

　韓国とフランスでは、この日をトリガーとして緊急事態宣言を出しているようだ。イランで20日、欧米で約2週間である。意外にもオーバーシュートが発生しても、すぐに発出していない国が多いことがわかる。

　(ウ)　C－G　累計感染者が1,000人を超えた日からの期間

　平均では約1週間、日本で18日、イランで11日、欧米で約5日となっている。欧米では、多くの国が1,000人をトリガーとしているようだ。

　(エ)　オーバーシュートが終了した日からの期間

　イラン、イギリスはオーバーシュートが終了してから緊急事態宣言を発出している。

　(オ)　総　括

　国によりバラツキがあり、イタリアは、国内で感染者が初めて発生した日を、韓国とフランスはオーバーシュートが発生した日をトリガーにしている。また、米国、スイス、オーストリア、スペインは感染者が1,000人を超えた日を判断基準にしているようである。一方、イランとイギリスでは、特段のトリガーがなく、オーバーシュート終了日後に宣言が出されている。イランでは、経済制裁が実施され、経済状況に配慮したこと、英国では当初感染者を増やし、国内に集団免疫による壁を築く方針であったが、批判を浴びて方針転換したことが理由として挙げられよう。

　イ　外出制限までの期間

　(ア)　A－F　感染者が初めて発生した日からの期間

　この日は、外出制限のトリガーとしてまったく作用していないことがわかる。

　(イ)　B－F　オーバーシュートが開始した日

　中国では、この日をトリガーとして外出禁止を実施しているようだ。その他、欧米で19日、イランで3週間、韓国で1か月である。やはり、外出制限

についてもオーバーシュートが発生しすぐに実施していない国が多いことがわかる。

　　(ウ)　C－F　感染者が1,000人を超えた日からの期間

　平均では約10日、東アジアで3週間、イランで12日、欧米で約1週間となっている。東アジアと欧米では約2週間の差がある。欧州では累計感染者数1,000人を意識して、外出制限をしているようである。

　　(エ)　D－F　オーバーシュートが終了した日からの期間

　平均では約5日、韓国で20日、イランで8日、欧米で3日となっている。外出制限を出すことに対し、経済的影響力が大きいことから各国ともに迷いがみられるようだ。

　　(オ)　総　括

　中国では、オーバーシュートをトリガーとし、欧州では、オーバーシュートが始まり、患者が1,000人を超えたあたりで、緊急事態宣言とともに外出制限する傾向にある。米国とフランスは外出制限を緊急事態宣言よりも慎重に判断している。ドイツは医療体制がしっかりしており、死者数も少ないことから外出制限までの期間が長く、イタリアは緊急事態宣言から対策を小出しにしたことから、全土を封鎖するまでの時期が長くなっている。イランとイギリスの状況は緊急事態宣言と同様である。

　日本政府の外出自粛要請が遅すぎるとの論調もあるが、経済との兼合いからオーバーシュートしてもすぐに実施していない各国の状況からみてどうであろうか。

　　ウ　人口あたりの感染者数とロックダウンとの関係

　前述のように、累計感染者数とオーバーシュートの発生状況が外出制限に大きな影響を与えていることが判明したが、次に人口10万人あたりの累計感染者数が外出制限に影響を与えているかを予備的に分析してみた。

　外出制限の日を0日として、その前後の累計感染者数の推移を表したものが次図である。

　国の規模による違いを補正するために10万人あたりの累計感染者数に置き直した。

　また、中国は全体でみると規模感がわかりづらくなるので、**図表4**では、湖

北省の累計感染者数をプロットした（湖北省は20日目に感染者の認定基準を変更している）。

外出制限前後の10万人あたりの累計感染者数の推移（図表４）

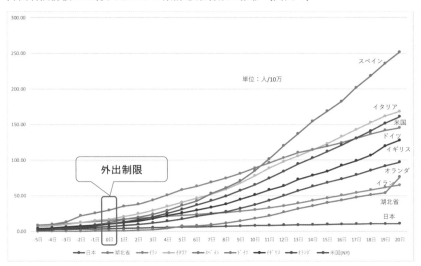

項目	-5	-4	-3	-2	-1	0	1	2	3	4	5	6	7
日本	2.31	2.59	2.89	3.09	3.36	3.77	4.23	4.75	5.33	5.73	6.04	6.40	6.78
湖北省	0.20	0.32	0.42	0.44	0.72	0.72	0.89	1.70	2.31	4.40	7.43	7.94	9.41
イラン	8.75	9.83	11.00	12.32	13.89	15.56	17.09	18.33	19.77	21.22	22.50	24.01	25.20
イタリア	6.38	7.67	9.74	12.20	15.18	16.79	20.62	25.01	29.22	35.01	40.95	46.30	52.14
スペイン	2.19	3.51	4.58	6.35	9.06	12.31	16.59	19.67	23.92	29.36	36.70	42.76	53.35
ドイツ	8.63	9.89	13.26	22.10	25.88	29.87	35.23	38.05	44.02	50.99	58.58	63.36	69.09
イギリス	3.98	4.96	6.04	7.59	8.64	10.14	12.29	14.51	17.77	22.19	26.04	29.75	33.71
オランダ	2.22	2.92	3.56	4.67	5.58	6.60	8.23	9.92	11.94	14.33	17.43	21.12	24.47
米国（NY）	1.96	2.38	4.20	5.89	7.83	10.17	13.40	16.43	20.11	25.63	31.08	37.13	43.07
項目	8	9	10	11	12	13	14	15	16	17	18	19	20
日本	7.24	7.74	8.19	8.50	8.79	9.09	9.42	9.79	10.14	10.42	10.58	10.73	10.95
湖北省	11.59	14.70	18.11	21.91	27.02	31.86	35.82	40.42	43.90	48.00	51.40	54.05	76.40
イラン	26.45	28.18	30.63	33.03	35.95	39.53	43.29	46.83	50.73	54.53	58.18	61.70	65.02
イタリア	59.10	67.90	77.81	88.66	97.86	105.78	114.47	123.09	133.27	143.13	153.02	161.65	168.35
スペイン	61.15	70.82	84.91	101.90	120.26	137.10	154.63	168.64	182.34	202.07	218.60	235.94	251.93
ドイツ	74.66	81.23	88.66	96.10	103.44	110.59	115.03	119.65	124.48	130.48	136.90	141.88	145.28
イギリス	38.28	44.87	51.31	58.19	63.88	72.85	78.58	84.14	92.42	99.00	106.90	120.07	128.11
オランダ	27.65	32.35	37.37	43.29	50.15	56.98	63.39	68.58	73.51	79.43	85.81	91.85	97.06
米国（NY）	49.47	57.52	65.23	74.52	84.24	94.41	103.04	112.09	121.12	131.16	141.06	151.79	160.92

　この結果をみる限り、バラツキが大きく、外出禁止を実行するか否かについて、人口あたりの累計感染者数が各国政府の判断を左右しているとは考えづらい。

(6) ロックダウンとその効果

① 累計感染者数等のモデル化

ロックダウンの実施とその効果測定のためには、ロックダウンが行われなかった場合、どのように感染が広がるかについて、数理モデルを作成して理論上の感染者数を割り出し、実際にロックダウン後に発生した感染者数と比較する必要がある。そこで、**図表5**では外出制限が実施された日を基準日として、その2週間前からその2週間後までの累計感染者数を目的変数とし、経過日数を説明関数としてエクセルで重回帰分析して数理モデルを作成した。

日本と中国はデータや日数の関係から計算基準に若干の修正を加えている。

また、韓国の外出制限要請は事態が収拾してから発せられており、大邱、慶尚北道地区で感染爆発し、緊急事態宣言が出された2月23日を基準日とした。

累計感染者数に関する回帰分析結果（図表5）

項目	人口	回帰分析結果					増加数の変化(人)感染加速度	1千万人あたりの感染加速度(人)	順位
		X^2の係数	Xの係数	Y切片	重相関R	有意F			
日本	126,529,100	12.32	43.52498	1287.549	0.998	4E-15	24.6	1.95	13
中国	1,392,730,000	105.8	-1223.232	2775.935	0.997	2E-23	211.6	1.52	14
韓国	51,635,256	16.27	-230.3595	587.8938	0.995	3E-26	32.5	6.30	11
イラン	81,800,269	24.59	415.2751	384.4455	0.997	6E-30	49.2	6.01	12
イタリア	60,431,283	127.5	-1494.243	4597.556	0.998	9E-32	255.0	42.19	5
スペイン	46,723,749	156.5	-2519.847	7684.267	0.99	4E-23	312.9	66.98	1
ドイツ	82,927,922	129.1	-308.768	-46.1149	0.998	3E-33	258.2	31.13	7
フランス	66,987,244	91.3	-1088.17	3431.708	0.997	4E-29	182.6	27.26	9
イギリス	66,488,991	100.5	-1307.182	4148.134	0.997	3E-29	201.0	30.22	8
スイス	8,516,543	28.46	-314.2619	797.2545	0.998	4E-33	56.9	66.82	2
ベルギー	11,422,068	29.44	-434.6268	1403.106	0.991	3E-23	58.9	51.54	3
オランダ	17,231,017	21.98	-319.7707	988.8221	0.993	3E-25	44.0	25.51	10
オーストリア	8,847,037	16.99	-56.73062	-42.6273	0.995	3E-26	34.0	38.41	6
米国(NY)	327,126,434	704.2	-10075.51	28360.08	0.997	4E-30	1,408.4	43.05	4

数理モデルを2次関数とした結果、非常に当てはまりがよく（重相関Rが99.0％から99.8％までの適合率）、帰無仮説による検定（有意F）も限りなくゼロに近く、統計学的に非常に有意で汎用性があり、展開しやすい数理モデルが完成した。

たとえば、日本を例にとると、以下のようなモデルが99.8％の割合であてはまる。

$$x \text{ 日の累計感染者数（人）} = 12.3x^2 + 43.5x + 1287.5 \qquad \text{数理モデル①}$$

　1日あたりの新規感染者数は、微分すると出るので、次式となる。

（x＋1日）の感染者数（人）＝12.3×2 x ＋12.3＋43.5＝24.6 x ＋55.8
数理モデル②

また、前日と比較した新規感染者数の増加数は、さらに微分した次式となる。

前日と比較した新規感染者数の増加数（人）＝12.3×2 ＝24.6人
数理モデル③

　上記のモデルは、車や電車の例で考えると理解しやすい。数理モデル①が距離、数理モデル②が速度、数理モデル③が加速度に該当する。

　速度は加速すればするほど速くなり、速度が速ければ速いほど短時間で走る距離が増える。加速度がすべてのベースになっている。

　感染症の場合、加速度は毎日の感染者数の増加数、速度は毎日発生する新しい感染者の数、距離は累計感染者数に相当する。

　数理モデル③をみると、日本の場合、4月8日の外出自粛要請の2週間前から当日まで、毎日平均で25人弱新規感染者が増加していたということだ。具体的には図表6で解説するが、モデルは次のようになっている。

数理モデル解説図（図表6）

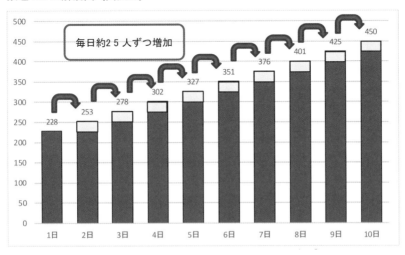

　4月を例に取ってみよう。4月1日の新規感染者数を数理モデル②によって計算すると228人、翌日の4月2日には25人増加して253人の新規感染者が発生することが予測できる。9日後の10日には24.6人×9日≒222人増加して450人の新規感染者が発生すると予想される。

　数理モデル③で算出した数値が高ければ高いほど感染の加速度が増すことになる。

　人口を考慮しない場合、数理モデル③で算出した感染加速度は、米国（1,408人）が突出して高くなっている。一方、人口1,000万人あたりに補正すると、スペイン（67人）、スイス（67人）、ベルギー（52人）の順となっており、日本は2人弱と非常に少ない数値となっていることがご理解いただけると思う。今後どのように変化するか予断を許さないが、緊急事態宣言の前でも日本の感染速度は他国に比してかなり低いことがわかる。

　②　数理モデルを利用したロックダウンの効果測定

　日本を例に前述の数理モデル②を使って、比較・検証のため新規感染者数の理論値と実数を4月1日から5月8日までプロットしたものが**図表7**になる。直線が数理モデル（理論値）で棒グラフが実数である。

日本における新規感染者数の実数と理論値（図表7）

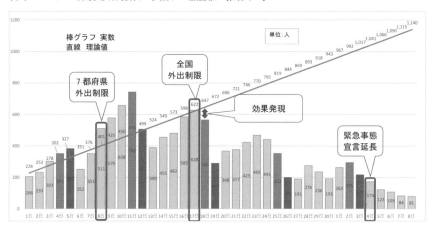

　棒グラフで示した中程度の濃さの部分が土曜日、最も濃い部分が日曜日を表

している。

　棒グラフで表した実数をみると、日本では曜日ごとに周期があり、新規感染者数は、週はじめが少なく、週末に増加しており、のこぎりの歯のような形状になっている。これは、日曜日や週初めにPCR検査の実施が相対的に少ないことから生じている現象である。

　直線は、x＋1日の感染者数（人）＝24.6x＋55.8　　数理モデル②である。

　xには、外出自粛要請の出た4月8日の2週間前の3月25日を1、26日を2、27日を3という具合に数値をあてはめると、その日の感染者数が計算できる。

　たとえば、緊急事態宣言が発出された4月8日は15日目（14＋1日目）となるので、24.6×14＋55.8＝400.7105…≒401人となる（小数点2位以下も含め計算）。

　ここで、棒グラフ（実数）と直線（理論値）の関係をみてみよう。4月13日（月）にいったん棒グラフが直線を下回っているが、4月17日（金）にまた、棒グラフ（実数）が直線（理論値）を上回っている。

　4月13日（月）を効果発現の日とみることもできるが、厳格にみると**効果が持続し出すのは、外出制限されてから10日目の4月18日（土）である**ことがわかる。

　4月18日以降実績値が理論値を上回ることはない。

　数理モデルを利用することで感覚的に「感染者が多くなったようだ」とか、「少なくなったようだ」と言うだけではなく、客観的に効果が測定できる。

　次に、同様に日本の例をとり、数理モデル①で計算した累積感染者数（理論値）と実際の累積感染者数（実数）を4月1日から4月28日までプロットしたものが**図表8**である。曲線が数理モデル（理論値）、棒グラフが実数である。

日本における累計感染者の実数と理論値（図表8）

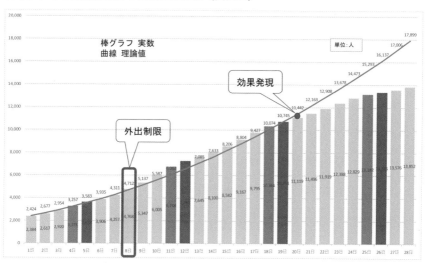

　やはり、中程度の濃さの部分が土曜日、最も濃い部分が日曜日である。

　累計感染者数は、日別の新規感染者数とは異なり、日ごとのバラツキは目立たず、4月19日前後までは2次曲線に沿うように増加している。

　曲線は、x日の累計感染者数（人）＝ $12.3 x^2 + 43.5 x + 1287.5$　数理モデル①である。

　たとえば、緊急事態宣言が発出された4月8日は15日目となるので、

$$12.3 \times 15^2 + 43.5 \times 15 + 1287.5 = 4711.691 \fallingdotseq 4712$$

となる（小数点第2位以下は省略）。

　棒グラフ（実数）と曲線（理論値）との関係をみると、4月8日の外出制限が累計感染者数に効果として表れた日（実数が理論値を下回った日）は、棒グラフ（実数）が曲線（理論値）を下回る日、つまり、外出制限から12日目の4月20日（月）となっている。

　これは、**外出制限の効果が4月20日（月）に数字としてはっきりわかるようになった**ということである。

　このように数理モデルとグラフを組み合わせることで、客観的かつ直感的に

外出制限の効果を判定できる。本稿は4月17日に初稿を完成し、27日、30日、5月11日と順次書き直してきたが、4月17日の時点で効果が出つつあること、27日の段階では効果がはっきり表れていることを記載している。このように結果論ではなく、タイムリーに効果測定できることもこの分析の特徴である。

　図表7、図表8で読み解いた数理モデルを使用した日本における外出制限の効果を外出制限している他の各国にも同様に展開し、一覧表にしたものが図表9である。

外出制限とその効果に関する国別一覧表（図表9）

項目	新規感染者数への効果	累計感染者数への効果	備考
日本	10日目	12日目	
ドイツ	6日目	13日目	
オーストリア	7日目	12日目	
スイス	8日目	13日目	
韓国	10日目	13日目	大邱・慶尚北道地区
イタリア	13日目	15日目	
中国	14日目	16日目	
米国(NY)	14日目	18日目	
オランダ	15日目	21日目	
フランス	16日目	19日目	
ベルギー	18日目	20日目	
スペイン	20日目	23日目	
イギリス	20日目	23日目	
イラン	24日目	34日目	
平均	14日目	18日目	
東アジア	11日目	14日目	
中東	24日目	34日目	
欧米	14日目	18日目	

　すべての国で効果が確認できた。効果の発現日数の平均は新規感染者数で14日、累計感染者数では18日となった。

　新型コロナウイルスの潜伏期間がWHOの示す6日間程度とすると、外出制限が国民に浸透するのに、平均してさらに1、2週間程度かかるものと想定される。

　イランで効果発現までに24日と期間を要しているのは、緊急事態宣言の分析でみたとおり、経済制裁下にあり、経済の影響を勘案して、対策が後手に

回ったことが考えられる。次にイギリスとスペインが20日と長くなっている。イギリスは当初、ある程度の感染者を出して、集団免疫を構築することで、感染症対策を考えていたことや警察がドローンで監視しないと外出禁止が守れない国民性などから効果の発現が遅れたものと推察され、スペインでは病院内や介護施設での感染が拡大し、歯止めが利かない状態が続いていた。

一方、ドイツ、スイス、オーストリアでは、組織だった行動をとるゲルマン系文化の影響もあり、効果発現が速いものと思われる。

サッカーなどの団体競技でもそうだが、感染拡大の状況や感染症対策、対策の効果発現などには、各国の文化や行動様式が深く関わっているように思える。

なお、外出制限に対する罰則などの強制力の有無による発現期間の差異は、数値として確認できなかった。

③ 数字で読み解く医療崩壊

(1) 医療崩壊とは

医療崩壊も法律用語や医学用語ではない。医療崩壊が防ぐことが感染症対策の要諦である。専門家会議では、医療崩壊に先行して、オーバーシュートが発生すると公表している。医療崩壊には2つの側面がある。1つは感染者の発生に医療体制が追いつかず、助けられる命も助けられなくなる状態、もう1つは院内感染が広がり、病床や医療器具などのリソースはあるものの、使用できなくなり、医療体制が機能しなくなる状態を指すものと考えられる。医療崩壊をきたすと、新型コロナウイルス感染者だけでなく、他の傷病で緊急措置を必要とする患者への対処も困難となることに注意を要する。

(2) 新型コロナウイルスの症状と死亡率

WHOの湖北省武漢市での調査によると、新型コロナウイルスの症状は、軽症80％弱、重症15％、重体5％、死亡2％となっている（2月17日公表）。

新型コロナウイルスの症状（図表10）

レベル	割合	症状
軽症	80％弱	無症状、乾いた咳、発熱、全身の倦怠感、下痢、味覚・臭覚障害
重症	15％	肺炎、呼吸困難
重体	5％	呼吸不全、敗血性ショック、多臓器不全
死亡	2％	ー

　新型コロナウイルスの死亡率は、確定したものではないが、他の感染症の死亡率、エボラ出血（39.7％）、MERS（35.6％）、SARS（9.6％）と比較すると低いが、治療薬やワクチンがないことから、季節性インフルエンザ（0.1％）に比べると約20倍高く、とくに肺炎を併発しやすいので厄介である。

感染症の死亡率（図表11）

感染症名	死亡率	発生年	発生場所	感染症法分類	備考
エボラ出血熱（エボラウイルス）	39.7%	1976年	南スーダン	1類	2014年にパンデミックとなり、28,512人が感染し、11,313人が死亡
腸管出血性大腸菌感染症（大腸菌O157）	1～5%	1982年	アメリカ	3類	日本では1996年に小学生が給食（カイワレ大根）により集団感染
重症急性呼吸器症候群（SARSコロナウイルス）	9.6%	2002年	中国南部	2類	37の国と地域で発生、8,096人が感染、774人が死亡（日本では発生せず）
新型インフルエンザ感染症A（N1N1）	0.45%	2009年	米国、メキシコ	新型インフルエンザ	WHO初の緊急事態宣言感染症世界で約28万4千人が死亡、日本でおよそ2,000万人が罹患、約200人が死亡現状では治療薬ができ、死亡率低下
中東呼吸器症候群（MERSコロナウイルス）	35.6%	2012年	サウジアラビア	2類	イギリスで中東からの帰国者より発見2,220人感染、790人死亡
鳥インフルエンザ感染症A（H7N9）	22.8%	2013年	中国南部	4類	ヒト、ヒト感染は未確認
COVID-19（新型コロナウイルス）	2.0%	2019年	中国湖北省	2類	ー

　新型コロナウイルスの死亡率2％は、湖北省以外の中国での死亡率や日本や韓国、ドイツの事例をみると、もう少し低い可能性もある。

　2％という理論的な死亡率を基準に各国の医療崩壊の実態をみることとしたい。

(3)　医療崩壊の実態

　3月21日以降の15か国の死亡率の推移について、図表12のとおりまとめた。

死亡率国別推移表（図表12）

項目	3月											4月												
	21日	22日	23日	24日	25日	26日	27日	28日	29日	30日	31日	1日	2日	3日	4日	5日	6日	7日	8日	9日	10日	11日	12日	13日
日本	3.4%	3.8%	3.7%	3.6%	3.5%	3.3%	3.3%	2.8%	2.9%	2.9%	2.6%	2.6%	2.4%	2.4%	2.1%	2.0%	2.0%	1.9%	1.8%	1.6%	1.6%	1.5%	1.4%	1.4%
中国	4.0%	4.0%	4.0%	4.0%	4.0%	4.0%	4.0%	4.1%	4.1%	4.1%	4.1%	4.1%	4.1%	4.1%	4.1%	4.1%	4.1%	4.1%	4.1%	4.1%	4.1%	4.1%	4.1%	4.1%
韓国	1.2%	1.2%	1.2%	1.3%	1.4%	1.4%	1.5%	1.5%	1.6%	1.6%	1.7%	1.7%	1.7%	1.7%	1.7%	1.8%	1.8%	1.9%	1.9%	2.0%	2.0%	2.0%	2.0%	2.1%
イラン	7.0%	7.2%	7.3%	7.3%	7.2%	7.1%	6.9%	6.7%	6.6%	6.4%	6.2%	6.1%	6.0%	5.9%	5.9%	5.9%	6.0%	6.0%	6.0%	6.2%	6.2%	6.2%	6.2%	6.3%
トルコ	2.2%	2.4%	2.4%	2.4%	2.4%	2.1%	1.6%	1.5%	1.4%	1.6%	1.6%	1.8%	2.0%	1.9%	2.0%	2.0%	2.1%	2.1%	2.1%	2.1%	2.1%	2.2%	2.2%	2.3%
イタリア	9.0%	9.3%	9.5%	9.9%	10.1%	10.1%	10.5%	10.6%	10.8%	11.0%	11.4%	11.7%	12.1%	12.3%	12.3%	12.3%	12.5%	12.6%	12.7%	12.8%	12.8%	12.7%	12.8%	12.8%
スペイン	5.3%	6.0%	6.6%	6.8%	7.1%	7.6%	7.9%	8.3%	8.6%	8.7%	8.9%	9.1%	9.3%	9.3%	9.4%	9.5%	9.7%	9.8%	9.9%	10.0%	10.1%	10.1%	10.2%	10.3%
ドイツ	0.3%	0.4%	0.4%	0.5%	0.5%	0.6%	0.7%	0.7%	0.8%	0.9%	1.1%	1.2%	1.3%	1.3%	1.5%	1.5%	1.6%	1.7%	1.8%	1.9%	2.1%	2.2%	2.2%	2.4%
フランス	3.9%	4.2%	4.3%	4.9%	5.3%	5.8%	6.0%	6.1%	6.5%	6.8%	6.8%	7.1%	7.6%	10.3%	11.0%	11.0%	13.2%	13.2%	14.6%	14.7%	14.7%	14.7%	15.1%	15.2%
英国	4.6%	4.9%	5.0%	5.2%	4.8%	4.9%	5.2%	5.9%	6.2%	6.3%	7.0%	8.5%	8.6%	9.3%	10.2%	10.2%	11.0%	11.0%	11.6%	12.1%	12.6%	12.4%	12.7%	12.7%
スイス	0.9%	0.9%	0.8%	1.0%	1.1%	1.5%	1.6%	1.8%	1.8%	1.9%	2.3%	2.2%	2.5%	3.0%	3.0%	2.9%	3.1%	3.2%	3.4%	3.5%	3.4%	3.5%	3.4%	3.5%
ベルギー	2.4%	2.2%	2.4%	2.9%	3.6%	3.5%	4.0%	3.9%	4.0%	4.3%	5.5%	5.9%	6.6%	6.8%	7.0%	7.3%	7.8%	9.2%	9.6%	10.1%	11.3%	11.9%	12.1%	12.8%
オランダ	2.2%	2.4%	4.5%	5.0%	5.5%	5.6%	6.3%	6.5%	7.1%	7.3%	8.2%	8.6%	9.1%	9.4%	9.9%	9.9%	10.7%	10.9%	11.0%	10.8%	10.7%	10.8%		
オーストリア	0.3%	0.4%	0.6%	0.6%	0.6%	0.7%	0.9%	0.8%	1.0%	1.1%	1.3%	1.4%	1.4%	1.5%	1.6%	1.7%	1.8%	1.9%	2.1%	2.2%	2.4%	2.4%	2.5%	2.6%
米国	1.7%	1.8%	1.8%	1.9%	2.0%	2.1%	2.4%	2.4%	2.6%	2.6%	2.9%	3.0%	3.5%	3.7%	3.8%	4.1%	4.4%	4.6%	4.6%	4.7%	4.7%	4.8%	4.8%	4.8%
世界	4.3%	4.3%	4.4%	4.5%	4.5%	4.5%	4.5%	4.6%	4.7%	4.8%	4.9%	5.1%	5.2%	5.3%	5.5%	5.7%	5.8%	5.9%	6.1%	6.2%	6.3%	6.4%	6.5%	6.5%

項目	4月																	5月						
	14日	15日	16日	17日	18日	19日	20日	21日	22日	23日	24日	25日	26日	27日	28日	29日	30日	1日	2日	3日	4日	5日	6日	7日
日本	1.5%	1.6%	1.6%	1.6%	1.6%	1.6%	1.7%	2.4%	2.6%	2.6%	2.6%	2.7%	2.8%	2.9%	3.0%	3.0%	3.1%	3.1%	3.3%	3.4%	3.4%	3.5%	3.6%	3.6%
中国	4.1%	4.1%	4.1%	4.0%	5.6%	5.6%	5.6%	5.6%	5.6%	5.6%	5.6%	5.6%	5.6%	5.6%	5.6%	5.6%	5.6%	5.6%	5.6%	5.6%	5.6%	5.6%	5.6%	5.6%
韓国	2.1%	2.1%	2.2%	2.2%	2.2%	2.2%	2.2%	2.2%	2.2%	2.3%	2.3%	2.3%	2.3%	2.3%	2.3%	2.3%	2.3%	2.3%	2.3%	2.3%	2.4%	2.4%	2.4%	2.4%
イラン	6.3%	6.3%	6.2%	6.2%	6.2%	6.2%	6.2%	6.2%	6.3%	6.3%	6.3%	6.3%	6.3%	6.3%	6.3%	6.4%	6.4%	6.4%	6.4%	6.4%	6.4%	6.3%	6.3%	6.3%
トルコ	2.2%	2.2%	2.2%	2.3%	2.3%	2.4%	2.4%	2.4%	2.4%	2.5%	2.5%	2.6%	2.6%	2.6%	2.6%	2.7%	2.7%	2.7%	2.7%	2.7%	2.7%	2.7%	2.7%	2.7%
イタリア	13.0%	13.0%	13.1%	13.1%	13.2%	13.2%	13.2%	13.3%	13.4%	13.4%	13.5%	13.5%	13.5%	13.5%	13.5%	13.6%	13.6%	13.6%	13.7%	13.7%	13.7%	13.7%	13.8%	13.9%
スペイン	10.5%	10.3%	10.5%	10.5%	10.8%	10.9%	10.9%	11.0%	11.0%	11.1%	11.2%	11.1%	11.3%	11.4%	11.5%	11.5%	11.5%	11.6%	11.7%	11.7%	11.7%	11.7%	11.7%	11.8%
ドイツ	2.6%	2.7%	2.9%	3.3%	3.4%	3.5%	3.6%	3.7%	3.8%	3.9%	4.0%	4.0%	4.1%	4.1%	4.1%	4.2%	4.2%	4.2%	4.2%	4.3%	4.3%	4.3%	4.3%	4.3%
フランス	15.2%	16.2%	16.5%	17.1%	17.3%	17.5%	17.7%	17.7%	17.9%	18.1%	18.1%	18.2%	18.3%	18.5%	18.6%	18.7%	18.8%	18.9%	19.0%	19.1%	19.2%	16.8%	18.9%	
英国	12.8%	13.0%	13.2%	13.3%	13.3%	13.4%	13.4%	13.5%	13.5%	13.5%	13.5%	15.6%	15.6%	15.6%	15.7%	15.6%	15.6%	15.4%	15.4%	15.2%	15.0%	15.0%	14.9%	14.8%
スイス	3.5%	3.7%	3.8%	3.9%	4.1%	4.1%	4.1%	4.2%	4.3%	4.5%	4.6%	4.6%	4.6%	4.7%	4.8%	4.8%	4.8%	4.9%	4.9%	4.9%	5.0%	5.0%	5.0%	5.0%
ベルギー	13.0%	13.3%	13.7%	14.3%	14.7%	14.8%	14.6%	14.4%	14.9%	15.2%	15.1%	15.3%	15.4%	15.6%	15.7%	15.7%	15.7%	15.7%	15.7%	16.0%	16.4%	16.5%	16.4%	16.4%
オランダ	10.7%	11.1%	11.3%	11.4%	11.3%	11.2%	11.4%	11.6%	11.7%	11.7%	11.8%	11.8%	11.8%	11.9%	12.1%	12.2%	12.3%	12.3%	12.4%	12.4%	12.5%	12.6%	12.6%	12.6%
オーストリア	2.7%	2.8%	3.0%	3.0%	3.1%	3.1%	3.1%	3.3%	3.4%	3.4%	3.5%	3.6%	3.6%	3.7%	3.8%	3.8%	3.8%	3.9%	3.9%	3.9%	3.9%	3.9%	3.9%	3.9%
米国	5.0%	5.1%	5.2%	5.3%	5.4%	5.4%	5.4%	5.6%	5.7%	5.7%	5.7%	5.7%	5.7%	5.8%	5.9%	5.9%	5.9%	5.9%	5.8%	5.8%	5.8%	5.9%	6.0%	6.0%
世界	6.6%	6.7%	6.8%	6.9%	7.0%	7.0%	7.0%	7.0%	7.1%	7.1%	7.1%	7.1%	7.1%	7.0%	7.0%	7.1%	7.2%	7.2%	7.2%	7.1%	7.1%	7.1%	7.1%	7.1%

　先ほど、WHOの症状別の比率を紹介したが、軽症を除くと約20％となる。死亡率が10％を超えるということは、重症化した患者の半数以上が亡くなるという、非常に痛ましい状況となっているということである。フランスは18％を超えている。

　ただし、感染者全員が検査されるわけでなく、死亡率は、実際より高く出る傾向にある。たとえば、日本でも3月22日に死亡率が3.8％となっているが、これは検査数が少ないためと考えられる。この時点で、潜在感染者が相当数いたと思われ、後段の検査と潜在感染者のところで触れたい。一方、4月21日、23日には厚生労働省の突合作業の結果、死亡者85人が追加計上され、このため、日本の直近の死亡率は2.7％と跳ね上がり、ゴールデンウィークには3％を超えた。これは、連休中にPCRによる検査数が減少し、潜在感染者が増加したことを示唆している。

　統計数値は、現実そのものではないものの、全体的に状況が悪化していることがわかる。

　死亡率が10％を超えるフランス（18.9％）、ベルギー（16.4％）、イギリス（14.8％）、イタリア（13.9％）、オランダ（12.6％）、スペイン（11.8％）では、深刻な医療崩壊が起きている可能性が高い。アメリカも死亡率が6％に達し、州

や地域によって部分的に医療崩壊していると思われる。ドイツ、オーストリアであっても死亡率が上昇している。

　逆に、日本、韓国、トルコは、現状ではまだ医療が機能しているといえる。ただし、肺炎が悪化すると致命症となるので、日本においても病床や防護具、人工呼吸器、ECMO、ICUの確保はまったなしの状況であり、トリアージの運用や病院・老人福祉施設内での感染防止も早急の課題であろう。

４　感染症と法

　ここまで、ロックダウンやオーバーシュート、医療崩壊といった感染症にかかわる用語を数字で読み解いてきた。法務担当者向けの論考である以上、本稿でも感染症防止対策に関する法令と感染症予防の目的について簡単におさらいしてみたい。感染症対策に関連する法令は、感染症法や特措法、薬機法から労働基準法、個人情報保護法に至るまでさまざまである。ここでは、次の三法を取り上げることとしたい。

---

①　感染症法（感染症の予防及び感染症の患者に対する医療に関する法律）
②　検疫法
③　特措法

---

(1)　感染症法

　人類史は感染症との長い闘いの歴史でもある。科学技術が発展する現代に至るまで、人類の死因は感染症が第１位であった。感染症で早世した人物として、正岡子規、樋口一葉、梶井基次郎、滝廉太郎の名を思い浮かべる方もいるかもしれない。「となりのトトロ」のメイの母親も結核で療養しているという設定だといわれている。ジャレド・ダイヤモンドの『銃・病原菌・鉄』においても、アステカ王国をスペインが滅ぼした理由として感染症を取り上げている。また、カミュの『ペスト』が最近読まれているようだが、シェイクスピアの『ロミオとジュリエット』にもペストが重要な伏線として描かれている。ペストは黒死病と恐れられ、人類史上、３回の大流行があった。541年には、ヨーロッパ、中東、アジアで大流行し約10万人が亡くなったと推定されてい

る。1320年頃の大流行では全世界で8,500万人が死亡し、ヨーロッパ人口の2分の1から3分の1がこの病で失われたといわれている。1855年からの3回目の大流行では、世界で1,000万人が亡くなり、日本には1899年に中国から伝わり、2,420人が死亡したと記録されている。ペスト菌を発見したのは北里柴三郎だが、1926年以後、同氏の活動によりペストは日本で発生していない。

　最近では、2002年のSARS、2009年の新型インフルエンザ、2012年のMERS等少なくとも10年周期で新型感染症が発生しており、現代でも人類の脅威であり続けている。

　一方、ハンセン病やAIDSの例など、感染症には差別がつきものであり、ペストやコレラは、当時の科学では原因がわからず、魔女狩りやユダヤ人の迫害などの悲劇を生んできた。新型コロナウイルスでも、欧米でアジア人が差別を受ける事例も多く報道されている。

　このような感染症のリスクを最小限度とし、患者への偏見による差別をなくすために制定されたものが、感染症法である。

　感染症法には、主に図表13に示すような規定がある。

感染症法の規定（図表13）

条数	内容	条数	内容
6条	対象となる感染症	17条	健康診断
9条	基本方針	18条	就労制限
10条	予防計画	19条	入院
12条以下	感染症の発見、情報収集・公表	27条	消毒
		37条以下	医療

　新型コロナウイルスは、1月28日の政令で感染症法6条の指定感染症として定められ、以後、その検査や入院、消毒などの対策は感染症法に則って行われている。

(2)　検疫法

　検疫は、船舶や航空機によって海外から日本に来る人々によって国内が感染されないよう防止することを目的とした法である。英語の検疫quarantineは、

ヴェネチア共和国でペストが流行した1377年、40日間（イタリア語quarantina）入港する船を停泊させたことを語源としている。イギリス船籍であるダイヤモンド・プリンセス号に対する日本政府の措置は検疫法に基づき実施された。

　検疫法では、**図表14**のとおり対象となる感染症や検疫手順について定めている。入港禁止は、検査が完了していないと寄港できないということ、交通制限は上陸できないということである。隔離は病院などに隔離し、停留はそこに留まってもらうことを指す。

検疫法の規定（図表14）

条数	内容	条数	内容
2条	対象となる検疫感染症	14条	汚染船舶等の措置
4条	入港禁止	15条	隔離
5条	交通制限	16条	停留
13条	診察・検査	24条	応急措置

　新型コロナウイルスは、感染症法と同様、1月28日の政令で検疫法2条の検疫感染症として定められた。

(3) 新型インフルエンザ等対策特別措置法（特措法）

　特措法は、2009年の新型インフルエンザを教訓としてパンデミック対策のために施行された比較的新しい法律である。この法律は、国民の大部分が免疫を獲得していない新型感染病に対して、予防・まん延防止対策の強化を図り、①国民の生命・健康を保護し、②国民生活・国民経済に及ぼす影響を最小とすることを目的としている。

　3月13日に特措法が改正され、新型コロナウイルスにも適用されるようになった。

　特措法では、**図表15**に示すように、対応組織や方針、緊急事態宣言、外出制限などの内容を定めている。

特措法の規定（図表15）

条数	内容	条数	内容
15条	政府対策本部の設置	50条以下	物資・ライフラインの確保
18条	基本対処方針の策定	54条	緊急物資等の輸送
32条	緊急事態宣言	58条以下	支払猶予・融資等
45条	外出・施設制限の要請	62条以下	損失・損害補償
47条	医療等の確保	70条	国の財政措置
49条	土地の収用	76条以下	罰則

　特措法の主要な部分については、2で解説したとおりである。

　とくに、特措法の目的の一つである「①国民の生命・健康を保護するため」については、政府の新型コロナウイルス感染症対策の基本方針で以下の目的（基本的な考え方）を示している（図表16）。

新型コロナウイルス対策の目的（基本的な考え方）（図表16）

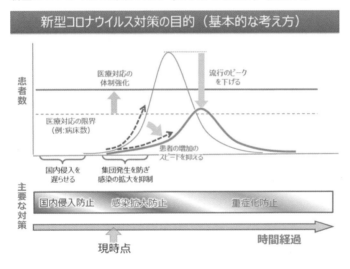

　新型コロナウイルスの最大の脅威は、本来なら医療によって治癒するはずの人や医療関係者がバタバタ亡くなり、処理しきれない遺体が広場に積まれるような状況となることである。

　専門家会議が繰り返して強調するように、人と人との接触を80％減らし、新しい感染者を減少させることにより、この目的を達成させることが、医療崩壊を防ぐために非常に重要であることを再認識しなくてはならない。

　ところで、「看護師等の人材確保の促進に関する法律」をご存じだろうか。同法7条は、次のように規定されている。

> 国民は、看護の重要性に対する関心と理解を深め、看護に従事する者への感謝の念を持つよう心がけるとともに、看護に親しむ活動に参加するよう努めなければならない。

　医療従事者へのいわれなき中傷や差別が指摘されている。新型コロナウイルスとまさに命がけで戦う皆さんへの感謝の念を決して忘れてはならない。

5 数字で読み解く感染症検査と潜在感染者数

(1)　数字で読み解く感染症検査

　あまり理解されていないようだが、医療においては、感染症に限らず、がんの検査などでも精度の問題がつきまとう。検査において、事実と観測結果の差異について2つの指標がある。1つは感度といい、感染している人が正確に陽性と判断される割合である。

　もう1つは特異度といい、感染していない人について正確に陰性という結果が得られる割合である。

　新型コロナウイルスのPCR検査は、新しい感染症に対するもので、臨床データがそろっていないが、朝日新聞の記事やPCR検査に接している専門医は、感度が70％くらいだと伝えている。一方、PCR検査の特異度の方は推定で99％以上といわれている。

　PCR検査とは「polymerase chain reaction」の略で、「ポリメラーゼ連鎖反応」と訳される。「ポリメラーゼ」とはDNAを合成する酵素のことで、「連鎖反応」とは同じ反応を連続して生じさせることである。分子生物学における基本技術で、微量のDNAでも連鎖的に複製することで、判定することが可能となる。新型コロナウイルスはRNAウイルスであり、RNAをDNAに変換する作業が加わるようだ。検査には6時間ほどかかるので、検体の輸送期間などを含め

ると検体採取から結果通知まで２、３日かかっている実態がある。また、PCR装置は台数が少なく、現状では国内のリソースを集めて対応していると報道されている。

感度について解説すると、感度が70％であると、感染しているのにかかわらず陰性という判定（偽陰性）が30％出る。２回繰り返せば、約90％の割合で陽性と判定できるが、それでも、９％ほどの擬陰性が出る。感染者が２度のPCR検査で陰性となり退院したが、再度陽性となったことなどが報道されている。

簡易キットの導入も主張されているが、季節インフルエンザの簡易キットの検査感度は、62％前後である。簡易キットはウイルスそのものではなく、抗原の有無で検査するものであり、中国製の検査キットは、その感度が低いので（約30％）、購入したスペインなどでトラブルとなっている。韓国でも、基本的にはPCR検査を実施している。

その他では、採血して、血中の抗体を検査する方法があり、この方法も開発段階であり、感度も不明確である。このため、CTによる検査等と組み合わせることで、PCR検査の欠点を補う運用がなされている。

感染症法では、17条で健康診断について定めており、感染症にかかっていると疑うに足る正当な理由のある者に実施することとされている。

一部マスコミなどでは、日本は検査数が少なく問題だと報道しているが、PCR装置の台数に限りがあること（高齢者や既往症がある方に配分）、感度がそれほど高くないこと、当該ウイルスに特効薬がないこと、検査のため人が病院に殺到すると院内感染のリスクが高まること、無症状者であっても、いったん陽性と診断されると入院や隔離等が必要となることなど、検査拡大にも諸刃の剣的リスクがあることを理解しなくてはならない。

(2) 数字で読み解く潜在感染者数

日本は検査数が少なく、表に現れない感染者が多くいるとの報道がなされることも少なくない。現在進行中の感染症であり、当然感染者をリアルタイムで100％把握することは不可能である。厚生労働省クラスター班の北海道大学西浦教授も４月24日に「今の患者数というのは明らかに氷山の一角だ」とマス

コミの取材に答えている。

ただ、報道されている潜在感染者数には幅があり、にわかには信じがたいものもある。そこで、統計的手法を利用し、潜在感染者数を推計することしたい。

　①　感染者の年代別比率による潜在感染者の推定

「③(5)医療崩壊の実体」でふれたが、本年3月22日の日本の死亡率は3.8％となっており、日本の医療状況から疑わしい数値となっている。

そこで、検査が多く行われているという韓国の年代別の患者の割合を利用し、3月22日時点の累計感染者を推計し、そこから潜在感染者数を割り出してみよう。

韓国の年代ごとの感染者の比率は3月18日のデータである。日本では、重篤化するリスクの高い高齢者にはほぼ検査が実施されているものと仮定し、80歳以上の累計感染者数をベースに韓国の比率を当てはめて算出したのが図表17である。

日韓比較による3月22日の日本の潜在感染者数（図表17）

単位：人

| 項目 | 日本感染者累計 | | | | | 韓国比率 | 日韓比率ｷﾞｬｯﾌﾟ | 日本推定感染者数 | 日本潜在感染者数 |
	女性	男性	不明	合計	比率				
10歳未満	8	10	2	20	1.86%	1.02%	0.84%	37	17
10歳代	6	4	0	10	0.93%	5.23%	-4.30%	192	182
20歳代	58	43	0	101	9.38%	28.19%	-18.81%	1033	932
30歳代	54	58	0	112	10.40%	10.32%	0.08%	378	266
40歳代	73	94	0	167	15.51%	13.98%	1.53%	512	345
50歳代	94	119	0	213	19.78%	19.21%	0.57%	704	491
60歳代	72	118	0	190	17.64%	12.40%	5.24%	454	264
70歳代	63	83	0	146	13.56%	6.43%	7.13%	236	90
80歳代	46	57	0	103	9.56%	3.22%	7.73%	118	0
90歳代	8	7	0	15	1.39%				
不明	2	1	9	12	—	—	—	—	—
合計	484	594	11	1,089	100.0%	100.0%	—	3,664	2,587

日韓で年代別の比率を比較すると、日本では高齢者の割合が高いことがわかる。これはPCR検査のリソースがリスクの高い高齢者に割かれていることの左

証である。このギャップを韓国基準に補正して計算すると、公表されている累計感染者数（1,089人）に対して、2倍以上の2,587人の潜在感染者がいることが推計される。この日の累計死亡者数は41名であり、累計感染者数3,664人で計算すると、死亡率は1.1%となり、2%と比較すると相当低いので、死亡者数にも統計上の算入ミスの可能性があることがわかる。

② 死亡率から逆算する潜在感染者の推定

新型コロナウイルスの死亡率2%を基準に日本の累計感染者数を推計し、潜在感染者数を割り出したものが図表18である。

死亡率を基準とした潜在感染者数の推移（図表18）

項目	公表数値				死亡率2%	
	累計 感染者数	累計 死亡者数	死亡者 増加数	死亡率	推定累計 感染者数	潜在累計 感染者数
4月20日	11,119人	186人	15人	1.7%	9,300人	-1,819人
4月21日	11,496人	277人	91人	2.4%	13,850人	2,354人
4月22日	11,919人	287人	10人	2.4%	14,350人	2,431人
4月23日	12,388人	317人	30人	2.6%	15,850人	3,462人
4月24日	12,829人	334人	17人	2.6%	16,700人	3,871人
4月25日	13,182人	348人	14人	2.6%	17,400人	4,218人
4月26日	13,385人	351人	3人	2.6%	17,550人	4,165人
4月27日	13,576人	367人	16人	2.7%	18,350人	4,774人
4月28日	13,852人	389人	22人	2.8%	19,450人	5,598人
4月29日	14,088人	415人	26人	2.9%	20,750人	6,662人
4月30日	14,281人	432人	17人	3.0%	21,600人	7,319人
5月1日	14,544人	458人	26人	3.1%	22,900人	8,356人
5月2日	14,839人	492人	34人	3.3%	24,600人	9,761人
5月3日	15,057人	510人	18人	3.4%	25,500人	10,443人
5月4日	15,231人	521人	11人	3.4%	26,050人	10,819人
5月5日	15,354人	543人	22人	3.5%	27,150人	11,796人
5月6日	15,463人	551人	8人	3.6%	27,550人	12,087人
5月7日	15,547人	557人	6人	3.6%	27,850人	12,303人
5月8日	15,628人	601人	44人	3.8%	30,050人	14,422人
5月9日	15,747人	613人	12人	3.9%	30,650人	14,903人

図表18では、4月20日から5月9日までの死者数を死亡率2%で割り戻して、推定累計感染者数を算出し、公表されている累計感染者数との差異を潜在感染者数として割り出した。

死亡数が4月21日に前日から91人増加しているが、これは、厚生労働者が自治体発表死者数を突合して再集計の上、未計上であった74人を死者数に加算したためであり、同様に4月23日に11人、5月8日に28人加算している。

したがって、4月23日以降の死者数がより現実に近いものとなっている。自治体により開示時期や方法がバラバラで集計ミスが生じやすい。死亡率が低いことも統計上の誤謬を発見する手がかりになる。

　驚くべきことに、死者数をみると4月20日から5月9日までの20日間足らずの間に427人増加し、3.3倍となっている。これは、前述の突合により増加した113人と5月2日に34人もの死者が出たことが大きく影響している。

　この図から現在、1万5千人程度つまり、公表されている感染者数と同程度の潜在感染者がいることが推定できる。これは4月下旬以降の死者急増とゴールデンウィークの医療機関休診による検査数の減少が影響していると考えられる。亡くなった方の詳細は一部しか開示されておらず、介護福祉施設や病院で大量死が発生していることも原因であろう。ただし、すでに治癒している方もいるので、実際はこの70％程度と考えることもできる。

6 数字で読み解く日本における緊急事態宣言の延長

(1) 数字で読み解く日本における緊急事態宣言

　緊急事態宣言延長がどのように判断されたかを論ずる前に、まず、緊急事態宣言がどのようにして判断されたかを、あらためて数字で読み解いておく必要があろう。

　これまでみてきたとおり、日本では特措法上、外出や店舗営業の自粛を要請するには、緊急事態宣言を発出する必要がある。また、各国の実態を分析すると外出制限はオーバーシュートや累計感染者数1,000人を意識して実行されている。日本の場合、3月21日に累計感染者数が1,000人を超えたが、オーバーシュートが発生しておらず、他国に比べ緩やかに感染者数が増加していたので、ドイツなどと同様すぐに緊急事態宣言が発出されていない。

　しかし、3月28日（土）に感染者数が359人発生し、翌週より新規感染者数が200人を超え、特に東京都における新規感染者が4月4日、5日と連続して100人を超えるようになったことが、緊急事態宣言の引き金となったものと考えられる。

　図表19は、4月1日以降の日本の感染者発生の状況を東京都とそれ以外に分けて表示したものである。4月4日と5日の数値を○で囲んでいるので、ご

確認いただきたい。

日本における新規感染者数の推移（図表19）

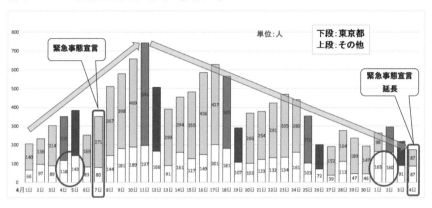

(2)　数字で読み解く緊急事態宣言の延長

　「2(7)③数理モデルを利用したロックダウンの効果測定」でみたように、日本全体では、外出自粛要請の効果ははっきりと確認できる。図表19をみても明らかである。では、なぜ政府は緊急事態宣言の延長を決めたのだろうか。

　図表19を再度確認してもらいたい。白抜きした部分が東京都の新規感染者数、その上段が他自治体で発生したものである。これをみると、緊急事態宣言（4月7日）直前の東京都の新規感染者数と比べ、緊急事態宣言延長（5月4日）直前の東京都の感染者数が逆に増加していることがわかる。また、「4(2)数字で読み解く潜在感染者数」でみたように、死者数が急増し、潜在感染者数が増加していることも判断要因となった可能性がある。

　次に、東京都を例にとり、大きな判断材料となる医療体制の状況を読み解こう。

　下図は、4月28日時点で東京都の累計感染者数と入院患者がどのような施設に収容されているかを示したものである。厚生労働省の5月10日付病床データを基に作成した。

4月28日付東京都感染者収用状況（図表20）

症状	感染者数	割合
軽症・中等症	2,585人	63.7%
重症	105人	2.6%
入院計	2,690人	66.3%
死亡	108人	2.7%
退院	1,261人	31.1%
合計	4,059人	100.0%

種類	病床数	収用数	差異	稼動率
中等症	1,600床	1,832人	168床	91.6%
重症	400床			
病床数	2,000床	1,832人	168床	91.6%
ホテル（宿泊療養）	2,865床	198人	2,667床	6.9%
自宅療養	—	635人	—	—
社会福祉施設		3人		
合計	4,865床	2,668人	2,197床	54.8%

　左右の表で入院者数に22人の差異があるが、これは集計のタイミングによるものと考えられる。**図表20**をみると、首都東京で病床が2,000床しか確保されていないことにも驚くが、この時点ですでに9割以上が埋まっている。全体の稼動率は55%程度であるが、症状と病床のミスマッチが生じている。ホテルを借りることや自宅療養でしのいでいるが、現実には非常にタイトな状態である。確保されている病床数が大雑把である点も懸念材料である。

　ここでさらに厳しい現実に目を向けなくてはならない。それは潜在感染者の問題である。東京都は日本全体と同様、4月末から死亡率が2.7%から3.7%まで上昇している。

東京都の潜在感染者数（図表21）

項目	累計感染者数	累計死亡者数	死亡率	想定累計感染者数	想定潜在感染者数	現在潜在感染者数
4月28日	4,059人	108人	2.7%	5,400人	1,341人	939人
4月29日	4,106人	117人	2.8%	5,850人	1,744人	1,221人
4月30日	4,152人	120人	2.9%	6,000人	1,848人	1,294人
5月1日	4,317人	126人	2.9%	6,300人	1,983人	1,388人
5月2日	4,474人	141人	3.2%	7,050人	2,576人	1,803人
5月3日	4,567人	145人	3.2%	7,250人	2,683人	1,878人
5月4日	4,654人	150人	3.2%	7,500人	2,846人	1,992人
5月5日	4,712人	150人	3.2%	7,500人	2,788人	1,952人
5月6日	4,748人	155人	3.3%	7,750人	3,002人	2,101人
5月7日	4,771人	160人	3.4%	8,000人	3,229人	2,260人
5月8日	4,810人	171人	3.6%	8,550人	3,740人	2,618人
5月9日	4,846人	180人	3.7%	9,000人	4,154人	2,908人
5月10日	4,868人	180人	3.7%	9,000人	4,132人	2,892人

　図表21では、**図表18**と同様に死亡率2%から逆算して東京都の潜在感染者数を割り出した。ただし、累計の数字であり、すでに治癒している方がいるので、東京都の退院率30%を参考に、現在の潜在感染者数も計算してみた。こ

れによると都内に3千人弱の潜在感染者がいることになる。うち2,000人が
ゴールデンウィーク中の検査数低下によるものと考えられる。なお、中野江古
田病院などで死者が多数出ているので、その影響も否定できない。

　ただ、この実態をみる限り、PCR検査を増やせという主張もあるが、果たし
て軽症者・無症状者が掘り起こされた場合、日本の医療が耐え切れるのかとい
う重要な問題が生じる。

　以上みてきたように、日本全体では、外出制限に一定の効果が出ているが、
東京都では5月はじめに感染者が多く発生し、また、東京だけでなく石川県な
ど医療体制もタイトな状況であることから、緊急事態宣言が延期されたものと
推察される。

7　数字で読み解く大局的な新型コロナウイルス感染の現状

　感染拡大が、中国から欧米やアジアに広がる全体像は「3(2)オーバーシュー
トの実態」でご覧いただいたが、次に現状について触れたいと思う。

　図表22は、前日と比べた新規患者の増加数（感染加速度）を日別に算出し
て、10日ごとの平均をとったものである。

　これをみることにより、10日間ごとの感染の方向性と感染加速度の平均が
確認できる。

　プラスは拡大、マイナスは減少、数値は増加（または減少）人数を表してい
る。

感染加速度国別旬間推移表（図表22）

項目	3月上旬	3月中旬	3月下旬	4月上旬	4月中旬	4月下旬
日本	5人	-1人	16人	43人	-29人	-18人
中国	-23人	2人	1人	-1人	-3人	-1人
韓国	-43人	-4人	3人	-10人	-1人	-1人
イラン	45人	36人	170人	-114人	-68人	-31人
トルコ	0人	48人	202人	204人	-7人	-206人
イタリア	79人	501人	-176人	-10人	-170人	-38人
スペイン	68人	222人	581人	-465人	-199人	-207人
ドイツ	16人	717人	-170人	-132人	-235人	-179人
フランス	35人	124人	542人	-324人	-229人	-91人
英国	5人	66人	211人	221人	-57人	136人
スイス	15人	86人	-26人	4人	-53人	-3人
ベルギー	3人	43人	38人	81人	-20人	-83人
オランダ	7人	47人	29人	50人	-60人	-24人
オーストリア	4人	76人	-22人	-25人	-24人	2人
米国	44人	515人	1,892人	741人	-852人	428人
世界	287人	2,809人	3,017人	2,158人	-2,353人	1,798人

　図表22をみると、中国、韓国は早くも3月上旬には感染の抑え込みに成功し、安定して推移していることがわかる。日本は3月下旬から4月上旬にかけ、感染者数が増加したが、4月中旬以降その数が減少に転じたことがわかる（3月下旬では、日々新しい感染者数が前日より16人ずつ増加・加速し、4月上旬では43人ずつ増加・加速していた。しかし、4月中旬では、毎日平均して29人ずつ減少・減速している。）

　世界的にみても、4月中旬になり、新しい感染者数が前日の感染者数を下回る状況となり、落ち着いたかにみえた。しかし、4月下旬に入ると、米国やイギリスで再び増加に転じ、図表22には記載していないが、ブラジル、ペルーなど南米やアフリカでも感染が広がりつつあり、世界でみると感染が再び拡大に転じている。

　これは余談であるが、図表22をみる限り、農耕民族である東アジアは感染症に強く、狩猟民族である欧米では感染が拡大し、中東はその中間にあるようにみえる。欧米でも、ラテン系は行動範囲が広く感染が早くはじまり、ゲルマン系は統制が効いており、アングロサクソン系は個人の主張が強く、国家統制が長続きしない傾向にあるように感じる。

8 おまけ──図表で読み解くプライバシー保護と安全配慮義務

　感染症対策においても、企業法務におけるパートナー機能とガーディアン機能のように、さまざまな二律背反が生じる。国家においては、「国民の生命」と「国民の経済」、「私権の自由」と「感染症対策による制限」、「財政再建」と「非常時の財政出動」というトレードオフを絶えず考えなくてはならない。企業においても、「従業員の安心・安全」と「事業継続」を状況の変化に応じ、高度な判断によってバランスさせる必要がある。

　そのような中、企業法務では、「定時株主総会開催による決議」と「定時株主総会開催による感染リスク」や「従業員のプライバシー保護」と「従業員への安全配慮義務」のバランスが重要な課題の１つとなりつつある。

　たとえば、感染者や濃厚接触者となった従業員の情報をどこまで、社内外に開示できるのか、感染者となった従業員が会社の要請に応じなかった場合、どのような対応ができるのかなど、その場その場の状況により、難しい判断を迫られることになる。

　そのような際の一つの判断材料として**図表23**を提示したい。

感染症発生・流行期における人権保護と安全配慮義務の関係（図表23）

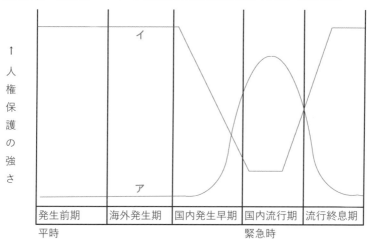

　線アが、回帰分析のところでご紹介した $y = ax^2 + bx + c$ で表される累計感染者から累計退院患者数を引いた入院患者数を表す曲線で、線イが判断の際、プライバシー保護と安全配慮義務のどちらの比重を増やすべきかを表す線となっている。国内流行期には、判断を安全配慮義務よりに考えざるを得ない。しかしながら、緊急時といえども最低ラインは守る必要がある。

　現実的には、個別具体的な状況によってケースバイケースの判断になるが、頭の整理のためにご活用いただけたらと思う。

　また、人命と経済などさまざまなトレードオフにも応用できよう。

⑨　最後に

　本稿は、自社で新型コロナウイルス対策本部の事務局をしながら情報収集し、分析・研究していたものをさらに深掘りして、休日や平日の夜、外出せずに取りまとめたものである。

　普段テレビやネットをみていると、日本の感染症対策に批判的なものが目に付く。数字だけで判断すると日本は非常に優等生なのだが、それと真反対のマスコミの論評をとても不思議に思っていた。そこで本稿では、マスコミが見世物的に扱っているロックダウンやオーバーシュートなどという用語を解説し、感染者数や日付といった客観的な数値を使って見える化するとともに、新型コロナウイルスに対する各国政府の奮闘ぶりを、断片的・抽象的・感情的なものでなく、全体的・具体的・論理的なものとして、俯瞰できるようにまとめてみた。

　社内の対策組織で法務が果たす役割、日々刻刻変化するリスクのサーベイランスと対策、在宅勤務制度の運用、感染者の発生と対応、コロナ下での株主総会の開催、コロナ後に向けたビジネス再構築の検討など興味深いテーマはいろいろあろうかと思う。しかし、そのような法務組織が直面する各論については、他の皆様にお任せすることとしたい。

　数字から読み解く限り、現段階における日本の新型コロナウイルス感染症対策は結果として、欧米よりはるかにうまく機能している状況にある。中国、韓国も同様である。これには、農耕民族と狩猟民族との文化的な違いが少なからず影響を与えていると思われる。

　また、一部を除くとヨーロッパにおいても、本年4月中旬より対策の効果が見え始め、感染者数は減少に転じている。

　しかし、新型コロナウイルスは、軽症と重症の差が激しいジキル・ハイド的な性格をもっており、8割を占める軽症者の一部は自覚症状なしに感染を広げてしまい、抑え込むことが難しく、一方、高齢者や既往症をお持ちの方には命とりになるという厄介な感染症である。

　欧米では、ドイツやオーストリアですら死亡率の増加が止まっておらず、医療崩壊を最大限警戒しつつ、治療薬やワクチンができるまでは、この厄介な病気と付き合わざるを得ない。そして、治療薬等がない以上、第2波、第3波の感染拡大の可能性もあり、日本や世界の状況が今後どのようになっていくかも、経済も含めて予断を許さない。

　最後になるが、理解しづらい分析手法の部分は読み飛ばし、図表を直感的にみていただきながら、今後の状況判断や予測、法務組織の運営にご活用いただけたらと思う。

（ふじい・とよひさ）

5　危機時のコンプライアンス

竹内昭紀

日本ベーリンガーインゲルハイム株式会社
*法務・コンプライアンス コーポレートコンプライアンスグループ
コンプライアンスオフィサー*

> 私は太鼓を提げてみた。「おや、重いんだな」
> 「それはあなたの思っているより重いわ。
> 　あなたのカバンより重いわ」
> ──踊子（川端康成『伊豆の踊子』（新潮文庫））

1　はじめに

　2019年末に中国で発生し、瞬く間に世界中に拡散し、パンデミックとなった新型コロナウイルスを受け、日本を含む各国において、緊急事態宣言が発出され、外出自粛要請（あるいは外出制限）がなされている中、我々企業担当者においても在宅勤務を余儀なくされ、業界や企業によっては営業そのものを自粛している（あるいは制限されている）ところもある。このような、我々、現世代にとっては未曾有あるいは未体験の危機時におけるコンプライアンス、そして危機後、新型コロナウイルス収束後を見据えたコンプライアンスについて、一企業法務担当者として個人的に思うところを雑駁に述べる。

2　コンプライアンスと危機の関係

　コンプライアンスとは一般に法令や倫理などの遵守と定義されているが、この遵守体制を確立するものとして、多くの企業において、名称の差異はあるであろうが、コンプライアンスプログラムなるものが導入されていると思われる。そして、このコンプライアンスプログラムの中には、当然、危機時における対応、あるいは危機発生時や危機後の対応も含まれていると考える。もう少し具体的に言うと、コンプライアンスプログラムとは、企業において不祥事や

問題が発生したとき、すなわち、その企業あるいは業界における危機的事態に遭遇したときに、どのように対応するべきか、そしてそのような事態が再発しないようにどう対応するべきか、もしくはそのような事態を未然に防ぐためには平時からどう対応すればよいのかという観点も踏まえてプログラムが策定されているはずである。お気づきのように、この不祥事、問題、危機的事態は、すべて今回の新型コロナウイルス禍と置き換えて考えることができる。つまり、我々現世代にとっては未曾有、未体験の危機ではあるが、あくまで危機時の対応の一類型にすぎないということである。未曾有、未体験のことなので、ややもすると戸惑い慌てふためくこともあるかもしれないが、あくまで1つの危機として冷静に対処することが求められる。世の中に多くの真偽不明な情報が拡散されるかもしれないが、このような危機時においてこそ、冷静に物事や事態を見極め行動することが企業法務担当として求められるであろう。企業法務担当者としては、今回の危機を決して過小評価してはならないが、必要以上に過大評価し、会社が極端な方向に走らないよう舵取りすることのサポート役を担うべきであると考える。少し話が逸れたが、コンプライアンスプログラムとは、そもそも危機を想定して策定したものであるし、語弊を恐れずに言えば、コンプライアンスと危機とは切っても切れない間柄であるし、平時から危機発生時、危機後の対応といった一連のプロセスそのものの根底にあるのはコンプアイアンスであると言えよう。

③ 新型コロナウイルス禍におけるコンプアイアンスの要諦

(1) 総　論

　新型コロナウイルス禍におけるコンプライアンスプログラムであるが、リスクマネジメントの1つの手法として、そして、前述のとおり、危機類型の1つと捉えて、体制を構築、運用していく必要があると考える。そしてコンプライアンスに反する問題が起こらないことが重要であるのは言うまでもないが、問題が起こることを前提とし、危機時でも対処できるようにし、実際に実行することができるようにしておく必要がある。もちろん、PDCAサイクルでプログラムを回していくことも必要であろう。以下、新型コロナウイルス禍におけるコンプライアンスプログラムの各論について考察する。

(2)　リスク評価時の留意事項

　まず、通常のコンプライアンスプログラムを実行する際と同様に、会社の外部環境、内部環境を把握し、業界や企業活動、ビジネスフローも踏まえた上で、リスクを評価し、コンプライアンスの方針、ルールを策定することが必要であろう。

　新型コロナウイルス禍における外部環境の把握としては、政府や自治体による緊急事態宣言発出などの規制の動向、新型コロナウイルスの感染状況、世論の動向、業界の動き、顧客・取引先・協業先等のビジネスパートナーとの関係やコミュニケーション手法などの情報収集に努め、内部の環境把握としては、主に従業員に対する安全配慮義務の観点から、在宅勤務や時差出勤を行うにあたって、これに対応した人事システムや労務管理手法やルールが整っているか、在宅で行う場合のパソコンの使用、通信環境、社内システムへのアクセスなどのセキュリティの問題、個人情報管理の問題、従業員間のコミュニケーション手法などが考えられる。また、派遣労働者の就業環境と管理をどうするのか（派遣元との交渉含む）にも配慮しなければならないであろう。

　ところで、新型コロナウイルスに関するさまざまな情報がネット上に拡散している。この中には有用な情報もあるであろうが、残念ながら、前述のとおり、真偽の定かでない情報が拡散しているのも事実である。根拠に乏しい情報によって、トイレットペーパーやティッシュペーパーが一時店頭から消えたことなども、その例である。最初の発信はおそらく誤解または軽い悪戯によるものかもしれないが、その後の拡散は私たち一般の市民が良かれと思って情報を拡散していると推測される。会社がこのような根拠に乏しい情報に振り回されることはないと信じるが、従業員の中には、このような情報に踊らされ不安感が募ったり極端な行動に走ったり、あるいは会社の対応、たとえば新型コロナウイルスの危機対応事務局などの方針、対処などに不平不満を言う人も現れるかもしれない。現に、政府や自治体の対応に不平不満を漏らし、バッシングする、自治体ごとの対応をもとに評価づけをするといったことも行われているようであるが、従業員がこれと同じことを会社に対して行うことも想定しておかなければならないであろう。少し横道に逸れたが、コンプライアンスプログラムを実行するためには、トップのメッセージも重要であるが、何よりも、従業

員一人ひとりの取組みが重要であることは言うまでもない。会社に不平不満が
ある従業員は、モチベーションが低下し、コンプライアンスを軽視することは
ないであろうか、上司、部下や同僚とのコミュニケーションがおろそかになっ
て、ポテンヒット的な業務手順の漏れなどの問題が起こらないであろうか、そ
して従業員のメンタルヘルスの問題、これは在宅勤務であろうと、時差出勤で
あろうと会社として考慮しなければならないと考える。在宅勤務であれば、コ
ミュニケーションや労務管理をどうするか、他方で過度にプライバシーに踏み
込みすぎないか、場合によっては上司の対応に対しハラスメント、嫌がらせで
あると訴える従業員も出てくるかもしれない。時差出勤などで会社に出勤した
従業員についても、感染を防ぐためにどのように対処するか、従業員のメンタ
ルも含めた安全に配慮しなければならないだろう。また、感染の疑いのある従
業員やその家族、不幸にして感染してしまった従業員やその家族、これらの情
報の収集とその取扱い方、社内外への公表の仕方など、プライバシーや個人情
報の保護も踏まえて、企業としては、地域も含めた安全に対する配慮の義務が
求められるのではないであろうか。

　正しく適切な情報、事実の収集と把握は、リスク評価時のみならず、本来、
企業法務担当者が日頃の業務において心がけていることであるが、このような
危機時においてこそ、我々企業法務担当者には、客観的な証拠に裏付けされた
事実と情報の収集、把握がより一層求められるであろう。

(3) リスク評価に基づく方針の策定、コミュニケーション

　新型コロナウイルス禍における新たな対応、方針、ルールとしては、在宅勤
務、時差出勤などのシステムが整っていない企業では、これらの導入、ルール
の整備、従業員へのメッセージ、コミュニケーションなどが重要であろう。前
述のように、適時、的確な情報の収集に加え、迅速な判断、そして従業員が不
安にならないようなコミュニケーションが重要であろう。緊急時の危機管理対
応としては、平時と同じ、またはそれ以上に、トップのメッセージが重要と考
える。また現場の管理職の本音のメッセージ、従業員の安全確保を最優先して
業務フローを考えているかなども必要であろう。その他、顧客等のビジネス
パートナーへのコミュニケーションも重要であることは言うまでもない。

　こうした未曾有の危機時の状況下において、仕事に制限があったり、リソース不足であったり、リモートでの業務など通常とは異なる場面においては、平時よりも、業務におけるミスやコンプライアンスに反する問題が起こりやすいのではないかと想像する。業務フローが異なったり、面と向かってのコミュニケーションができないことにより意思疎通がうまく機能せず、報告漏れ、これによるミス、前述のポテンヒットなどなどを誘発することもあるかもしれない。また、前述のとおり、上司、部下、同僚間での情報格差やハラスメントを感じる従業員が出てくるかもしれない。

　これらの事情も想定、考慮した上で、適時、適切な方針、ルールを明確なメッセージで従業員に伝える必要があるであろう。

(4)　新型コロナウイルス禍におけるコンプライアンス研修

　三つの密（密閉、密集、密接）を避けるべきとされている状況下、コンプライアンス研修については、すでに各企業で導入されていると思うが、e-learning の活用、また経営法友会月例会等で実践されているようなネット配信などが有効であろう。研修の成果、理解度を図るためのアンケート、分析と次回の研修への反映などにはITやAIを駆使することも有用であるかもしれない。もちろん、グループディスカッションなどFace to Faceによる双方向の研修が最も有効であるのは言うまでもないが、Zoomなどのアプリでグループに分かれてのセッションを行うなどの代替策も検討する余地はあるであろう。ただし、セキュリティの問題もあるので、社外秘の重要な情報などの共有は、セキュリティの保証された社内システムで行い、ディスカッションのみを社外アプリなどを活用するといった工夫も必要であろう。研修とは少し逸れるが、コンプライアンスの観点から、危機時に使えるアプリ、その使用目的、制限などについて明確に従業員に示すことも重要であろう。

(5)　コンプライアンス違反問題、内部通報への対応

　危機時においてコンプライアンス違反が生じたり、内部通報があった場合の対応をどうすればよいか、社内調査をどうするか、といったことが課題となってくると思われる。社内の関係者にヒアリングしたり、情報や証拠を集める際

には、三つの密を避けるべきこととされている新型コロナウイルス禍ではすべて、対面ではなく、ネットなどの活用によって実施することが求められるようになってくるのではないだろうか。この点、昨今では、情報交換やコミュニケーションあるいは情報の共有・保存などはメール、クラウドサーバー、Skype、Microsoft Teams、Zoomなどのアプリを活用していることが多いと思われ、情報や証拠の収集は必ずしも紙に限定されることはないであろう。契約書でさえ、電子署名による電子契約などが活用され出している時代である。また、費用の問題もあるが、デジタル・フォレンジックなどを社内調査に活かす企業も増えるであろうし、技術の進展と企業への普及に伴って費用もリーズナブルになることを期待する。他方、関係者からのヒアリングなどは、従来どおり面と向かって行ったほうが効果的であるかもしれない。実際の人の表情や動作、仕草などを読みながら、事情を聴取するほうがより正確な情報を集めやすいと思われるからである。しかしながら、昨今では前述のSkype等のアプリを使ってグローバルで会議を行ったりしている会社も多いと思われ、これらのアプリのビデオをOnにしてヒアリングを行えば、多少の違和感はあるかもしれないが、案外、事情聴取もスムースに行えるものであると考える。企業法務担当者としては、これらのIT（ITという程ではないかもしれないが）を積極的に活用していく必要があると考える。民事訴訟に関する裁判手続等の全面IT化の実現も目指されているという時代なのである。

(6) モニタリングとさらなるリスクアセスメント

これらについては実地でのモニタリングやリスクアセスメントが有効であるのは言うまでもないが、前述の調査手法と同じで、AIを用いたメール監視の導入など、積極的にITを活用することを検討するべきであろうし、さらなるリスクの評価、トレンドのアセスメント等についても、情報の蓄積に伴い、将来的にはAIを活用する企業もより一層増えてくるのではないだろうか。

(7) 想定外のリスクをなくすために

東日本大震災時の原発事故発生時の当時の対処などを振り返るときに想定外のリスクなどをなくすべきであり、企業法務担当者としては、危機が発生する

前に可能な限り想定されるリスクを抽出、評価し、有効な対応を備え、訓練しておくべきであると言われている。私も企業法務担当者として、想定外のリスクなどという言葉は使うべきではないし、あらゆるリスクを想定しておくべきと考えている。先の震災の教訓を受け、多くの企業において、従業員の安全確保を最優先したBCP（Business Continuity Plan、事業持続計画）を策定し、訓練されていると思われる。これらの対応の中にはリモートでの事業の継続を想定したものもあるであろう。しかしながら、危機時の対応として、三つの密を避けて、従業員一人ひとりを隔離させて対応すること、震災で会社に残らざるを得なかった従業員の安全確保ではなく、従業員一人ひとりが在宅で自らの健康と安全確保を心掛ける必要があることを事前に想定し、従業員に教育し、これほどまでに徹底することは、私は恥ずかしながら想定していなかった。初動対応としては震災時に会社にどれだけ必要なリソースを確保、集中させるか、会社の備品、オフィスでどう従業員の安全を確保するかといった方法論に思考が偏っていた感は否めない。

　今回、あらためて、初動対応やその後のBCPのプロセスの在り方を冷静に見つめなおすと、サプライチェーン、物流、顧客対応など、従業員の安全第一を考えれば、すべてのプロセスにおいて個々の従業員がリモートで対応できる体制を考慮、想定することが可能ではなかったか。企業法務担当者としては猛省せざるを得ない。100年前のスペイン風邪にならって想定しておくことはできなかったのか、あらためて不勉強とimaginationの無さを痛感し、真摯に反省しなければならないと思う。

(8)　新型コロナウイルス禍におけるコンプライアンス問題雑感

　まず会社としては従業員のメンタルヘルスも考慮した安全配慮義務が求められると考えておく必要があるであろう。前述したが、従業員同士のコミュニケーション不足によるポテンヒット、ハラスメントなどの問題発生のリスクも考慮したほうがよいであろう。また、テレワークなどの在宅勤務の強制によって、案外、無駄な業務がそぎ落とされ、期せずして働き方改革が一層推進されたのではないかと思われる。在宅勤務を経験された方は、案外できるものだと思われたのではないであろうか。これによって従来以上に成果を上げる従業

員、残念ながら成果の挙げられない従業員が浮き彫りになるのではないかと想像される。会社に集まって仕事をすること自体、チームで同時に一緒にすること自体が評価される時代に戻ることはなく、極端かもしれないが、新しい仕事のやり方についていけない従業員はローパフォーマーとして淘汰される時代がくると思われる。この場合、その仕組みづくりもさることながら、人事労務問題や調停、訴訟など企業法務担当者の関与が求められることになる事態が増えるかもしれない。

　その他、新型コロナウイルス禍における債務の支払いの遅延、その他の契約の不履行、不可抗力の問題、下請法の問題、従業員の個人情報、プライバシー情報（感染に関する情報、感染者との濃厚接触の情報）の収集、管理、テレワークなどのリモートにおける情報のセキュリティ（サイバー攻撃対応含む）、東日本大震災時のような競争事業者間での物流協力体制は可能かといった独禁法の問題など、多くの法務・コンプライアンス問題に、企業法務担当者は目を配らせ、的確なアドバイスができるように備えておく必要があると考える。

④ コロナ後を見据えたコンプライアンス、どのように乗り越えるか

　新型コロナウイルスのパンデミック収束後、仕事やビジネスのフロー、働き方は従来と変わっているであろうし、企業法務担当者としても変化に対応していかなければならない。ITやAIを活用した企業法務がより一層求められるであろうし、この際、無駄な贅肉をそぎ落とし、robust（堅牢で逆境に強い）なコンプライアンスプログラムが求められるであろう。むしろ今回の危機をトランスフォーメーションの好機ととらえ、コロナ後を見据えた体制構築が求められるのではないか。外出自粛などで閉塞感を感じている方々が多いかもしれないが、決して現状を悲観するのではなく（もちろん楽観視しすぎてもいけない）、危機（crisis）を好機（chance）ととらえ、将来に向けて前向きに取り組んでいく必要があると思う。

　英語のことわざに、Every cloud has a silver liningという表現がある。直訳すれば、灰色の雲の裏側には銀色の輝く裏地があるという意味であるが、転じて困難な状況下でも必ず良いことが起こるというように使われるそうである。また、同じくThere is a first time for everythingということわざもあるが、これに

は初めてのことという意味のほか、今までなかったからといってできないことはない、新しいことをしてもいいじゃないか、といった使い方もあるようである。コロナ後を見据えて、希望をもって粛々と法務・コンプライアンスの業務を行っていきたいと思う。

（たけうち・あきのり）

6 新型コロナウイルス禍で芽生えた レピュテーションに関する意識変化

早川拓司　カゴメ株式会社 経営企画室 法務グループ課長

> 不易を知らざれば基立がたく、
> 流行を辨へざれば風新たならず。
> ——「去来抄」『去来抄・三冊子・旅寝論』
> （潁原退蔵校訂・岩波文庫）

1 新型コロナウイルス禍での当社法務部門

　2019年冬に中国湖北省武漢で発生した新型コロナウイルス感染症は、2020年1月末に日本人初の感染者が確認され、その後、瞬く間に日本を含む世界中に拡がり、企業活動にとどまらず、人類の社会活動に大きな影響を与えているのは、周知のとおりである。

　当社では2月18日に制定された「新型コロナウイルス感染症対策 基本方針」のもと、比較的早い時期から、従来より導入されていた在宅勤務制度の週・月当たりでの上限回数の撤廃、フレックスタイム制度のコアタイムの廃止という措置が取られ、在宅勤務推奨という指示のもと徐々に在宅勤務中心の体制にシフトしていった。

　その後、3月26日には、原則在宅勤務という社内通達が発信され、本稿執筆時点においては、私もほぼ毎日自宅にて、慣れないWEB会議やチャット等で上長、グループのメンバー、事業部の従業員、社外の弁護士とコミュニケーションを取りつつ、業務を行っているところである。私自身、新型コロナウイルス禍まで、「直接、顔を向かい合わせてこそ把握できることもある。」といった価値観から在宅勤務をあまり積極的に利用していなかったが、2月に1回、3月に6回、4月に17回と利用回数を重ね、「通勤のストレスがない」「作業

69

が捗る」「家族との時間が増える」等の在宅勤務の良さも認識し始めたところである。4月に入ってから会社に通勤したのは3回、そのうち2回は、自身が事務局を担っている会議（会議自体はWEB会議システムを利用しての遠隔開催であるが、出社している者はソーシャルディスタンスに配慮しながら会議室で参加）に合わせた出社であった。事務局であるからといって、別段出社をしなければならないということもないが、巷でよく言われる在宅勤務の障害になるもの（法務部門宛の郵便物の受取りや請求書の電子化、部門長印の押印、経費の精算等）を処理するために1～2週間に一度は出社しようと考えた結果である。

　当社法務部門は、私以下、5名という体制であるが、在宅勤務へのシフトを契機に、Microsoft Teamsを組織の基盤ツールとして位置づけることにした。一部のメンバーによって試行中であったTeams内の法務Gチームに2月17日全メンバーを追加し、3月4日には「気分転換・雑談」チャネルの作成、3月18日には「業務報告」チャネルの作成をし、これらを運用することにより、在宅勤務の欠点と言われているコミュニケーションの不足やマネジメント上の問題点をできるだけ是正することに努めながら、何とか組織を運営し、また業務を推進しているところである。

　当社法務部門の主な守備範囲は、一般法務、コンプライアンス、商標管理であるが、従来、個々人の経験と知識による属人的な対応に依っていたところを2018年頃からメンバーの交代等を契機に業務フローの整備やナレッジの共有を通じて組織としての対応への転換の取組に着手していたところであり、新型コロナウイルス禍においては、その取組みの方向性の正しさを実感することができつつある。

　当社は、食品製造業であり、取引先の業態や商品ごとに売上の変動はあるものの、社会のライフラインとして商品供給を止めないことを最優先に事業活動を継続させていただいている。新型コロナウイルス禍においても、大きな法的な問題や契約トラブル等は発生しておらず、私自身リスク対策本部にも参画していないことから、有事にありながら、比較的平時に近い形で法務部門の業務を遂行することができている。

2 新型コロナウイルス禍で「レピュテーション」について考える

(1) 「レピュテーション」とは

　新型コロナウイルス禍において法務パーソンとして特段の活躍ができたわけではないので、ここに論稿を寄せる資格があるのか甚だ疑問ではあったが、現況において、私の心中で存在が高まり、今後の活動において、より深く意識していきたい存在としての「レピュテーション」について、少し言及させていただく。

　「レピュテーション」は、一般に評判と訳すことが多いが、今回ここで言及するにあたり先行研究を確認したところ「企業（経営者や従業員）の過去から現在におけるさまざまな行動や、それに伴うコミュニケーションを含む現在情報と将来の予測情報を基に構築される、多様なステークホルダーによる評価の集積であり、持続可能な競争優位性を生み出すもの」と定義づけることができるようである。当社では法務部門で商標管理を主管しており、職場内ではブランドマネジメントについて議論をすることも多いことから、定義を認識したところでブランドとの類似性について、興味をもち、さらに調べてみたところ、「レピュテーションとブランドは非常に似通った性格を有しているが、『差別化の有無』によって識別することができる。ブランドは、他社との差別化を目的に構築されるのに対し、レピュテーションは、経営者・従業員の行動を通じて導かれる持続可能な競争優位であって、差別化とは無関係に構築される。したがって、レピュテーションの向上は、ブランド力の引き上げよりは容易であるが、半面、持続的な競争優位性は容易に競争劣位に転じ得る（レピュテーション資産→負債への転化）ので、レピュテーションを通じた企業価値の創造や、レピュテーション・リスクの適切な管理は重要な経営上の課題である[1]」とされており、差別化を企図したものか否かという差異があり、レピュテーションはブランドより良い方向にも悪い方向にも移ろいやすいものということのようである。

　従前の私は、このような定義を意識することなく、「レピュテーション」を

---

[1] 新美一正「コーポレート・レピュテーション：評価と管理——無形の資産による企業価値の創造」日本総研 Business & Economic Review 2008年06月号。

主としてレピュテーション・リスクというワードとして使用していた。その場合のレピュテーション・リスクは、一部のステークホルダーからの評判の低下や信用毀損が経営へのダメージにつながる可能性という意味で、違法性を伴うとまでは言えないが、前のめりで周囲への配慮が行き届いていない事業部門等の計画に対するイエローカードという位置付けのものであった。私にとって、事業部門等を少し立ち止まらせるのに使い勝手の良いワードであり、法務部門として境界領域に口を挟む際の常套句として、あまり深く考えることなく多用してきた記憶がある。

(2) コロナ禍における株主総会開催とレピュテーション

　ところが、新型コロナ感染拡大という環境下において3月に開催した定時株主総会にあたり、レピュテーションを強く意識しなければならない場面に直面することになる。まずは、株主総会の延期の是非である。これについては、法務省が2月28日に「定時株主総会の開催について」で当該基準日から3か月以内に開催できない状況が生じたときは、会社が新たに議決権行使のための基準日を定め、当該基準日の2週間前までに当該基準日および基準日株主が行使することができる権利の内容を公告することで、株主総会の開催時期を延期することができることを公表したのはご承知のとおりである。これは東日本大震災への対応として公表していた内容とほぼ同じで、すでに把握していた内容であったが、法務省からこのような情報があらためて開示されたことで、日々、感染者数の増加や感染防止への取組みが伝えられる社会情勢において、3月末に株主総会を強硬に開催することが、レピュテーションの低下につながるのではないかと懸念を生じさせた。とはいえ、先行きの見通しが立たない中で、延期するにしてもいつなら開催できるのかはまったく不透明であったし、取締役の改選等の決議議案の承認が遅れることの経営に対するインパクト、株主総会準備コストの増加、そもそも株主総会の延期というあまり例のないことを行った場合に適法性を確保できるかというリスクがあり、それらとレピュテーションの低下につながる可能性を天秤にかけるという判断の枠組みで、結果、延期という手段はとらなかったということになる。

　幸いにも、当社が株主総会を開催した2020年3月27日時点においては、緊

急事態宣言の発出がなされなかったこと、他の12月決算企業も株主総会の延期を選択しなかったこと、また、各社の株主総会における感染防止策が功を奏したこともあり、株主総会会場がクラスター発生場所にならなかったことで、延期せずに株主総会を開催したことによるレピュテーションへの影響はなかったが、少しでも状況が変わっていたらどのような結果になったかということは、想像するだけでも脅威である。

(3) コロナ禍における株主総会でのお土産配付とレピュテーション

あわせて、株主総会において、レピュテーションを意識したこととして、お土産の扱いがある。当社は、「開かれた企業」という企業理念の下、個人株主のことをファン株主と称し、より会社のことを知ってもらいより好きになってもらおうとコミュニケーションを重視してきた。その中でも株主総会には毎年2,500名ほどの株主が来場し、会場内での展示やセミナー、そしてお土産（自社商品）の提供を通じて、株主との対話と交流を図ってきており、お土産というのは非常に重要なものであった。それがコロナ禍の株主総会においては、感染拡大を防止すべく、消毒、マスク、サーモグラフィー等で感染防止策を講じるのにあわせて、いかに来場株主数を減らすかということを考えなければならなくなった。

過去の他社事例において、お土産の配布をなくすことにより来場株主が激減することは、火を見るよりも明らかであったが、一方でお土産廃止についてのネット掲示板やSNSでの炎上等も看過できない事実であった。当初、社内において、お土産配付の中止は、長年かけて築き上げてきたファン株主との信頼関係の毀損というレピュテーションへの影響を伴うものであると消極的な意見が多く、また、こんな事態にもかかわらず出席してくれた株主にこそ感謝の意を表すべきで、その意味でもお土産の配布は絶対に継続すべきだという意見が根強かった。その後、社内で議論を重ねた結果、本株主総会において優先度が高いのは、来場株主を新型コロナウイルスに感染させないことであり、そのために断腸の思いで、お土産の配布を中止するという意思決定がなされることになるのだが、その意思決定においては、この状況下でお土産配付を継続することで、株主総会会場に数千人規模が集まることや株主総会会場がクラスター発生

場所になってしまうことへのレピュテーションといった要素も比較衡量の材料
として含まれている。コロナ禍において、どちらの選択肢を選んでも、一定の
レピュテーションへの影響が容易に想定されるというようなことが少なからず
発生するようになってきたように感じている。

　このような場合において、重要なのは、より社会的に納得感の得られる選択
肢を選ぶということであり、また、選んだ選択肢についての説明責任を果たす
ことであると考える。当社のお土産配付の事例では、できるだけ趣旨が伝わる
ように、「接触感染リスク低減のため、本年はお土産配付を行いません。」と別
送ハガキの送付、登録株主へのメール送信によりお伝えし、また、報道機関へ
の働きかけにより当社が新型コロナウイルス感染防止対策の一環としてお土産
配付をしないことの記事化等を行うことでレピュテーションへの影響を最小限
にとどめるよう努めた。それが功を奏したのかは判然としないが、株主総会へ
の来場者は、144名と前年の6％程度にとどまり、また、お土産配付中止に伴
う株主様からのご意見もごくわずかという結果で終えることができた。

⑷　コロナ禍における工事遅延とレピュテーション

　取引においては、新型コロナウイルスの影響により、当社が発注している工
場や設備の工事に遅延が生じるという事案が数件発生しており、事業部門から
相談を受けた。相談を受けたケースでは、請負契約に不可抗力免責が明確に定
められていなかったが、この状況下において、納期に遅延が生じることを認め
ないというわけにはいかず、納期や支払方法、支払時期、所有権移転等の再検
討の支援をするというような業務を経験した。法務部門として契約書を盾に強
硬な交渉は可能と示唆することができないわけでもないが、現況において、そ
のような交渉をすることが当社のレピュテーションにどのように影響するかと
いうことも協議した結果ということになる。

③　企業法務におけるこれからのレピュテーションとの向き合い方

⑴　レピュテーションの実態

　コロナ禍において、いくつかレピュテーションを意識した対応事例を紹介さ
せていただいたが、昨今レピュテーションを意識するようになってつくづく実

感するのは、レピュテーションというものの得体の知れなさと変化スピードの速さである。新型コロナウイルスという未知で、人類が制御できないものと対峙したことで、社会は、大きな不安を抱え、それぞれの置かれた状況で分断され、そのそれぞれが時々において目まぐるしく規範や価値観を変え、それらすべてがレピュテーションに少なからぬ影響を及ぼすようになってきているように感じている。一昔前なら、公共放送のニュースさえを見ていれば、正しく社会情勢を捉えることができていたであろうと思われるが、昨今においては、行政機関による発表やテレビ新聞等のマスコミ報道にとどまらず、海外からの情報やSNS等で情報発信を行うインフルエンサーといわれる存在にも注視しなければならないし、SNSのバズや炎上等にも目を向けておかねばならず、発信される情報に対する社会の評価も安定的でなく移ろいやすいということを肝に銘じておかねばならない。コロナ禍の例でいうとクラスター発生場所と認定された施設に対するレピュテーションしかり、営業自粛要請への対応へのレピュテーションしかりである。

(2)　レピュテーションと向き合うための課題

レピュテーションと向き合うには、やはり常に広くアンテナを張り巡らせ、最新の情報に接し（SNS等で情報収集することも必須であると思うようになった。）、自身の思考に反映させていく必要がある。法務の仕事は、法律や判例といった過去の静的なものを重視する傾向が強いように思われるが、ウィズコロナ、アフターコロナの時代においては、それらに加え、現在を幅広い視野で正しく把握し、未来を予測していくことが一層重要になってくるのではないかと考える。過去の事案において、どのような対応が成功に結び付いたかという情報だけではあまり意味をなさず、過去の事案での対応を参考にしつつ、それを現在に置きかえたときにどうなるかを想像する力量を養っていくことが重要だと考える。

そして、法律の領域からレピュテーションの領域にさらに踏み込んでいくにあたり、必要になるのは、説明責任への強い関与であり、言い換えれば広報部門等との連携強化ではないかと考える。さまざまなステークホルダーの立場での視点があり、必ずしもどれが正解であると言い切れないような企業行動の場

面において、適切に意思決定を行うと同時に適切にコミュニケーションしていくことが、レピュテーションの低下を防ぎ、またレピュテーションの向上につなげることができる解であり、そこに積極的に関与していくことがウィズコロナ、アフターコロナの時代の法務として重要な役割になってくるのではないかと考える。

（はやかわ・たくじ）

第2章
法務の
あるべき姿は

With / After
Coronavirus

7 危機における法務部門の機能
——パートナー機能とガーディアン機能

高野雄市　三井物産株式会社 法務部長

> 成果をあげる秘訣の第一は、共に働く人たち、自らの仕事に不可欠な人たちを理解し、その強み、仕事の仕方、価値観を活用することである。仕事とは、仕事の論理だけでなく、共に働く人たちの仕事ぶりに依存するからである。
> ——Ｐ・Ｆ・ドラッカー『明日を支配するもの』
> （上田惇生訳・ダイヤモンド社）

　経済産業省では、「国際競争力強化に向けた日本企業の法務機能の在り方研究会」を設置し、企業の法務機能の意義とその活用の必要性・有効性を明確化した上で、これを企業に実装していくための課題と提言を2018年4月の「国際競争力強化に向けた日本企業の法務機能の在り方研究会報告書」[1]（以下、「法務機能の在り方報告書」）として明らかにした。2019年1月には、同研究会の下に「法務機能強化 実装ワーキンググループ」および「法務人材 育成ワーキンググループ」を設置して、「事業の創造」、「価値の創造」に重点を置く観点からの法務機能の可能性をさらに検討するとともに、求める法務機能を実現していくためのより具体的な人的・組織的な方策・選択肢、フレームワークを検討し、「国際競争力強化に向けた日本企業の法務機能の在り方研究会報告書～令和時代に必要な法務機能・法務人材とは～」[2]（以下、「機能強化・人材育成報告書」）としてその検討結果を公表した。この機能強化・人材育成報告書は、法務機能の在り方報告書が提起した法務機能の在り方（すなわち、「パートナー機能」と「ガーディアン機能」）についての議論を深化させ、パートナー機能を「ナビゲーション機能」と「クリエーション機能」に細分化して法務機能の在り方を明らかにした。こうした法務機能の整理は、現在の新型コロナウイ

1）　https://www.meti.go.jp/press/2018/04/20180418002/20180418002.html
2）　https://www.meti.go.jp/press/2019/11/20191119002/20191119002.html

ルス危機のもと、法務機能はどうあるべきかを論じるにあたっても、極めて有用である。本稿では、危機における法務部門の姿勢を論じた上で、危機下における法務機能はどうあるべきか、法務部門・法務人材は今どのように行動すべきかを、かかる機能の観点から説明したい。

1 危機における法務部門の姿勢

今回の事態は、全世界を巻き込んだ、前例の無いタイプの危機である。これを乗り越えるには、自社内だけでなく、官民全体を巻き込んでの英知を結集し、問題解決に当たる姿勢が重要であり、過去、さまざまな危機を体験した者でも、その応用力が試される。

企業内法務部は、今何をすべきか。それは、経営や現場で起きているさまざまな問題を敏感に察知し、そのための有効な解決策を柔軟に考え、提案・実行することである。さらには、次に何が起こるかをつき詰めて考え、先手を打つことである。そのためにも、経営と現場に対してアンテナを張り、日々急速に変化する情勢を正確に把握することが必要である。そして、その情報をもとに、経営や現場がいかなる法務支援を求めているかを迅速的確に考えねばならない。必要に応じ直接経営および現場と対話し、優先すべき分野を確かめることも必要である。その姿勢は正に、「パートナー」であり、「ガーディアン」であるべきである。

2 危機においてこそ、法務リーダーと組織の力が試される

法務機能の説明に移る前に、危機における法務リーダーのあるべき姿に少し触れたい。危機対応には、テキストブックがあるわけではない。目の前にある現実と急速に変化し行く状況をしっかりと見、それへの対応策を大きな視点と現実感をもって考え、提言し、実行することが必要である。ここでいう大きな視点というのは、現下の状況において企業の姿勢はどうあるべきかを常に考えることを忘れてはならないということである。危機下においては、企業の姿勢やIntegrityが問われる。そのような目で、客観的に自社の置かれた立場を冷静に見る姿勢が必要となる。現実感が必要というのは、提言する解決案の内容は、関係者に腹落ちし、現実に実行可能なものである必要があるということで

ある。当たり前だと思われるかもしれないが、平時と全く異なる状況において
は、これがなかなか難しい。法務の指揮官は、精緻な現状把握をもとに、実行
可能な解決策を見出す技能が大切となる。

　危機対応には、柔軟さと決断力が重要である。法務部門長は、想定を超えた
危機下においても、常に大きな視点で全体を見回す冷静さは失ってはならな
い。状況が激しく変化する中で、全体像を見回し、軌道修正が必要と感じた場
合は躊躇してはならない。危機下に置いて判断を行う上で重要なことは、目的
を見失わないことである。目の前の事象に翻弄されず、この危機を乗り越える
ために自分は何を達成しようとしているのか、指揮官はこれを見失ってはいけ
ない。軌道修正や実行にはさまざまな軋轢が生じるが、信念で乗り越えるしか
ない。

　また、各現場で何を優先すべきかにつき、混乱が生じぬよう、リーダーから
のメッセージは、明確であらねばならない。その方針が末端にまで正確に伝わ
るように、繰り返しメッセージを発すると共に、伝達の手段も全メンバーに直
接届く方法を選択すべきである。特に、テレワークが常態化する中、この点は
重要である。

3　危機下の法務機能の在り方

　次に、危機下における法務機能の在り方を説明したい。法務機能の在り方報
告書では、法務機能を「パートナー機能」と「ガーディアン機能」とに整理
し、機能強化・人材育成報告書では、事業（価値）創造をサポートする観点か
ら、より詳細な分析を行い、法務機能を3つの機能として整理したことは既述
のとおりである[3]。すなわち、「パートナー機能」を、①「クリエーション機
能」と②「ナビゲーション機能」の2つに分け、③「ガーディアン機能」を独
立の重要かつ基礎的な機能として位置付けた。危機下において、これらの機能
はどうあるべきか、以下、機能ごとに説明する。

3）　機能強化・人材育成報告書7頁。

(1) 危機下の「パートナー機能」について

① 危機下の「ナビゲーション機能」——困難に直面する現場を支える

まず、「ナビゲーション機能」について説明したい。「ナビゲーション機能」とは、「『事業と経営に寄り添って、リスクの分析や低減策の提示などを通じて、積極的に戦略を提案する機能』をいう」[4]。機能強化・人材育成報告書では、「リスクを分析した上で、許容できるリスクとできないリスクの峻別や、リスクを低減するための方策の提案により、事業を前に進めていくことが求められる」と指摘する。

現在の危機下において、法務部門にはさまざまな相談がきていると思う。事業オペレーションの遅延、不可抗力宣言の応酬、取引先・下請会社の信用悪化・履行遅延、原料調達・製品供給等サプライチェーンへの影響など、企業によってその影響はさまざまであろう。自社および子会社のオペレーション継続や資金繰りの問題を抱える企業も多数ある。現場に寄り添って、リスクを整理・分析し、リスク低減策の検討を行い、目の前の問題を乗り越えるための支援を行うことが、現時点でのこの機能の最も重要な点と思われる。「契約上これは駄目です、無理です」というのは簡単だが、現場と一緒になって打開策を考える姿勢が重要である。そのためには、次のような視点が重要となる。

ナビゲーターとしての視点
　ア　基本に立ち返る（契約書を確認する）。
　　　不可抗力事由への該当性、投資あるいは融資関連契約におけるMAE（Material adverse effect）あるいはMAC（Material adverse change）条項への該当性等の判断、履行遅延・不能の帰結の分析については、契約条文の一字一句に立ち戻り、冷静に分析・検討する姿勢が重要である。
　イ　契約条項の補強を考える。
　　　今回のような事態の発生を踏まえ、今後の契約作成や交渉において、新たに追加すべき条項や補強すべき条項を考える必要がある。たとえば、不可抗力条項の精緻化、投資関連契約における価格関連条項やMAE/MAC条項の見直しなどが考えられる。

4）　機能強化・人材育成報告書10頁。

　ウ　適切なリスク分担を模索する。当事者間の妥協点を見つける。

　　危機下においては、事業の存続や自社の存続を賭けて、お互いが譲り合わず対立が生じ、状況が膠着する場合があり得る。事態の打開が難しい場合、眼前の問題を協力して乗り越えるための一時的なリスク分担策・協力策を考え、提案することも大切である。ただし、譲歩には説明責任が求められるため、そのためのPros/Consの整理や合理的判断理由の整理も求められる。

　エ　場合によっては、取引先も含めた、大きな視点での打開策を模索する。

　　新型コロナウイルスによる打撃を激しく受けた業界では、取引先の受けたダメージも大きい。もちろん、そこで起きた履行遅延、履行不能等、契約違反にどう対処するかの対応も大事であろう。一方、このようなときこそ、取引先支援のために、平時とは異なるスキームや契約条件での取引を行い、この危機を一緒に乗り切る姿勢も大切である。

　オ　State aid等、第三者から得られる支援を確認する。

　　ダメージを受けた子会社への支援を考えるに際しては、一つの会社を救うという観点で、より経営的な視点が必要である。子会社の位置する国や地域において、State aid、租税措置等の救済措置が使用できないか検討することも必要である。

　カ　案件実行のTimeframeを確認する。

　　Merger filingを含め、公的機関・公官庁における諸手続の遅延が想定される。また、上記のとおり、新たな契約上の手当ても必要になる場合がある。契約の履行期限を意識し、全体のTimeframeへの影響を分析しながら、適切なスケジュールをガイドすることも大切である。

　②　危機下の「オーガナイザー機能」——危機下においてリーダーシップを発揮する

　もう1つ指摘したい機能がある。それは、「オーガナイザー機能」である。当社（三井物産）では、法務機能を4つに分けて説明している。その四つとは、「Navigator機能」、「Guardian機能」、「Organizer機能」、「Explorer機能」である。これらを発揮することが、法務部の在り姿であると思っている。

「Navigator機能」、「Guardian機能」、「Explorer機能」は、それぞれ、機能強化・人材育成報告書の「ナビゲーション機能」、「ガーディアン機能」、「クリエーション機能」に大凡対応するものである。では、「Organizer機能（オーガナイザー機能）」とは何か。危機下における意味合いは、会社の危機を乗り越えるために、法務部門が社内横断的にリーダーシップを発揮し、危機対応の総合力を発揮することである。

　機能強化・人材育成報告書は、ナビゲーション機能の説明において、法務部門は、「他のさまざまな機能の結節点となり、ファシリテーターとして機能することも期待され」ており、「法務には情報が集まりやすく、その気になれば各機能を横断するようなプロジェクトをコントロールすることで、案件をドライブすることができる」と述べている[5]。この説明は、危機下における法務部門のあるべき姿にも当てはまる。危機を乗り越えるには、企業内のさまざまな部署の連携が必要であり、その対応において、法務部門がその連携をリードする。これが危機下の「オーガナイザー機能」である。

　具体的には、たとえば、次のような機能発揮が考えられる。

> **オーガナイザー機能の例**
> 　ア　会社内で問題に対処するための組織・仕組みを構築する。そのためのリーダーシップを発揮する。たとえば、新型コロナウイルス関連の影響を受けた重要プロジェクト対応、信用不安案件対応などに対処するため、危機対応連携チームの組成をリードするなどが考えられる。
> 　イ　未曽有の事態に際し、この間会社に起きたことを点検し、今まで想定をしていなかったリスク・綻びはないか、会社の制度・仕組みにおいて補強すべき点はないかを検討し、全社的補強につなげることが考えられる。
> 　ウ　今後、働き方やビジネスモデルが大きく変化する可能性があるが、この変化に対応できるだけの先進的かつ柔軟な体制になっているか、

5）　機能強化・人材育成報告書10〜11頁。

> この観点での点検を主導することが考えられる（たとえば、リモート環境下での社内手続、決裁手続（稟議等投資判断手続等）、署名捺印手続などの見直し等）。
>
> エ　法務部は現場支援を行うことから、新型コロナウイルス対応を理由として現場でどのようなトラブルが起こっているかを察知しやすい。これらの情報を纏めて経営・他のコーポレート部門と共有し、対応につきリーダーシップを発揮することも考えられる。

③　危機下の「クリエーション機能」──危機を変革の機会と捉える

(a)　危機下および危機後における「クリエーション機能」の重要性

　機能強化・人材育成報告書では、「クリエーション機能」を次のように説明する。「クリエーション機能とは、法令等のルールや解釈が時代とともに変化することを前提に、『現行のルールや解釈を分析し、適切に（再）解釈することで当該ルール・解釈が予定していない領域において、事業が踏み込める領域を広げたり、そもそもルール自体を新たに構築・変更する機能』」であり、「新規分野に挑む事業者は、ルールを所与のものとして受身的に捉え、ルールにコントロールされる客体ではなく、ルールを創造し得る主体になりつつあることに注目されるべきである」。と説明する[6]。我々は現在、未だかつてない危機に直面している。それは上記で言うところの新規分野と同視し得る状況にあると思う。私がここで強調したいのは、この未曾有の危機下においては、平時のルールが機能しない分野や、既存のルールのままでは、危機やリスクの発現を直接的に防ぐことができない分野がさまざまあり、これを克服するためには、法務部門のクリエーション機能が、現在、極めて重要であるということである。

(b)　バーチャル化・リモート化の進展と制度変革・基盤整備の必要性

　この危機下において、既存の仕組みの硬直的な部分を実感された方も多いと思う。リモートワーク下において印鑑が必要とされるさまざまな手続、実会合が必要とされる会議体など、IT技術の高度化が進む中、より柔軟性が求められる分野が見えてきた。従来からの制度には守るべきものがあり、法制度はにわ

---

6)　機能強化・人材育成報告書8頁。

かには変え難いことは理解できるが、今回の事態を踏まえ、企業活動の持続性維持および効率性・競争力強化の観点から、積極的に制度変革・基盤整備を進めるべきと思う。現下の状況が落ち着いたならば、官民が膝を突き合わせ、日本企業の競争力強化のためにいかなる制度整備を行うべきか、どのようなIT環境・インフラ基盤を強化すべきかを確認し、優先度をつけて実行していくことが極めて重要と考える。

　特に、会議のバーチャル化・リモート化は一層進展すると思う。定時株主総会対応は、総会の物理的開催が会社法上の前提とされていることから、多くの企業が感染リスクを避けるため、対応に苦慮していた。法務省・経済産業省から、Q&Aの形でのさまざまな後押しはあったが[7]、他国の対応に比べ我々の制度がこのような危機において柔軟性がないことを痛感した。おそらく、株主総会はハイブリッド化・バーチャル化の方向に向かうと思われる。今回の危機直前に、経済産業省による「新時代の株主総会プロセスの在り方研究会」から、ハイブリッド型バーチャル株主総会を実施する際の法的・実務的論点等を取りまとめた「ハイブリッド型バーチャル株主総会の実施ガイド」[8]が公表されたことは、時機を得たものとなり、株主総会のハイブリッド化とそのための技術的基盤の整備を大きく進めるものと思う。株主総会に限らず、訴訟手続や仲裁・調停手続においても、リモート化・バーチャル化が進むと思われる。さまざまな分野でのリモート化・バーチャル化の進展が考えられる中、企業の生産性・国際競争力を強化するため、官民を挙げて、さまざまな制度を進化させることにつなげるべきと思う。

(c)　新しい働き方への目配り

　リモートワークの浸透に後戻りはない。危機対応の状況下、法務部の仕事の効率化・生産性の向上の面でもさまざまな課題が認識されたと思う。法務組織長は、率先して、新しい働き方の在り方や、先進技術・IT技術の活用を行うべきである。

7）　https://www.meti.go.jp/covid-19/kabunushi_sokai_qa.html
8）　https://www.meti.go.jp/press/2019/02/20200226001/20200226001.html

　　(d)　契約実務・投資実務への影響

　契約法務やM&Aの世界では、今回の事態を踏まえ、さまざまな進化があるものと思われる。例を挙げると、①不可抗力条項の精緻化が進む、②契約締結後、Closingに向けた期間において、今回のような事態が発生する可能性を踏まえ、価格関連条項やMAC/MAE条項の見直しが進むなどが考えられる。

(2)　危機下の「ガーディアン機能」について

　機能強化・人材育成報告書によれば、「ガーディアン機能」とは、「違反行為の防止（リスクの低減含む）、万一の場合の対処などにより、価値の毀損を防止する機能」であり、「社会的に受容されない行為を防ぎ、万一の場合には適切に対処することで価値の毀損を最小限に食い止める（さらには、企業のインテグリティ（integrity）の追求に応じてより高いレベルの基準をもって規律を行う）という機能である」と説明する[9]。さらに、「ガーディアン機能」を果たすに際して重要なのは、「『最後の砦』として企業の良心となること」であり、法務機能を担う者は、「社会から見て受容されるか（正しいか）」という基準で判断しなければならず、そのためには、「法律の専門知識だけでなく、自社（あるいは自社の属する業界等）が社会でどういう立場にあり、行政、顧客、株主、地域住民等のステークホルダーからどのように見られているかを肌で実感している必要がある」と指摘する[10]。

　法務の機能には、平時より、訴訟紛争対応、コンプライアンス対応、危機対応などが含まれる。しかし、このような危機下においては、それだけでは足りない。会社や社員を守ることはもちろん、社会全体の危機下においてこそ、会社としてのIntegrity、社員としてのIntegrityが問われるものと思う。全世界が苦しむ中、自社には何ができ、どのような貢献ができるのか、常に冷静な目で自らと自らの置かれた位置を見つめる必要がある。

　「ガーディアン機能」の観点からは、次のような視点が重要である。

9）　機能強化・人材育成報告書11頁。
10）　機能強化・人材育成報告書11頁。

ガーディアンとしての視点

ア　会社の損失をミニマイズする

価値の毀損を防止する機能という観点からは、会社損失を縮減するために貢献することが必要である。経営や現場に寄り添った法務支援を行うことにより、会社の損失を食い止め、最小化する機能の発揮が重要である点については、すでにナビゲーション機能において説明したとおりである。

イ　社員や関係者を感染リスクから守る

会社の事業活動において、役職員を感染リスクに晒さない施策を考え、社員を守らねばならない。また、会社業務や事業において、一般市民、取引先や下請会社を含め、感染リスクを高めないようにするオペレーションを行わねばならない。法的助言にあたっても、かかる観点を忘れてはならない。

ウ　会社をFraudから守る

危機的混乱化を狙った詐欺的行為や犯罪行為に巻き込まれるリスクや、フィッシングやサーバーアタック等のサイバーリスクがこの時期高まる可能性がある。特に、この状況下、サイバーセキュリティや、IT担当スタッフの体制が最低限必要とされる水準になっているか気を付ける必要がある。実際に起きた事象については、情報を特定部署に集中させ、社内注意喚起を行うことはもちろん、今後の予防策を講じる必要がある。

エ　社員のコンプライアンス意識を徹底する

新型コロナウイルスの影響で思うように業務や事業が進まず、壁に直面している社員も多いと思う。経済環境が困難を極める中、ルールを曲げてでも目標を達成しようとする社員が出てこないよう目を光らせる必要がある。かかる状況下、違法行為やコンプライアンス違反が決して行われないよう徹底する必要がある。

オ　社員のIntegrityを高める

さらに言えば、現在の状況下、法律順守・コンプライアンスは当たり

前であり、企業としてのIntegrityが問われていることを社員に確りと意識させる必要がある。そのためには、社長等の経営幹部からのメッセージ、即ち、Tone at the Topが極めて重要である。Integrityの浸透には、社内でのBest practiceを全社的に共有する等、草の根での意識浸透にも努力し、会社の全体のIntegrity culture醸成に繋げることが重要である。

　また、会社としてのIntegrityが問われる中、現下の社会的課題への解決に対し、会社の本業を通して何ができるかを考えるのも重要な視点と思われる。

カ　起用業者・下請等のコンプライアンスを徹底する

事業スケジュール遅延や手続遅延、原材料・部材の調達難を打開するために、起用業者・下請事業者等において違法行為が行われないようモニターする必要がある（たとえば、贈賄やKickback支払い等）。一方では、作業スケジュール遅延のしわ寄せが下請業者に押し付けられることが無いよう、下請法等関連法令の遵守を徹底する必要がある。

現在の危機的状況が会社ルールの違反を許す不可抗力事由であってはならない。現実を見据えたルール変更は必要だが、危機下にあるという理由で社内ルール違反を放置してはいけない。特に、リモートワーク環境下では、情報管理や労務管理などのコンプライアンス体制に緩みや綻びが生じないようしっかりとモニターし、管理する必要がある。

4　最後に

現在の危機下において我々企業法務の人員は、より能動的かつ積極的にパートナー機能及びガーディアン機能を発揮しなければならないと思う。具体的には、パートナーとして、困難に直面する現場を支え、危機を乗り越えるためのリーダーシップを発揮し、克服や変革が求められる事案・分野においては、クリエイティビティを発揮すること、そしてガーディアンとして、最後の砦としての覚悟をもって事に当たることが求められている。この機会に、多くの法務担当者が、経営や現場を支え、数多の問題を乗り切るために、法務の専門性を

遺憾なく発揮することを期待したい。このようなときこそ、「経営法務人材」[11]としての経営的目線や意識を強く持ち、この危機下においていかなる貢献ができるかを日々考える姿勢が大切と思う。

　また、この危機が落ち着いた暁には、企業および政府・官公庁それぞれがこの危機を振り返り、一致協力して、企業の生産性・国際競争力強化のためのさらなる制度の見直しを行い、基盤の強化につなげて頂きたいと思う。この危機を乗り越えたとき、企業法務の世界は、新たなステージに進むことは間違いないと確信している。

（たかの・ゆういち）

---

11)　機能強化・人材育成報告書28頁等。「経営法務人材」がどうあるべきかについては、同報告書添付の付属資料である「経営法務人材スキルマップ」を参照するとイメージしやすい。

8 企業活動の制限・在宅勤務を通じて学んだ法務部の役割

竹安　将　花王株式会社
執行役員 法務・コンプライアンス部門統括

> 彼女は彼の頰に接吻した。
> 「だめだね」
> 「あたしたちの鼻、どういうぐあいになるの？　あたし、いつも不思議に思っていたのよ。鼻がどういうぐあいに向き合うのかしらと」
> 「ねえ、頭を横に寝せてごらん」
> ──ヘミングウェイ『誰がために鐘は鳴る』（大久保康雄訳・新潮文庫）

　新型コロナウイルス感染症拡大の状況下において、程度に差はあるものの、多くの会社で事業活動や企業活動が制限され、また社員には在宅勤務が取り入れられた。本稿では、①法務部がそのような状況でも出社してやらざるを得ない仕事、②法務部がそのような状況だからこそ活躍できる場面・活躍すべき場面について思いつくところを紹介しながら、これらを通じて法務部の役割についてあらためて考えてみたので私見として述べさせていただくことにする。なお、本稿は製造業の法務部の視点・経験で論じているため、他業種では適合しなかったり、別の論点があったりすることもあろうかと思うが、その点はあらかじめご容赦願いたい。

① 法務部が出社してやらざるを得ない仕事

(1) 代表者印等の捺印

　筆頭はこの業務であろう。代表者の実印は法務部（または総務部）が金庫で保管し、一定の申請を経て捺印することになっているのがほとんどであろうが、こればかりは実際に出社しないとどうしようもない。在宅勤務の状況において捺印が求められる場面がどの程度あるのか当初疑問であったが、実際にはそれなりの件数の捺印申請がある。その原因は官公庁への届出や申請書への捺印である。弊社は製造業であるから事業活動を継続している以上は薬事関係の

申請は途絶えることなく、また営業活動も行っているので営業車の車庫証明取得のための申請は必要だ。なお弊社では、緊急事態宣言後、捺印は週に一回水曜日にしか行わないことを社内に周知して理解を求めた。一方で、通常は書類自体の用意や発送は申請部署で行っているところ、この期間は、データで送ってくれれば法務部で印刷して捺印すること、捺印済み書類を法務部から自宅や相手先に直接郵送することも必要に応じて行うことで他部署の出社を減らすことにも協力している。

(2) 裁判所からの郵送物対応

誰もいない職場にも郵便物は届く。情報伝達はメールやWebが中心の昨今なのでほとんどは放置できるもの（DM等）であるが、訴状や従業員の給与差押え通知など裁判所からの書類はそうはいかない。代表者宛の郵便物はまずは秘書室が受け取るのが一般的と思うが、弊社においても秘書室が選別したものを法務部が対処しているので、ここは連携が必要である。注意が必要なのは子会社の代表者宛文書。小規模子会社の社長には秘書がいないことも多いだろうし、郵便物は本社の部長宛ての文書程度に扱われていることも少なくないであろうから放置されないように注意が必要である。

(3) 印鑑証明・登記簿謄本等の取得

代表者の印鑑証明書は印鑑そのものと同様に法務部等が管理していることが多いだろう。平時よりもそのニーズは減るものの一定数は必要になる。オフィスに行って印鑑カードを（所定の社内手続を経て）持ち出して、そして法務局に行って、そしてまたオフィスに戻って必要としている人の手に渡るようにする。それなりの時間がかかってしまう。

その他、法律専門書が自宅にはないから出社せざるを得ない、大部の契約書のレビューは紙で見たほうが効率性が高いから印刷するために出社したいといった話も聞こえてくる。このように並べてみると、何だか昭和の時代の法務部を描いているようだ。いまは令和の時代で、IT云々よりさらに先のSociety5.0の世の中である。まずは会社のIT化・官公庁のIT化がさらに進化し、社会全体

が電子の世界を受け入れられるようにならないと改革は進まない。AIにヒトができない高度な処理を期待する前に、まだまだ変えるべきことがありそうだ。

② 法務部が活躍できる場面・活躍すべき場面

(1)　コーポレート・ガバナンス

この緊急事態においてコーポレート・ガバナンスなんて悠長なことを言っている場合ではないと考える人もいるであろうが、いまこそ立ち返って考えるべきことだと思う。その前提として忘れてはならないのは、コーポレート・ガバナンスは単なるカタチではなく、長期的に企業価値を向上させるための体制作りであり、さらにそれを運用していくことを目的としていることである。コーポレートガバナンス・コードは冒頭の基本原則の中で以下のように述べている。

【適切な情報開示と透明性の確保】

３．上場会社は、会社の財政状態・経営成績等の財務情報や、経営戦略・経営課題、リスクやガバナンスに係る情報等の非財務情報について、法令に基づく開示を適切に行うとともに、法令に基づく開示以外の情報提供にも主体的に取り組むべきである。その際、取締役会は、開示・提供される情報が株主との間で建設的な対話を行う上での基盤となることも踏まえ、そうした情報（とりわけ非財務情報）が、正確で利用者にとって分かりやすく、情報として有用性の高いものとなるようにすべきである。

【取締役会等の責務】

４．上場会社の取締役会は、株主に対する受託者責任・説明責任を踏まえ、会社の持続的成長と中長期的な企業価値の向上を促し、収益力・資本効率等の改善を図るべく、

(1)　企業戦略等の大きな方向性を示すこと

(2)　経営陣幹部による適切なリスクテイクを支える環境整備を行うこと

(3)　独立した客観的な立場から、経営陣（執行役及びいわゆる執行役員を含む）・取締役に対する実効性の高い監督を行うこと

をはじめとする役割・責務を適切に果たすべきである。（以下省略）

基本原則4「取締役会の責務」の視点では、自社のコロナ対策が株主に対して説明できるものであるかどうか、それが中長期経営計画にどのような影響があるか、リスクを多面的に評価できているか、執行側の議論を社外取締役や監

査役が客観的に監督・監査できているかどうかを見ておく必要がある。また基本原則3「適切な情報開示と透明性の確保」の視点では、社内の情報が適切な内容とタイミングで世間に開示されているかどうかも注視しておかなければならない。取引所からもコロナ関係の情報についての開示要請が出ているが、このような局面では投資判断や株価に影響を与える情報に限らず、株主をはじめとしたステークホルダーの関心が高いと思われる情報を広く開示していくことが求められるのではなかろうか。法務部がコーポレート・ガバナンスを主管しているのであれば経営・経営の監督がコードに従って実行されているかどうかをウォッチし、必要に応じて軌道修正をする必要があるだろうし、それができていないようであれば、自社のガバナンス体制を見直すことを考えてもよいかもしれない。

(2) 取締役の責任

未曾有の事態が起こり、各社「緊急対策本部」といった呼称の会議体を設置し、社内における感染状況、各部門・国内外グループ会社の状況、事業状況について報告を受け、また社員の勤務、その他各種施策について議論や決断を行っていることかと思う。その事務局的役割を法務部が担っている会社もあれば、総務部や危機管理部、または社長室が担っていることもあろう。しかし、いずれにしても、本部責任者が会社の代表者（社長）であることは共通ではなかろうか。

この場における社長の主な役割は2つと思う。1つは社員の安全を守ること。もう1つは売上げと利益を最大化させること。そして、この2つの結果として会社のレピュテーションを落とさないこと。会社は労働契約法5条に基づき労働者に対して安全配慮義務を負っており、取締役は会社法429条1項に基づき悪意または重大な過失がある場合には第三者に対する損害賠償責任を負っている。重要なのは、自社からコロナウイルス感染者が出たかどうかではなく、そのための対策を十分に行っていたかどうかである。どこまで対策を施せば十分であるかは難しいところであるが、少なくとも感染者が出た場合には社内での行動履歴の確認やその場の消毒などが求められるであろうし、他社の対応とある程度合わせることも重要と思う。一方、企業である以上、メーカーで

あればモノを作ってお店に届けて販売活動を続けて利益を生み出さないと株主や消費者の期待には応えられない。社員の安全を守りながら、いかにして事業活動を継続するか。このバランスを忘れてはならない。社長、取締役の立場では、こんなことは言われなくても感覚的に実行するであろうが、脱線しかけた時には法的根拠をもって軌道修正をしなければならない。

　さらに、いまは株主第一主義からステークホルダー全体の利益、そして企業が社会と向き合いながら活動を続けることが求められる時代である。この困難の状況下でいかにして自社が社会に貢献できるのか。これは法務部の職務分掌を超えているかもしれないが、誤った手綱さばきは株主代表訴訟を招きかねないと考えると、法務部が指摘しても悪くはないだろう。

(3)　馴染みのない法律への対応

　企業活動にまつわる法律は何百もあり（参考：弊社では以前に自社の事業活動に関係する法律を洗い出したことがあり、248法令が対象と考えている）、そのすべてを法務部が主管しているわけではないが、新しいことがあったときにはまず法務部に質問がくる（なお、法務部員としては、それが望ましい法務部のあるべき姿と思っている）。「感染症の予防及び感染症の患者に対する医療に関する法律」（感染症法）や「新型インフルエンザ等対策特別措置法」（特措法）もその例であり、自分のところにもそれらの解釈について突然質問がやってきた。正直なところ、まともに読んだこともなく、内容も十分に理解していなかったが、法文の立て付けや法令の読み方についてはそんなに時間をかけずにアドバイスができた。会社法、民法、独禁法、景表法、下請法、個人情報保護法といった日頃から接している法律に対して深い理解と自社事業との関係性を整理しておくことはもちろんのこと、法務部という看板を掲げているからには、あらゆる法に関する質問があっても何かしらの方向を示してあげる必要があろう。

　コロナの件ではさまざまな法律が関わっている。コロナが終われば関係ない、と考えるとそれまでだが、現に特措法は2012年に施行された法律が再び活用されているし、またコロナの状況下においても新聞やニュースの話題からどのような法律が自社に関係してくるのかはあらかじめわかることなので先取りして調べておくことも肝要であろう。筆者がこの原稿を書いているのはゴー

ルデンウイークの最中、政府から緊急事態宣言の延長が発表され、13の特定警戒地域を除いて若干の緩和策が発表されたころである。ニュースや新聞の話題は、感染状況、小規模小売店や個人事業者の事業の先行き不安感と行政の経済支援策、行楽地の人出、学期9月開始の是非、海外の規制緩和、日本の出口戦略といったことが中心である。これらの記事を見て、企業法務にどういう活躍の場面があるのか。想像力をフルに発揮して、また法務部員間でブレーンストーミングをして、先手を打つ活動につなげることができれば、それは企業法務の醍醐味と言えるだろう。

(4) 内部統制の視点

非常事態の最中において、社内では生産体制の大幅な変更、人事政策の変更、投資案件の中止や延期、寄付の実施など、いろいろな判断がなされるであろう。そういった判断が社内決裁ルールに従っているかどうか、たとえば決裁機関が正しいかどうか、決裁の記録が正しく作成されているかといったことの見張りも重要である。コロナに関する議論が緊急対策本部で行われている場合、そこで決裁をしてしまいがちになるが、おそらく各社の決裁ルールに「緊急対策本部会議決裁」という項目はないのでなかろうか。緊急対策本部会議を経営会議とみなしておこう、ということなった場合、本当に経営会議規則に記載のメンバーがそこに出席しているかといったことも見ておかなければならない。また、各部門責任者も混乱の状況であるため必要な手続をうっかり抜かしてしまうこともあろう。法務部には一歩引いた冷静な視点での監視が求められる。

(5) 予防法務としての活動

予防法務はいわば先手を打つ仕事であり、受け身でいられる対処法務よりも難易度が高い。そこには多様な視点での情報収集、現実の正しい理解、リスクの予想、適切なターゲットへの行動が求められる。平時ではどうしてもテーマが漠然としてしまい対象者に自分ゴトとして聞いてもらうことが難しいが、いまはコロナという全社員に共通の関心事があり、出発点を絞ることができるので予防法務を行いやすい状況にある。また、誰にとっても初めての状況である

から、ニーズもあるはずである（国内外の弁護士事務所がコロナをテーマにした
ニュースレターを発行しているのと同じことである）。有事のときこそ、法務部が
イニシアチブをとって活動できる機会と捉えて積極的な行動が期待される。以
下は、弊社が実施した活動も含んでいるが、予防法務の実施例として参考にし
ていただければと思う。

　　①　下請法

　下請法は取引当事者の資本金の額と取引の種類によって画一的に適用の有無
が決定され、その結果として遵守事項と禁止事項が定められる。詳細なオペ
レーションについても規定され、また直感的には問題なさそうなことも違反に
なる場合があるので、メーカーの法務では要注意の法律の1つである。

　コロナの状況下でうっかりミスしてしまいそうなのが60日以内の支払いで
ある。下請法2条の2では「下請代金の支払期日は、親事業者が下請事業者の
給付の内容について検査をするかどうかを問わず、親事業者が下請事業者の給
付を受領した日（役務提供委託の場合は、下請事業者がその委託を受けた役務の提
供をした日。）から起算して、60日の期間内において、かつ、できる限り短い
期間内において、定められなければならない。」と規定されている。すなわ
ち、コロナの影響で取引先から請求書が届かなくても、給付を受領した（また
は役務の提供を受けた）日から60日のカウントは始まっている。在宅勤務が始
まる前に委託業務が完了して、その後請求書が実際に届いていなかったり、届
いていても在宅勤務でなかなかそれに気付かなかったりして処理が遅れると、
下請法違反になりかねない。

　各社とも社内セミナー等で散々伝えている下請法の要注意ポイントだと思う
が、ついつい忘れがちなこの点をいまこそ注意喚起することも必要だろう。

　　②　契約書の期限管理

　1月末頃からコロナも深刻化し始め、各社の勤務や事業活動にも影響が出始
めたが、契約書の有効期間が3月31日までとなっていることは多い。多くの
場合は「有効期間満了の○か月前までに申し出がなければ1年延長され、その
後も同様とする」と自動更新になっており、コロナの混乱で、契約終了や修正
要求をしたかったがタイミングを逸してしまうこともある。また、なかには契
約書の内容を最新の取引の実態に合わせるために毎年見直すことができるよう

あえて契約期間を短くしているもの（自動更新にしていないもの）もある。この場合はうっかりしていると契約が切れたまま取引を続けることになったり、先方から契約の終了を理由に取引を拒絶されることもある。「契約書の有効期間に注意して下さい」。社内に対してそんな注意喚起も必要だろう。

③　コロナにまつわるFAQ

日々の法律・契約相談にもコロナの影響は出ている。たとえば「取引先からの支払い猶予のお願いを受けたがどうすればいいか？　社内手続は？」「オフィス清掃などコロナの影響でなくなった業務に対して委託料は全額支払わないといけないか？」「イベントが中止になったが公演者のキャスティング費用や協賛金の取扱いはどうなるのか？」「予定していたリアルの教育研修が中止に。ウェブ動画配信化したら費用はどうなる？　キャンセル費用は？」「コロナは不可抗力条項の対象なの？」「派遣社員がテレワークしてもよい？　当初予定していなかった業務をしてもらっていい？」「子会社の取締役会をWebで開催したいが問題ないか？　議事録はどうやって記載すればよい？」など。これらは弊社において実際にあった質問であるが、各社でもコロナならではの相談はあるだろう。

ただ、こういった質問をしてきてくれたら法務部として的確なアドバイスをできるのだが、現場で問題意識なくこれまでどおりの運用をしていて過剰な支払いをしてしまって自分が損をするだけでなく、悪気なく違反行為を行ってしまうことで相手先に迷惑をかけたり、場合によっては重大なコンプライアンス違反、訴訟につながることも考えられる。予防法務の一環として、法務部はこれらを未然に防止させなければならない。やり方として、質問や問題点に対して画一的に答えが示せるものはFAQとしてイントラに掲載することも考えられる。それができればよいが、個々の事情や契約条件も違うので一概に対応を示すことは難しい（またはミスリードになってしまう）ということであれば、質問だけ公開して、他部門で起こっている問題点を見た社員が自分ゴトとして考えてみて、法的問題点の発掘を促すというやり方もあろう。

(6)　コンプライアンス

在宅勤務になると内部通報の電話受付は難しくなりメールでの対応が主にな

るであろう（オペレーションとしては所定の電話番号には留守番電話メッセージを入れておいてメールでの連絡をお願いすることになる）。まず注意しなければならないのは、連絡手段を限定したことによって通報件数に変化がないかどうかを確認することである。勤務状況が異なるので前月や前年同月と単純比較はできないが、明らかに減少しているようであれば「通報したいがメールでは伝えられない、伝えにくい」と感じている人が多いことを疑ってみる必要がある。言うまでもなく、そうであれば通報相談窓口として正常に機能するように何らかの対策を打たなければならない。

　次に気を付けなければならないのは通報の内容である。在宅勤務下ではハラスメント（セクハラやパワハラ）は起こりにくいのは各社共通であろうが、一方で弊社を例にとると在宅勤務に関する通報が多く出てきた。事業活動継続のため出社せざるを得ない従業員からの在宅勤務者との比較における不平等感、○○部の○○さんが在宅勤務と言いながら仕事もせずに昼間から遊んでいるなど。こういった通報に対しては個別に解決を図ることは難しいが、決して通報してきた人だけの問題と捉えずに、多くの人の声を代弁しているものであって、現場でのそういった生の声を経営幹部にも伝えて現実を正しく認識してもらうことも必要である。その結果として、現場への感謝の気持ちをトップメッセージとして伝えるのか、在宅勤務者の就業管理や業務管理を徹底するのか（監視強化）、あるいは人事施策として在宅勤務ができない従業員に配慮するのか、などは人事部が主体となって取り組んでもらうのが適切な対応であろう。

　もう 1 つ、コンプライアンス問題として注視しなければならないのは、コロナ感染者や濃厚接触者に対する差別的言動である。これは人権問題であり決してあってはならない。コンプライアンスを主管する部署としては、これを未然に防げるよう、イントラなどを使ってキャンペーン的に活動することも考えるべきだろう。また、これに関連して、個人情報保護法の観点からは、感染者が出た場合に社外公表をするのか、するならどこまで開示するのか、また社内ではどのように開示するのか、といったことも考える必要がある。先に述べた感染症法との関係における企業からの公表の要否、ステークホルダー視点での公表の是非、公表や保健所への情報提供にあたっての本人同意の要否など、法務部としてアドバイスができることも多くあろう。

(7) 独占禁止法

世界恐慌以来の不況と言われる中、各社とも自社の事業継続に懸命である一方、会社として社会のお役に立てることを模索している一面もあると思う。ただ、なかなか1社だけでは実効性を伴わず、業界団体や他社と共同で取り組んでみようという動きもあるのではなかろうか。そうなると、当然のことながら、独占禁止法のカルテルの問題が頭をよぎる。せっかくの善意の行動が結果的に独禁法違反となって世間から非難されるようなことになっては元も子もない。こんなことになったら法務部の責任は大きい。法務部は、一般的なカルテルに関する知識を備えるだけではなく、個々の施策が需要者の利益を不当に阻害するかどうか、競争業者の差別の有無、施策が社会公共的な目的からみて合理的で必要な範囲か否か、といった視点で違法性の有無を判断できる能力を養うとともに、こういった情報が早期に入ってくるよう仕組みを整える（法務部員の会議への参加等）ことが求められるであろう。

③ 最後に

企業法務は、どのような状況下においても、会社の健全な発展に寄与するために経営トップを含めたすべての従業員に対して、法令、規則、契約に則り、そして倫理やステークホルダーからの期待に応えられる企業活動を先導する役割を担っている。新型コロナウイルスの影響で、会社全体の活動が縮小され、勤務の仕方も大きく変化した。生産や販売現場で働く人たちはもちろん、スタッフ部門も従業員を元気づけるための情報発信をするなどさまざまな取組みを行う中で、法務部は何をしなければならないのか、何ができるのか、ひいては法務部の役割や存在意義をあらためて考えさせられた。

①では在宅勤務期間中における法務部員の苦労をいくつか述べた。これらはもちろん重要であるし法務部に求められる役割であることは間違いないが、このために感染リスクを冒して通勤電車に乗って出社するというのはどこか違和感がある。今まで当たり前だったやり方を捨てて令和の時代にふさわしい仕組みを社会全体が作ることは喫緊の課題であると思う。一方、②ではコロナの混乱の中でこそ法務部が冷静でいなければならないことを述べるとともに、有事の下での攻めの側面を考えてみた。どのような状況であっても、先手を打つこ

とで法的リスクの低減につながることはもちろん、法務部への信頼感、法務部があることの安心感も増すことになる。攻めの量は情報の量と知識の量の掛け算で決まってくると思うが、当然、情報や知識の量は法務部員それぞれによって差がある。自分だけで向上させられること（たとえば自己研鑽）もあれば、チームとして向上させること（たとえば部内勉強会）もあるので、常日頃から組織としてメンバーの対応力を高める活動を行っておく必要があるだろう。

　攻めと守りの基本スタンスは維持しつつ、新しい価値が創造できるように、世の中の動きや社内の動きへの関心を高めて自分の仕事に落とし込んで考えてみる、そんな仕事が中心になっていけば企業法務のプレゼンスもますます高まり、また企業法務で働く我々の楽しみも増すであろう。

（たけやす・まさる）

9 企業法務の基本に今こそ立ち返ろう
——丸椅子施策の現状報告を兼ねて

伊藤 淳 LINE株式会社 法務3チーム
LINE Pay株式会社 執行役員 リスク統括室副室長

> いいかね君、すべての理論は灰色で、
> 緑なのは生の黄金の樹だけなのだ。
> ——ゲーテ『ファウスト』
> （相良守峯訳・岩波文庫）

1 あの丸椅子は、何処へ

　「母さん、僕のあの丸椅子、どうなってしまったんでしょうね……？」

　オフィスの私の席の横には小さい丸椅子が置いてある。その丸椅子は在宅勤務が続いている中で、約2か月にわたって、誰も座ることがなく、そっと置かれたままになっている。

　その小さな丸椅子は、いつでも誰でも座って話しかけてもらうことで相談しやすい雰囲気を作り、膝を突き合わせてしっかりと議論するために置いたものであり、施策というほどのものではないかもしれないが、「丸椅子施策」と呼んでいた。しかしながら、世間で新型コロナウイルスが広がり始めたころから、当社では希望者に在宅勤務を認めたことで、社員の5割程度が在宅勤務を始めて出勤者が減り、丸椅子に座る人は徐々に減ってきた。そして、4月7日の緊急事態宣言を受けて、在宅勤務が推奨されることになったので社員の9割以上が在宅勤務になり、オフィスへの出勤者はほとんどいなくなった。私も4月7日以降4月末までに2回しかオフィスに行っておらず、あの小さな丸椅子は、私の席の横でそのまま静かに佇んでいるのであろう。

　それでは、いままで丸椅子に座っていた事業部門の方からの相談や情報交換は、在宅勤務が続いている中、どのように行っているのか。今までの相談や情

101

報交換は、事業部門の方から私宛にチャットが来るところから始まることが多かった。

> 事業部門「あの案件、どう思います？」
> 私「あ〜、○○の点が気になりますねえ。」
> 事業部門「なるほど、詳細はメールで送っておきますので確認してください。」
> 私「ありがとうございます。細かいですが、○○の点も詳しく教えてほしいんですけど」
> 事業部門「いま、時間空いてますか？」
> 私「大丈夫ですよ。席にいますので、少し話しましょうか？」

というようなやりとりがあった。もちろん、一般的で簡単な内容であればチャットで気になる点を指摘して、事業部門が対応策を考えてから再度相談になったりすることもあるし、気になる点が解消されれば、事業を進めることになる。さらに事業が進んできて、ちょっと込み入ってくると、説明資料や図などをメールで送付してもらって、法務部門で検討してメールで回答することになる。さらに詳細な内容を聞かないと判断できないとなれば、いよいよ対面して議論するので、丸椅子の出番であった。在宅勤務が続いている中では、メールで回答するところまではそれほど変化はないものの、やはり直接話したいことは多く、最後の「少し話しましょうか？」が「少しビデオ会議をしましょうか？　URL送りますね〜」になっている。

　また、丸椅子には事業部門だけではなく、同じ部署のメンバーが座ることも多かった。在宅勤務が続く中では、部署内の定例会議もすべてビデオ会議となっている。今までは日常業務で近くに座っていたので、それぞれのメンバーがやっていることはある程度見えていたが、在宅勤務だと日常業務を見ることができない。そこで、些細なことであってもチャットをしたり、短時間であっても、少人数でのビデオ会議を設定したりしている。

　その結果、何が生じたのかというと、5月のある日は、ビデオ会議だけで私の予定は一日中埋まっているのである。埋まっているどころか、同じ時間に三つのビデオ会議が入っているときもある。ということで、在宅勤務における私の日常は、ビデオ会議が終了してちょっと休憩したらまたビデオ会議となっていて、一日中パソコンのカメラに監視されてしまっている。基本的に私は、ビ

デオ会議の参加時は顔出しにしているものの、顔出しじゃないときには、お手洗いに行ったり、お茶を淹れに行ったりしていることは、周りの人には内緒にしてほしい。

　そう考えてみると、コロナ前の「丸椅子施策」はそれなりにうまくいっていたとは思うものの、丸椅子がなくても何とかなるもので、その本質は、膝を突き合わせることではなく、適切なコミュニケーションをとることだったのだ。今後の「新しい生活様式」では人との間隔はできるだけ2メートル（最低1メートル）空けることが求められるし、会話をする際は、可能な限り真正面を避けるのが基本である。それでは、オフィスに行くようになったら、2メートル離れた斜めの位置に丸椅子を置いて、事業部門と議論したり、メンバーと会話したりすればよいのか。そんなよくわからない職場環境はちょっと想像できない。残念ながら、まだ私の中で「新・丸椅子施策」は思いついていないし、ビデオ会議もかなり性能が高くなっているものの、対面とまったく同じような意見交換ができるわけではない。しかしながら、丸椅子であっても、ビデオ会議であっても、私達は、変化に応じて利用するツールを変えながら、基本に戻って、どうやってコミュニケーションをとっていくかということを考えながら業務を進めていかなければならないのである。

②　未知の問題との遭遇

　当社のビジネスのスピードは、在宅勤務となっても相変わらず早い。日々、新しいサービスや施策についてのミーティングがビデオ会議で開催されている。当社グループでも、新型コロナウイルスによる緊急事態宣言の発出を受けたことで、ユーザー向けの多くのさまざまな施策を行うこととなった。緊急事態宣言の中での新しい施策については、未知の問題もあり、いままで考えたことのないようなものも多く、検討しないといけないことは非常に多い。しかし、だからといって時間をかけるわけにはいかないので非常に難しい。そのような状況でも、法務部門としては、各施策について、日々悩みながらも何とか回答を導き出さなければならないのである。

　それでは、緊急事態宣言の発出を受けた未知の問題も含まれる施策について、我々法務部門はどういう観点で考えればよいのだろうか。新型コロナウイ

ルスが免罪符になって何でも許されるわけではないのは当然である。一方で、新型コロナウイルス前と同様の基準で考えてよいのだろうか。我々が向き合うのはユーザーであり、政府から緊急事態宣言が出されて、「新しい生活様式」が公表されたことで、スーパーやコンビニでは距離を空けて並び、透明ビニールシート越しに会計をしている。その他にも日々の生活はコロナ前とは大きく変わってしまい、新型コロナウイルスの影響をまったく受けていないユーザーは誰一人としていない。そうだとすると、法務部門としてコロナ前と同じ基準で考えるわけにはいかないだろう。たとえば、今までは基本的に問題のない表現であっただろう「みんなで出かけましょう！」という広告を緊急事態宣言中にする企業など存在しない。そこまで明らかなものでなくても、コロナ前と後では、仮にターゲットとなるユーザーの年齢層が同じだったとしても、それはもはやターゲットが変わっているということを前提としなければならない。

　このときに手掛かりとなるのは何かというと、やはり基本に戻ることである。困ったときこそ基本に戻って、法令等の条文をよく読み、条文の文言だけではなくその法令等の趣旨まで遡って考えてみることである。そして、その基本に戻って考えたことをベースに、「新型コロナウイルスの影響により何が変わったのか」という１ピースを加えて考えることになるのである。もちろん、このときには、いつにも増して迅速に考えなければならない。

　では、「新型コロナウイルスの影響により何か変わったのか」という点を把握するためにはどうすればよいのか。これは、情報収集を続けるしかない。我々法務部門は法令等の改正を把握するのは得意かもしれない。しかしながら、コロナウイルスの影響によって法令等が改正されるまでには、おそらく少し時間がかかるだろう。現在日々変わり続けているのは、法令等の改正の前提事実となる流動的な規範であり、いままで当たり前と思っていた慣例なのである。たとえば、在宅勤務が進む中で、法務部門の業務に関連する阻害要因として騒がれた押印業務についての「脱ハンコ」の動きでは、法令等を改正しようという気運もある。実務では、先んじて慣例で押印されていたものの廃止に進んでいるであろうし、そのような慣例が変わっていく動きについて、いち早く情報を取得できる環境にあるのが法務部門である。

　法令等を解釈して当てはめることに加えて、法令等が変わる前の規範やルー

ルの動きを徹底した情報収集により把握して、その変化している事実を把握した上であれば未知の問題であっても対応できるのである。そして、法令等も変化するのだということを前提に考えることが、これからの法務部門に求められていることなのである。

3 これからも変わらないもの

　在宅勤務が始まる前は、私のスケジュールには、個別の案件対応や社内会議以外に、官公庁への事案説明、関係会社への訪問、取引先との交渉などの予定が入っていた。これは、私に限らず、当社のメンバーの予定にも言えることであり、従来から、これからの法務部門の役割として、契約書などの文書チェックや個別の案件相談対応に加えて、取引先などの交渉や、ルールメイキングなどの官公庁対応にも関与して、積極的に外に出ていくことを進めてきたものである。しかしながら、緊急事態宣言に伴う在宅期間中は、当然ながら積極的に外に出ることを推奨する状況ではないどころか、オフィスに行くことすらできなくなってしまった。そして、在宅勤務が続く中では、先に述べたとおり朝から晩までビデオ会議をしている。さらに緊急事態宣言が解除された後のコロナ後になっても、在宅勤務は続くだろうし、ローテーション出勤制度も導入されるだろう。もしかしたら週休3日制がスタンダードになるかもしれないし、固定席のないフリーアドレスが常識になるかもしれない。会議はオフィスにいる者の間でもビデオ会議ということになって、いままでのような6人〜10人程度が入れる会議室は減少して、個別に入れるスタディブースが多く設置されることになるのかもしれない。

　このように企業法務を取り巻く環境が変わっていったとしても、いままでやってきたことが無駄になるものではないはずである。時代が動くからこそ、基本的な変わらないものがあるのだと思う。そして、困ったとき、悩んだときこそ、基本に戻って対応することができるというのが、我々法務部門の強みなのである。

　基本さえしっかりしていれば、どんなに時代が変化したとしても、我々法務部門が培ってきたものは揺らぐことがないのだと信じている。

（いとう・あつし）

10 不確実性の高い状況下における法務の在り方

西谷和起　テックファームホールディングス株式会社
総務部 部長

> 僕らの周りで、すべてが瞬時に変わってしまった。
> 人間関係も、仕事の条件も、風習も、すべてが瞬時に変わった。
> ——サン゠テグジュペリ『人間の大地』
> （渋谷豊訳・光文社古典新訳文庫）

1 不確実性の高い状況＝危機下でのイノベーション施策の活用と法務

　「新型コロナウイルスによる影響は当初想定していたよりも大きく、長引くことになるのかもしれません。札幌では人の流れが大きく変わり、飲食店などでは営業中止が目立つ一方で、早く動き出したところはテイクアウトやデリバリーを始めるなど、すでにビジネスモデルの転換などに取りかかっているように見受けられました。東京でもこのような状況になる可能性は十分にありえますので、当社グループにおいてもワーストケースを想定した準備は必須だと感じました。

　そして、この状況が続くようなら、東日本大震災のときのGoogleやYahoo!のように、この新型コロナウイルスという新たな課題に対してのアプローチを始めるところも出てくると思われます。ICT技術を駆使したDX支援等によるイノベーションに取り組んでいる当社グループにおいても、このような状況だからこそできることがあるかもしれません。」

　2020年3月上旬にどうしても外せない出張が入り、全国で最初に緊急事態宣言が出されたばかりの札幌に訪れたのだが、その出張報告の際にグループCEOにこのようなことを話した。

　本稿において1月下旬から5月上旬までの約3か月間における当社グループでのコロナウイルス対策と従前から進めていたイノベーション促進のための施策について法務としての観点から取り上げつつ、AFTER Coronaにおける不確実性の高い状況下での変化と新しい課題に対応していくための法務の在り方について検討する。

2　WITH Corona──当社グループにおける新型コロナウイルス対策

(1)　従業員に関連する対策

　武漢での新型コロナウイルスに関する報道を受け、1月下旬から既存の社内ルールの範囲内で全社員へ時差出勤、在宅勤務、混雑を避けるための通勤ルートの変更等を推奨することとし、2月上旬にはSlack上にてBCPチャンネルを立ち上げ、感染情報や感染対策について管理部門から全社員に向けての情報をこのチャンネルで集約して発信していくこととした。

　その後、国内での感染状況を踏まえ、2月末から全社一斉の在宅勤務に向けた環境整備を開始することとし、約3週間後の3月下旬には全従業員の90％以上が在宅勤務体制への移行が完了し、4月8日の改正新型インフルエンザ等対策特別措置法32条1項の規定に基づく緊急事態宣言の発出に先立ち、4月7日から全従業員の在宅勤務の義務化に踏み切った（実際には、開発環境等の制約が外せない一部の開発部門メンバーと管理部門の一部メンバーで日によって出社が必要となる者もいるが、平均して5％未満の出社率となっている。）。

　これらの動きにおいて、法務は人事部門を中心とする各部署への新型コロナウイルス対策に関連する法的アドバイス等のサポートを行うとともに、リスクマネジメント担当部署としてBCPの見直しと社内調整、情報セキュリティ委員会事務局としてビデオ会議システム等のクラウドサービス利用やBYODの一部解禁のためのルール変更等をリードした。また、全従業員の在宅勤務の義務化に備えて、法務が定期的に開催している法務研修を他の部署に先駆けて3月中旬にオンラインで実施しそのノウハウを他部門へフィードバックするとともに、新卒研修、中途入社研修におけるコンプライアンス研修を人事部門と協働してオンラインで実施するとともに、Slackにて新型コロナウイルス関連の法的トピックス（たとえば、在宅勤務やBYODにおけるセキュリティリスク、オンラ

インセミナーと著作権の問題など）を法務から発信している。

(2)　主要ビジネス（システム開発受託事業）に関連する対策

　全社一斉の在宅勤務に向けた環境整備と並行して、2月末から当社グループの主要ビジネスであるシステム開発受託事業（以下「SI事業」という）における新型コロナウイルス対策を開始した。

　SI事業のCOO、執行役員、営業部門および開発部門のすべての部長、法務／総務、情報システム部門でのキックオフミーティングでは、まずCOOから従業員の安全配慮とBCPの観点から開発業務の在宅勤務での実施を最優先課題とする旨発言があり、それを受けて新型コロナウイルスのシステム開発契約への影響と全般的な注意点について法務から説明した。さらに、クライアントおよび外部委託先との契約条件の確認の流れと交渉が必要となる場合の進め方、外部委託先への各種情報機器等の貸与に関する誓約書等のドキュメント作成とその利用方法、さらに開発業務の在宅勤務での実施におけるセキュリティリスクなど具体的な項目につき、メンバーと認識のすり合わせを行った[1]。

　なお、当社グループでは2年ほど前から在宅勤務やフリーアドレス導入を進めており、ノートPCの支給、Slackやビデオ会議システムの全社導入などある程度の社内インフラが整っていたことに加え、全社一斉での在宅勤務体制への移行に伴う課題が出てきた場合でも社内リソースによって速やかに解決できた（たとえば、外部委託先に発行するためのVPNアカウントが不足し、かつ、負荷がかかりすぎて回線の速度が遅くなったが、外部サービスの追加契約には時間がかかりすぎてしまうという課題が出てきたが、社内エンジニアが情報システム部門と連携して数日以内に自前のVPNサーバーを立ち上げて回避策を用意した等）ことから、キックオフミーティング以降しばらくはあまり法務の出番はなかったのだが、クライアントからの要請による開発プロジェクトのスケジュールや業務内容等に関する変更契約等への対応が増えつつある。

1）　システム開発における新型コロナウイルス対策については、当社顧問である中村・角田・松本法律事務所中島正裕弁護士のNBL1169号（2020年）の論稿「新型コロナウイルス感染症の蔓延期における長期契約の継続方法──システム開発取引を題材に」が参考になると思われる。

(3)　バックオフィス業務に関連する対策

　3月下旬に入り全従業員の在宅勤務の義務化の可能性が高まったため、主に経理部門と連携しつつ社内申請や契約関連での特別対応などの対策の検討を始めたが、特に課題となったのは、契約書、発注書、請求書等の紙への押印手続である。

　当初は経理部門との調整で提出期限をできる限り遅らせることや交代での出社などで対応することを想定していたのだが、緊急事態宣言下での従業員の安全配慮の観点から、電子契約や電子印鑑のクラウドサービスの導入に踏み切ることにした。導入までのスピードが最も重要となる状況であったため、影響の大きいリスクをピックアップして優先的にコントロールしつつ、影響の小さいリスクやオペレーションの細かい部分は導入後の運用にて適宜アジャストしていくという方針とし、導入検討から承認フローやアカウント管理等のオペレーション整備、社内ルール変更、契約書ひな形の文言修正、社内周知を経て、電子契約サービスについては3日間、電子印鑑サービスについてはベンダーによる印鑑データ登録作業の完了を待って10日間で導入することができた。

　導入検討を開始した段階ではすでに法務メンバーの過半数が在宅勤務に移行していたため、他部署との調整も含めてほぼすべてのやり取りをビデオ会議とSlackで行ったのだが、このようなツールを普段の業務において活用していたこともあって比較的スムーズにオンラインでの導入準備を進められたのではないかと考えている。

　また、過去に電子契約サービスの導入を検討していたこと（当時は紙への押印との併用による事務コスト増加の観点から導入は見送ることとした）、導入検討開始の翌日には当社監査等委員でもあるTMI総合法律事務所大井哲也弁護士から社内ルール変更等についてのアドバイスをいただけたこと、従前からほぼすべてにつき法務が確認して押印するという手続であったため、フロー全体を大きく変えず一部のみ微調整してクラウドサービスに置き換えることで法務がリスクをコントロールできる形を取れたこと、契約書管理等についてリーガルテックサービスを導入しておりアカウント管理やオペレーション整備など法務がクラウドサービス導入を独自に進めるために必要なノウハウの蓄積があったことなども、押印手続の電子化をスムーズに進められた要因であったといえる

だろう。

　承認者や従業員向けの事前説明などの時間は取らず、Slack での周知からいきなりの導入であったため、導入から数日間は当初想定していなかったいくつかの課題が出てきたものの、法務メンバーが利用者からの問合せなどに迅速に対応してシステム設定や承認フローを微調整することで、現在は安定的に運用できている。

　ただ、導入して安定的に運用できた段階ですべてが完了したわけではなく、今後の状況の変化に合わせた更なる微調整や業務効率の観点からの改善は継続して必要であり、現在の運用状況の分析など、次のフェーズでの対応への準備を始めている。

(4)　社会貢献──Social Good に向けた取組み

　全社的な在宅勤務への移行の目途が立った 3 月末から、グループ CEO の主導により、ステークホルダーへの心配りと連帯を重視しつつ、当社グループの本業を活かした社会課題解決への貢献を目指した活動を開始した。複数のプロジェクトが同時進行中であるが、その中ですでにリリースされている活動のうち、法務として関与したものを 2 つ取り上げる。

　1 つ目は、ワインバーやワイン関連のメディア事業等を運営する企業による飲食店支援プロジェクトへのスキーム構築やサービス設計の支援で、このプロジェクトへの支援に先立ちプロジェクト担当者からこの取組みにおいてどのような契約を締結するべきかという相談を受けた。非営利での支援でありあえて広い免責を確保することはこの活動の趣旨に合わないこと、関与形態も当社側でリスクをある程度コントロールできると考えらえることから、想定される法的リスクを説明しつつ契約締結は不要でプロジェクトを早く進めるのがよいだろうと担当者にアドバイスし、その後もサービス名称と商標に関する相談を受けるなど、随時法務としてサポートしている。

　2 つ目は、農水産物流通ソリューション事業を手がけている当社のグループ会社が中心となって立ち上げた生鮮食品の通販サイトで、新型コロナウイルス感染拡大でスーパーマーケットなどでの買い物に不安がある消費者と、外食需要の低下により飲食店などに供給されず余った生鮮食品を ICT でつなぐことを

目的としている。このプロジェクトのためにグループ各社から担当者を集め、プロジェクトチームを組成したのだが、ほとんどのメンバーが在宅勤務であり、キックオフミーティングもビデオ会議というこれまでにない形でのプロジェクトであった。法務も当初からこのプロジェクトチームに加わり、構想からサービス提供開始まで約1週間という短期間で進めることができた。このプロジェクトにおいて、法務としてはサイトの商標調査や利用規約や特商法表記、プライバシーポリシー作成だけではなく、スキームの設計段階からディスカッションに加わり、プロジェクトメンバーの一員としてリスク低減のための修正スキームの提案なども行っている。なお、今回の通販サイトにおいては、第1フェーズでは会員向けサービスなどは提供せず、個々の注文単位で完結するスキームであるため、あえて利用規約という形式のドキュメントは作成せず、ガイドページやFAQなどに取引条件等を記載するという形式をとり、第2フェーズ以降での継続的な会員サービス提供開始のタイミングで当該スキームに応じた免責事項を盛り込んだ利用規約を策定し、会員ユーザーの同意を取得するという方針としている。

　法務がすべての案件においてこのように関与することはリソースの限界もあるため必ずしも効果的ないし効率的ではないのだが、今回の危機下での社会貢献や既存事業とは異なるビジネスモデルの立ち上げなどのように、状況の変化への対応のために少しでも早く開始することに大きな意義がある場合には、初期段階から法務がプロジェクトチームに参加し他の部門のメンバーとディスカッションしつつ進めていくことで、リスクを可能な範囲で抑えつつ、事業部門のスピード感に合わせた対応ができるのではないかと考えている。

3 BEFORE Corona──法務におけるイノベーション促進のための施策

　新型コロナウイルス対策は現在進行形で進めているところで、これらにおける法務としての対応の詳細な振り返りはこれからではあるが、これまでの対策においてイノベーション促進のために法務が進めていた施策が活用できたと思われるものがいくつかあった。変化の激しい状況における経営陣や事業部門からの要請に法務として素早く適切に対応するための体制を整えるという方針で進めていたものであるが、具体的な内容を以下にまとめる。

　なお、当社グループにおいては、『ICT技術を駆使し、長い歴史と文化をもつ「レガシー産業」の変革を支援することでイノベーションを起こす』という方向性を打ち出していること、また、社名の由来[2]にもあるとおり、プロフェッショナリズムとフェアネスを重視する企業文化が背景にあるため、経営陣からの法務への期待と信頼は大きく、法務からの意見に真摯に向き合ってもらえる一方で、法務もプロフェッショナルであること＝依頼を待ってそのまま答えを返すのではなくより広く深く課題解決のために真摯に自ら動くという姿勢を求められる環境であることも、これらの施策の推進に大きく影響している。

　これらの施策はあくまでも当社グループにおける事情をベースにした個別の調整・検討の結果であって、そのまま他の組織に適用しても機能しないことが多いとは思われるが、各社での取組みの参考にしていただければ幸いである。

(1)　意思決定の迅速化と社内ルール策定／変更への関与

　イノベーション促進のためには、何よりもまず適切なリスクテイクを前提とした迅速な意思決定が重要となる。そこで、取締役会事務局である法務と経営管理部門とで連携してグループ全体の会議体の決議事項および報告事項を整理し、社内取締役と執行役員で構成される経営会議を廃止すると同時に執行に関する事項についてはCEOやCOOへ権限移譲することで意思決定の迅速化を図った。また、部長以上が参加するCOO主催の定例会議を執行に関する実質的な議論の場と位置付けるとともに、この会議体に法務が事務局として参加することで取締役会との連携を図っている。

　さらに、新しい取組み（特にオープンイノベーションを目的とする外部パートナーとの連携など）において情報セキュリティのルールとの抵触が課題となることが多いことから、情報セキュリティ委員会の事務局を情報システム部門から法務に変え、情報システム部門のリソースを社内インフラ構築・改善に集中させるとともに、情報セキュリティに関するルールについて全社のリスクマネ

2）　創業者が独立前のエンジニア時代に、シリコンバレーのLaw Firmの弁護士たちが法律を軸にそれぞれの専門知識をもって高度なサービス提供をしていることに感銘を受けたことから、独立時にTechnologyのプロフェッショナルとして高い専門知識をもち顧客サービスを提供していきたいという思いを込めて「Techfirm」という社名とした。(https://www.pr-table.com/techfirm-hd/stories/1796)

ジメント担当部署である法務が各部署間の調整を行いつつ既存ルールの解釈・適用やルール変更について整理することで、セキュリティリスクを踏まえた意思決定の迅速化を図っている。

　この情報セキュリティのルール変更に関する整理は、ビデオ会議システムの導入やBYODの一部解禁などの今回の新型コロナウイルス対策において有効に機能しているように思われる[3]。

(2)　事業部門／管理部門との協働

　適切なリスクテイクのためには、社内外のさまざまな情報を整理してリスク分析を行い、これをもとに意思決定することが重要であるが、法務に相談が来るのは最終段階になってからのことが多く、その段階で法務からコンプライアンスリスクや法的リスクに関するコメントや提案をしてもちゃぶ台返しと取られてしまう。

　このような状況を改善しつつ組織として適切なリスクテイクができるよう、法務相談を受ける前の段階での情報収集の手段として、事業部門および管理部門の各部長約20名と毎月1回30分程度の1on1ミーティングを実施している。テーマを法的な事項に絞りすぎてしまうとあまり情報が出てこないため、全社のリスクマネジメントに関するヒアリングとしつつ、取り扱うリスクを当社グループ売上高／利益の〇％以上の影響を与える可能性があるビジネス上のリスクとコンプライアンスリスク、紛争等の法的リスクという風に広めに設定している。また、それ以外にも全社的な課題や方針、日常の部門マネジメントにおける悩みなど、あえて他の話題にも触れつつ、気軽に情報交換する場としている。クライアントとの関係やプロジェクトにおけるちょっとした悩みから法的リスクへの懸念などが出てくることもあり、その場で軽くアドバイスするだけで当該部長の決裁権限の範囲ですぐに解決できるケースも多く、その場で解決できないケースでも法務に具体的な相談が来る時点でかなり情報が整理されていたり、有効な解決策をアドバイスできる余地が残っていたりすることも増えてきている[4]。

3）　このようなルールの導入にあたっては、内部監査との連携も非常に重要なポイントである。

　また、社内ルールが現状と合っていないことや管理部門への要望などが出てくることもあるのだが、必要に応じて経営陣や管理部門と連携することで課題解決や状況改善につなげることもできるため、双方にとってメリットのある形になってきていると感じている。

　今回の新型コロナウイルス対策においても、継続的にこの1on1ミーティングは実施していたが、クライアントとの調整についてのより具体的な相談などを受けることも多かった（そのときのアドバイスがどれくらい役に立ったのかはまだ聞けていないのだが。）。

(3)　定常業務の効率化とリーガルテック導入によるリソース確保への取組み

　法務としてイノベーション促進のための施策を進めるには契約書関連業務などの既存の定常業務を効率化してリソースを確保しこのような施策に振り分けていくことが必須と考えており、リーガルテックをはじめとするクラウドサービスの導入を進めていた。契約書の原本管理、契約書レビューのバージョン管理などについてクラウドサービスを導入し、またメールベースでの法務相談の受付をSlackのワークフロー機能などを使うことで、業務の効率化を図っていた[5]。

　このような取組みにおいて重要となるのは、既存の業務をそのままクラウドサービスに乗せ換えることはせず、他部門との連携など一連の業務フロー全体を分析し、既存業務のうち重要度が低いものや業務の趣旨が曖昧になっている部分は思い切って廃止し、当該クラウドサービスの特性に合わせて最も全社的にパフォーマンスを発揮できる新しい業務フローとオペレーションに組み替えた上でクラウドサービスを業務フローに組み込むという視点と、要件整理や社内調整などのシステム開発におけるプロジェクトマネージャー的なスキルである。これらすべてを必ずしも法務で内製化する必要はないが、少なくとも業務の分析と社内調整は法務で担当する必要がある。また、スピード感を持って導

4）　ある程度の決裁権限を有している者との定期的な1on1ミーティングであることが重要なポイントである。

5）　当社グループでのリーガルテックサービス導入事例の一つはこちらの紹介記事（https://note.com/ruc/n/ned925101166c）にまとめられている。

入を進めるにあたっては、アカウント管理などにつき法務でオペレーションを組み運用する体制を整えておく必要がある。

　今回の電子契約サービス等の導入においては、あれこれ試行錯誤して身に付けてきていたこれらのノウハウ・スキルをうまく活用することができたと感じている。

　今後もクラウドサービスの導入等による法務業務の分析・見直しを継続していくことでノウハウ・スキルを蓄積し、さらなる状況の変化があった場合でも、法務として素早く業務や体制を見直し経営陣や事業部門からの要請に応えていくことができるように努めていきたいと考えている。

(4)　外部専門家との連携

　イノベーションの過程において、既存事業とは異なるビジネスモデルや新しい形での既存リソースの組み合わせについての法務相談を受けることが多く、また、そもそも事業環境自体が不確実性の高い状況である場合も多いため、既存の知識や前例だけでは対応できないケースがある。

　社内リソースに余裕があるならば法務で新たにリサーチ・検討したうえでアドバイス・提案などをしていくことも可能ではあるが、どうしても既存事業での対応よりも時間がかかることは否めない。

　そして、当社では法務の社内リソースに余裕はなく大抵は「至急」という相談であることが多いため、このような新しい取組みについては外部リソースに頼ることとし、予算を確保している（もっとも、経営陣や事業部門からは費用対効果についての説明を求められることは多く、その必要性を理解してもらうことは法務責任者の腕の見せ所の一つと言えるだろう。）。

　また、対応の早さも求められることから、複数の外部専門家との間で、以前相談した案件の経過報告なども交えつつちょっとした情報交換（特にこちらからは社内の方針や課題などのアップデートと今後の新しい取組みの可能性について触れておくことは重要である）を図り、依頼の際の社内情報のインプットを可能な限り減らしつつ、複雑な案件においては法務の壁打ち相手にもなっていただけるよう、パートナーとしての相互の信頼関係の構築に努めている。

　今回の新型コロナウイルス対策においても、何件か相談させていただいた

が、いずれも速やかにご対応いただけたことが、短期間でのさまざまな対策の実行につながっている[6]。

(5)　法務からの自発的アクションのための仕掛け

　既存事業とは異なり、イノベーションの過程においては事業部門も手探り状態で、前例や過去データが意味を持たない状況であることも多く、事業リスクについてさえ事前に明確化しておくのが難しいケースも見受けられる。このような場合に、法務がポイントを明確にした相談を待って回答しているのでは、大きな手戻りが発生してしまう可能性が高い。

　一方で、法務がプロジェクトの早い段階で積極的に関与し、自ら情報を収集しつつ自発的に提案を行うことで、事業部門が認識していなかったリスクへの対応策を盛り込みつつも、素早く事業をスタートできるケースも多い。

　煙たがられないように日頃からのコミュニケーションと信頼関係構築に努めておくのは大前提ではあるが、それでも法務として通常の業務をこなしているだけではいきなり自発的なアクションを起こすことは難しい。

　担当者の適性など個別の事情に左右されるところが大きく、必ずしもすべてに共通するような正解は見い出せない課題ではあるが、当社法務での試みとして、事業部門がイノベーションに取り組もうとしている分野における法的課題などをまとめたサマリーをSlackで全社宛に定期発信するようにしている。ここで重要なことは、事業部門の関心がどこにあるのかを法務が自発的に考えた上で、いかに彼らにとって有益な情報を提供できるかを工夫することと、当該情報発信へのフィードバックをもらい事業部門の狙いや懸念を知っておくことである。それなりに信頼関係が築けているのであれば、このような情報発信は事業部門からの早めの相談のきっかけになるケースもあるため、もうしばらく継続してみて効果を検証したいと考えている。

　今回の新型コロナウイルス対策においては、法務からの情報発信に対して社会貢献のプロジェクトチームから構想前の段階での相談がいくつもあり、そこでのアドバイスを踏まえつつプロジェクトを進めてくれている。

---

6)　在宅勤務中であったにもかかわらず、こちらからの相談に対して事務所に出社して資料を調べ、翌日にはコメントを返してくださった方もいた。

4　AFTER Corona──新しい社会課題への法務としての対応

　AFTER Coronaのニューノーマルについての議論はまだ始まったばかりで、実際にどのような世界になっていくのかは誰も予測できないが、当面の間は不確実性の高い状況が続くとともに、この状況が続くことによって人々の価値観や行動は変容しBEFORE Coronaとまったく同じ状態に戻るということはないだろう。また、これらの変化に伴い、新たな社会課題が生まれ、それに対応するために多くの企業において働き方や既存のビジネスモデルの見直しを迫られることも考えられる。

　法務としても、AFTER Coronaに向けて、このような世界の変化に対応できる組織体制と法務業務の見直しと企業のビジネスモデル変革を法務として支援していくことが重要になると思われる。

　前者についてはリーガルテックの導入なども含む新たなテクノロジーを活用しつつ、組織体制と法務業務を状況に応じて素早く微調整していくためのノウハウ・スキルを蓄積しておくこと、後者については不確実性の高い状況＝リスクが変動していく状況における柔軟かつ適切なリスクマネジメントを支援しつつ、経営陣・事業部門、そしてステークホルダーのプロフェッショナルなパートナーとして新しい社会／価値を共に創り上げていくという新たなマインドセットのもと、法務としての専門知識と論理的思考を軸にこれらの動きにおける方向性・方策を示すコンパスとしての役割を果たしていくことが重要になるだろう。

　変化に対応できない者は取り残されていくのみ、当社法務においても自らアクションを起こし変化に対応しつつ、これからの社会課題の解決／新たな価値の創造のために貢献していければと考えている。

（にしたに・かずおき）

11 法務担当者は 生き残らねばならない

望月治彦　三井不動産株式会社 総務部 法務グループ

> 岬に出る繁みのくらやみの向こうには必ずひろがっている
> はずの海の気配を確信するものの手つきで、人間がひとつ
> の病をどのように〈それ以上のもの〉への出口に転回する
> ものかを探り当てている。
> ──見田宗介『白いお城と花咲く野原』（朝日新聞社）

1 法務は会社の最後の守護者（ガーディアン）であるということ　生き残るということ

　春のお彼岸の三連休の街には、人があふれていた。新型コロナウイルス対策のため、大人数での食事、会合を会社は禁止しており、時差出勤の推奨、在宅勤務も無制限となってほぼ1か月が経過していた。学校も閉鎖され、子供たちは家の中で待機することを余儀なくされていた。感染者数は、中国や韓国ほど増えていなかった。人々には、自粛疲れ、何とかなるという緩みが見えていた。

　しかし、3月19日に発表された厚生労働省専門家会議は、「今後、地域において、感染源（リンク）が分からない患者数が継続的に増加し、こうした地域が全国に拡大すれば、どこかの地域を発端として、爆発的な感染拡大を伴う大規模流行につながりかねない」[1]と強い危機感をもって警告をしていた。客観的には危険はまったく去っていないのだ。

　連休明けのグループ会で、私はメンバーを前に危機感を訴えた。在宅勤務だって、グループの中で1、2名が、一日の勤務の一部だけを散発的に試しているというレベルにとどまっていたにすぎない。このままでは、日本も中国や韓国のようになって、皆感染してしまう。そうなれば、会社、ひいては日本社

---

[1] https://www.mhlw.go.jp/content/10900000/000610566.pdf p.5

会の機能が停止してしまうのではないか。

　法務は会社にとって、最後の守護者だ。守護者たる法務のメンバーが感染し、機能を果たせなくなれば、会社が終わる。これからは、どうしても出社しなければならない場合を除き、在宅で仕事をしてもらいたい。感染リスクをできる限り減らしてもらいたい。

　指示の翌日の午後、在宅勤務奨励（出社には所属長の許可が必要）という通達が出された。もっとも、３月末の時点でも全社的には在宅勤務率は２割弱に留まり、意識が完全に切り替わるのは政府が緊急事態宣言を出し、より厳格な実質出社禁止・在宅勤務強制となってからであった。

　４月に入って、全員在宅となり、年度初めてのグループ会はオンライン会議となった。

　毎年年度初めには、グループの年度方針として、昨年度の実績を踏まえ、会社の経営方針を法務にブレイクダウンをして展開した年度方針を話す。しかし、数週間前とまったく変わってしまった職場環境、業務状況を前に、コロナ禍にどう対峙するかということに当面は特化せざるを得ない。

　そこで、年度初めに

　"生き残る"

　ということを話した。

　まずは、自身、そして家族が生き残ること。感染せず、万一感染しても重篤化せず、人に感染させない。感染症に罹患しないだけでなく、心身とも健康を保つために何をすればよいか考え、実行する。

　次に、会社の機能をどう維持し、コロナ禍が去った後のダメージを少なくし、その後の反転につなげる。それを通して、社会が生き残ることを画策する。

　企業内法務として、会社の守護者であり生き残らせるということとはどういうことなのか。どういう実践があるのか。会社がコロナ対応を最優先課題とした３月下旬からの取り組みを通して気づいたことを記していくこととしたい。

2 情報の共有化を図る

　関係施設、従業員における感染情報から、施設の消毒、閉鎖、再開方針、それを踏まえた公表方針を定める必要がある。定めた方針に基づき、取引先、行

政とも折衝し、その動向を踏まえた行動の修正を図らなければならない。

さらに、これら直接的な対応に加え、医療従事者をはじめとするエッセンシャルワーカーへの支援、事業の関係者その他ステークホルダーに対する取り組みも逐次策定、実行していかなければならない。

日々状況が変わり、それに合わせた迅速な判断が必要である。

このような状況では、おのずと経営や事業ラインとの一体感を持って、法務もその役割を果たしていくことが必要になる。私自身、3月末以降、ほぼ毎日、経営者との情報共有会議に参加し、必要に応じて法的課題については発言や問題提起をするようになった。皮肉なことに、経営との距離は、コロナによって今までになく近くなっている。

また、法務組織内の階層に応じて情報のルートは異なり得るので、管理職しか知らない、担当者しか知らない、ということでは、法務組織としても一体的な機能を果たし得ない。全員が在宅勤務なので、意識的に情報を公開し共有することが必要である。当社はたまたま昨年からMicrosoft Teamsを使った社内コミュニケーションが導入された後だったので、オンライン会議、チャット、スレッドを使った情報の共有をすることができた。反面、オンライン会議での参加者は増え、時間も伸びてしまい、情報共有の効率性という点では課題が残っていると感じる。

3 大きな行動原理に基づいて考える

3月から4月にかけての感染拡大期においては、次々と発生する陽性判明者、濃厚接触者への対応に追われた。会社の運営する施設で働く人たちや従業員に感染者等が発生した場合に、施設を閉鎖するのか、感染等を誰に、どの範囲で告知するのかといった判断を極めて短期に迫られた。

新型コロナウイルスの脅威がどの程度かわからない中で、場当たり的な対応は避けるべきであると考えた。そこで、最初の段階で、大きな行動原理を整理して、その後の対応は、その原理に照らしてどうかというところから判断するようにした。

行動原理としては次の3つである。

第1に、感染者、濃厚接触者の人権を守るということ。新型コロナウイルス

に対する対応は、感染症法と新型インフルエンザ特別措置法の定めた枠組みに従って行われている。感染症法の全文は、日本国憲法、教育基本法と並び、前文を置く珍しい法令である。

> 人類は、これまで、疾病、とりわけ感染症により、多大の苦難を経験してきた。ペスト、痘そう、コレラ等の感染症の流行は、時には文明を存亡の危機に追いやり、感染症を根絶することは、正に人類の悲願と言えるものである。
>
> 医学医療の進歩や衛生水準の著しい向上により、多くの感染症が克服されてきたが、新たな感染症の出現や既知の感染症の再興により、また、国際交流の進展等に伴い、感染症は、新たな形で、今なお人類に脅威を与えている。
>
> 一方、我が国においては、過去にハンセン病、後天性免疫不全症候群等の感染症の患者等に対するいわれのない差別や偏見が存在したという事実を重く受け止め、これを教訓として今後に生かすことが必要である。
>
> このような感染症をめぐる状況の変化や感染症の患者等が置かれてきた状況を踏まえ、感染症の患者等の人権を尊重しつつ、これらの者に対する良質かつ適切な医療の提供を確保し、感染症に迅速かつ適確に対応することが求められている。
>
> ここに、このような視点に立って、これまでの感染症の予防に関する施策を抜本的に見直し、感染症の予防及び感染症の患者に対する医療に関する総合的な施策の推進を図るため、この法律を制定する。

新型コロナウイルスへの対応においても、まず依拠すべき原理であることを認識しておくべきである。

第2に、安全配慮義務。企業は雇用者や施設の管理者として、従業員や施設の利用者に対して安全配慮義務を負っている。施設の消毒、営業の自粛、閉鎖、感染者情報の公表はすべて、安全配慮義務として相当の水準かという観点から検証する必要がある。

第1の原理と第2の原理とが一見相克することもある。何とか両方の折り合いをつけていくよう考え抜く。

　第3に、上記2つの原理が充足しているということを前提として、経済を回していくこと。経済がきちんと回ることによって、社会の持続可能性を維持することができる。ただし、3月中旬以降、4月中は、まずは感染者等の人権を保護しつつ安全配慮義務を果たすことが先行していた。経済を回していくことは、今後平常生活に戻っていくにつれてより重視されるようになると思われる。

　特に商業施設の閉鎖や感染者情報の公表を巡っては、厳しい非難がSNSなどで見られた。なぜまだ開けているのか、感染者情報を詳細に公表しないのは隠蔽である、などの意見である。施設運営方針、感染者等情報の公表に当たっては、このような非難の存在を意識せざるを得なかったが、しかし、最終的には、いずれの場合も、上記の原理に照らして判断することで、都度決定している。SNSの場合は、強い意見が一見目立つが、それのみに拘泥して判断することは、声なき意向を見失うことになる。そのようなことに陥らないためにも、大きな原理を最初に整理することは有益だった。

④　思考停止に陥らない

　平時においては、経営者はコンプライアンスリスクを営利と秤にかけるな、と言われる。そのことによって、コンプライアンスと聞けば、思考停止になりがちであった。しかし、平時を想定としたいわゆるコンプライアンスは、新型コロナウイルスの感染増加のような有事において、非現実的どころか、感染を助長することになりかねない場合がある。

　たとえば、許認可業種の場合、原則として顧客の役務提供の申込みを拒絶できないとする立法例がある（旅館業法5条、道路運送法13条、医師法19条など）。一定の例外もあるが、新型コロナウイルスを想定した役務提供拒絶は想定されていない。このような中、「不要不急」の利用、発熱者などリスクの高い利用者からの申込みを拒絶することは許されるのか。

　平時の「コンプライアンス」に馴化していると、これらの規制を「破る」ことに経営者も担当者も躊躇してしまう。少なくとも規制当局の確認を得ておきたいという安全策に走りがちである。しかし、行政窓口も、明文で法令上の根拠のない行為にお墨付きをあげることに対しては、躊躇することが通例である。加えて言えば、保健所など、新型コロナウイルス対応に忙殺されている行

政機関には、その他の業法に対応している余裕はないかもしれない。

　また、エッセンシャルワーカーや感染者等への支援が今後求められてくるが、従来贈収賄規制として禁止されていた行為に形式的には該当する類型がある可能性がある。

　これらの行為を、「形式的には違反しているかもしれないが、実質的には違法性はない」と言い切って、あえてこれらの規制を「破る」ことを後押しするのは、社内においてルールを司る法務の役割である。法務が自分で考えて、リスクを取らなければ、今回の新型コロナウイルスのような未曽有の事態に対応することはできない。

　逆に、有事だからと言って、近視眼的な対応をしてしまうことがある。そのような対応の中には、緊急避難としてやむを得ない場合もあるが、その場その場での対応を取れば、逆に将来の事業継続性に悪影響を与えることもある。また、残念なことであるが、有事であることを奇貨として、自己の利益を最大化しようとする輩も存在する。一時の判断で不利益を被ることもあるのである。将来的にどのような影響があるかを、時間のない中で考え抜いて、取り得る最善の方策とその根拠を示していくことも法務の役割である。

　また、前述したように、実質的に考えて「破る」ことが正当化されるルールもあるが、どのような場合でも破ってはいけないルールもある。緊急事態だからといって、超えてはいけない一線を越えてしまうことは、避けなければならない。これは破れないルールだと示し、行動をルールに適合させていく役割もまた、法務が行うべきことである。

　大事なことは、「ルールを破ってもいい」「ルールを破ってはいけない」という判断を、迅速に行わなければならないということである。もちろん、今まではあまり取り扱ってこなかった法令の解釈を即時に行うことは容易ではない。そのような場合であっても、論点については、今までの経験を総動員して、即時に指摘しておくようにしなければならない。その後、文献や弁護士相談を直ちに行って、限られた時間で最善の判断をすることになる。

　その結果、間違った判断をすることを恐れてはならない。間違った場合には、直ちに修正・訂正して、誠実な対応を取り続けるほかはない。

　このような試行錯誤を通して、経営者、事業関係者の信頼を構築していくこ

とが、法務関係者には求められている。

5　自分とは異なる思考様式があることを意識する

　新型コロナウイルス感染者が激増し、経済活動に影響が出てきた当初、不可抗力条項についての論考が出てきたことに私は違和感を持った。海外の契約と異なり、日本の事業者間での契約では、詳細な不可抗力条項が規定されることはあまり多くない。不可抗力事由が発生していると思われる現時点において、過去締結された契約に新たに不可抗力条項を追記することは現実的ではないのに、なぜ不可抗力条項について今語るのか、それらの論考を欠いている人たちは、日本の事業者間の契約慣行を知らないのではないか、という疑問が払拭されなかった。

　不可抗力条項を詳細に規定しない日本の事業者間においては、新型コロナウイルスで発生したリスクを当事者間でどのように分担することが公平かを民法の危険負担の法理などを参照しつつ協議によって決めることとなる。不可抗力条項がないから相手方にリスクの分担を要請しない、ということはない。

　これに対し、不可抗力条項がない限り、双方に帰責性がなくとも履行不能の責任を免れることができないという法文化の下で考えている人たちは、不可抗力条項を突き詰めることは生命線である[2]。彼らにとって、すでに発生したリスクについては、締結された不可抗力条項を何とか自分に有利に解釈しようとすることが合理的な行動である。

　新型コロナウイルス自体は、国籍や人種を選ばないはずであるが、それに伴う人の行動には、文化や制度の影響により異なる様相を見せることになる。様相自体に目を奪われると、本質的に起こっていることが見えなくなることもあ

2）　海外の事業者との契約交渉において、不可抗力条項を巡って数時間の交渉となったことがある。不可抗力の一例として、我が国の国際線の航空便が一定数以上欠航となる場合という規定が示されたが、どこの空港を対象とするか（当時は東京の国際線はほぼ成田空港だけであったが、羽田空港や他の空港で国際線が出た場合はどうするのか）、便数および運行状況はどのような根拠をもって示すか、その根拠（たとえば国際線の時刻表）が出版停止となった場合はどのようなルールをもって新しい根拠となすべきか、などなど話はどんどん微細な方向に向かっていたところで、相手方のビジネスのトップが交渉の席に戻ってきて、そんな下らんことはやめて飯を食いに行こう、と言われ、不可抗力条項がそれ以上詳細にならずに済んだ。不可抗力と言わざるを得ない状況である今となっては、彼らが規定されていない不可抗力の主張ができないゆえに、そこまでこだわるのだ、ということがよくわかる。

るのだ。

　自らの価値観、思考様式に囚われず、物事の本質を見極めて、相手の思考様式を理解することの重要性は、海外進出に当たって法務担当者にも求められてきた。新型コロナウイルスに対する対応においても、同じ事象に対して異なる思考様式があることを認め、自らの思考様式を相対化して対処していく必要がある。相手方にも、自分たちの思考様式が異なるということを認識させる努力が必要である。相手は異なるということを理解することの意義は、双方が認識してこそ生きてくるのである。

6　基礎に立ち返る

　以上述べてきた心得のようなものは、新型コロナウイルスによるリスクの顕在化により新しく出てきたものではない。自分で考えて、無駄なルールは排斥し、守るべきルールは守ることや、自分とは異なる思考様式があることを理解すること、時間の制約のない中で迅速な判断を行うが、もし間違っていた場合には速やかに修正を図ることは、平時から、法務を企業内で担う者が意識しておくべきことである。また、組織内の情報の共有・フラット化を図ること、経営との距離を近づけることも、平時から実行しなければならないことだった。

　確かに新型コロナウイルスは、現在に生きている我々のほとんどにとって、初めての経験である。しかし、それに立ち向かうために、新しい奇手があるわけではない。愚直に基礎に立ち返り、向き合っていくことが、未曽有の疫病禍に対する方策である。

7　そして、疲れたら怠けることも必要だ

　最後に、在宅勤務は仕事とプライベートとの区分を曖昧にさせる。私自身はもともと、「労働」と「仕事」と「私事」との３つに分けた生活をしてきた。法務関係ではあるが、勤務先の業務とは直結しないことは、「仕事」でもあり「趣味」でもあった。しかし、ずっと家にいて、これら３つが混在する生活が続くと、心身の均衡が保てなくなってくる。

　また、オンライン会議をすると、背後で子供が大声で話している人がいたり、夕方の一定期間連絡が取れなくなって、業務終了かと思ったら、夜中に復

125

活してメールを送ってくる人がいたりする。家庭の顔と仕事の顔とが切り替えられないまま両方が進んでいき、疲労が蓄積している人が増えていることを感じる。

　日本の労働法制は、工場労働者に対する規制から出発したから、職場での仕事と家庭とを峻別するようになっているが、有事における在宅勤務に当たっては、峻別できる環境にない人が多い。どうしても切り替えできない場合は、業務時間中に少し休んだり、家事をしたりして気分転換を図りながら、ゆるゆると進めていく他ないのではないか、という感覚を個人的には持っている。

　ともにいきぬきましょう。

（もちづき・はるひこ）

12 法務部門の責任者としてどう考えたのか
──先例なき時の羅針盤、インテグリティ、
あてはめ、人との関係

中川裕一 ダノンジャパン株式会社 法務・コミュニケーション部
ジェネラルカウンセル兼クラスターコンプライアンスオフィサー

> 悪いニュースのほうが広まりやすいと心得ておけば、
> 毎日のニュースを見るたびに絶望しないですむ。
> ──ハンス・ロスリングほか『FACT FULLNESS（ファ
> クトフルネス）』（上杉周作＝関美和訳、日経BP社）

筆者は、2020年（令和2年）の1月下旬に新型コロナウイルスが中国武漢市で広まり始めている話を聞いたときに、正直なところ世界中に拡がり、ここまで長期化するとは思いもよらなかった。

2月に入り、中国から入ってくる情報を総合すると、かなり重い疾病であることが理解でき、日本においても準備を始めなければならないと感じていたが、企業内法務として、正直なところ何をどう準備すればよいのかが分からなかった。

1 はじめに

何か大きなことが発生すると、企業内法務や弁護士などの法律実務家達は、本能的に先例を探してしまう。それが法律実務家たちの自然な行動なのだろう、筆者がアメリカの法科大学院に学んでいた頃には、コモンローはstare decisis（ステアリー・ディサイシス。ラテン語で先例拘束の原則という意味で、英語ではdoctrine of precedent）が重要だと何度も学んだ。海外でも日本でも法律を学んだ人達には、どこかに先例を探す習慣があるのだろう。

今回のような先例のない事態が発生したときに、企業内法務の責任者として、どのように考えて、経営層などに助言していくべきなのかを考えていていきたい。本稿を書いている2020年の5月初旬の時点では、事態が終熄してい

るわけではなく、筆者自身も手探りで対応している日々であり、ここに書くことが正解であるかどうかもわからないし、むしろ後から考えると失敗だったと思うことになるかもしれない。ただ、初期の段階でどう考えを持っていたのかを記録に残すことは、意味があるのではないかとも考えており、ここに書き記すことにする。なお、本稿に書いていることは筆者個人の見解であり、現在・過去に所属した組織や企業などの見解ではないことをあらかじめ記しておく。

② まず考える

本格的に新型コロナウイルスの国内外での蔓延の可能性が高まったときに、はて、どうしようかと考え始めたが、通常の業務もあり、なかなかじっくりと腰を据えて考える時間を持てなかった。余談であるが、現場で切った張ったをしている頃は、法務部門の責任者になれば、自分の時間で仕事ができて、週末もゆっくりできるかなと思っていたものだが、まったくそんなことはなく、むしろ忙しくなり、四六時中何かに追われて、難しい決断を迫られ、若い頃と変わらず全力疾走の日々である。筆者は、現場での臨床法務のほうが得意だったので、今回の新型コロナウイルスについても今までの経験値である程度は対応できるかもしれないと高をくくっていた。ところが、2月の半ばから入ってくる情報を勘案すると、これは大ごとになるのかもしれないと思い始め、しっかりと頭を整理して危機に臨むべきだと考えを改めた。

先例はないかもしれないが、アメリカの作家マーク・トウェインが「歴史は繰り返さないが、韻を踏む」と言っていたし、類似するケースもあるのではないかと思い、令和最初の天皇誕生日だった2月23日の半日を考える日にあてることにした。責任を持つ立場になると、時間の許す限りで沈思黙考する時間が必要になる。

最近、筆者は考え事をするときには、漠然と考えるのではなく、考えることだけに集中するようにしている。気が散りそうなデジタル機器類を身のまわりから排除して、ロルバーン・ランドスケープ・デスクという大判のリングノートに向かい、まずは鉛筆で思いついたことをランダムに記載し、その後ロイヤルブルーのインクを入れた万年筆で追加の考えや考察を加えることにしている。これは筆者がアメリカの大学時代にライティングの授業で習ったブレイン

ストーミングの応用で、いろいろと書き出すことで、頭の中にあるさまざまな言葉やモヤモヤを分解・整理することができる。普段は完全なるデジタル派であるが、考え巡らせるときだけは未だに紙と鉛筆派である。

　まだ外出自粛の前だったので、近所のスターバックスコーヒーに入り、鉛筆書きで、思いついたことなどをある程度書きとめて、家に戻って書斎の机で万年筆を用いてさらに考え方を足していった。

　まず、参考になりそうなことが2つ筆者の頭の中から浮かび上がり整理できた。1つは、2011年3月11日の東日本大震災での実体験と、もう1つは2008年から2009年にかけて首都大学東京で学んだ「総合危機管理講座」での座学での内容だった。

③ 2011年3月11日

　新型コロナウイルスを対処するにあたり、1つめに参考になったのは、東日本大震災の経験であった。東日本大震災発生時には、筆者はユニリーバ・ジャパン・ホールディングス株式会社の法務グループに所属しており、当時は取締役・ジェネラルカウンセルの北島敬之氏（現在、代表取締役・ジェネラルカウンセル）の直属の部下だった。大地震、大津波、さらには原子力発電所のメルトダウンや放射能漏れなど、前例のない事態が発生しているときに北島氏がジェネルカウンセルとして、どのように考え、判断しているかを間近で見ることができた。

　マネジメントや社内クライアントからの相談に、法律や判例的なアプローチで判断できない時には、北島氏は、ユニリーバの当時のCode of Business Principles（CoBPと略していた）と言われている企業行動原則をもとに判断していた。ご本人は意識していたのかどうかはわからないが、かなり自然に、先例のない事案が発生しているときには、「企業行動原則の観点から判断しましょう」と発言されていたのが印象的だった。これから自社がしようとすることを、行動原則に当てはめて考え、それが正しいのか否かを判断していたのは、とても印象的だった。後にベン・W・ハイネマンJr.氏も同じようなことを言っていて、それをハイネマン氏は「Is it right?（それは正しいか）」と書いていた。ついつい企業内法務ではこれは法的にどうなのかと考えるが、まずは実

施しようとしていることが、正しいのか否か、その正しいかどうかの判断基準は、自社の行動規範やインテグリティ（企業文化と『企業法務革命』では訳している）をもとに判断することになる[1]。

　経験したことがないような事態が発生したときに、人はとっさに自らの倫理観に基づいて判断をすることになると思うが、企業も同じで、企業の持っている倫理観や価値観で行動を決めるべきであり、企業は、先例もなく、法律や規制での決まりもない、ましてや政府や行政機関などがガイドラインなどを出すまで待っていられないような場合には、まずは企業の行動規範やインテグリティポリシーなどをもとに、優先順位や何をすべきかを考えなければならないということを東日本大震災の時に教わった。

　9年後の2020年2月、筆者はユニリーバと同じビルに入るダノンのジェネラルカウンセルとして、経営層へ意見する立場になっていて、最初に思い出したのは2011年の時の北島氏の行動だった。自社の行動規範等に照らし合わせれば、最初に守るべきは従業員の安全で、次に事業の継続である。事業の継続とは製品を作り、お客様に届けることであり、その点に重きを置くべきだと理解し、筆者は経営に助言をしていった。

　このような時に、「キャッチコピー」になるような言葉もこちらで用意しておかねばならないと考えている。これは、高木徹『国際メディア情報戦』（講談社現代新書、2014年）から学んだことである。高木氏は、同書の中で「サウンドバイト」とか「バズワード」という、PRの世界では短い言葉で情報の受け手に理解できるような言葉を用意すると書いており、これを応用した考えで、「行動規範に則り判断する」という言葉をいろいろなところに意識的に用いていくようにした。

　自社が何をしたらよいかと迷ったときには、自社の社是、行動規範、インテグリティなど呼び方はさまざまであるが、その会社の持っている本質的な倫理基準や企業文化に立ち返るべきである。同じように考えていた人達も多かったようで、たとえば、筆者の自宅の近所のスーパーマーケットのチラシは、普段であればおすすめの食材や特売の商品などが記載されているのだが、今回の緊

1）　ベン・W・ハイネマンJr.著、企業法務革命翻訳プロジェクト訳『企業法務革命——ジェネラル・カウンセルの挑戦』（商事法務、2018年）3頁。

急事態宣言、東京都の緊急事態措置が出ている間は、自社の理念などを語る広告に切り替えていて、在庫を切らさずに営業すること、手頃な価格で消費者に販売することが自社に与えられている責務だという旨を書いていた。

4 過去のノートとあてはめ

　参考になったもう1つは、2008年から2009年にかけて首都大学東京で「総合危機管理講座」という講座で学んだ内容である。この講座は、警察、消防、自衛隊、防衛省、都の行政機関の職員や民間の危機管理の担当者向けに、さまざまな危機管理に知見のある人達から講義を受ける形式で、主催者は、当時都知事だった石原慎太郎氏と元内閣安全保障室長で、日本の危機管理の父と言われた故・佐々淳行氏だった。筆者は、長らく佐々淳行氏を私淑していたことから、この講座が開講されることを知った時に手紙を佐々氏に書いて、どうしてもこの勉強会に参加させてもらいたいこと、企業内法務でも危機管理の専門家は必要だというようなことを書いて参加を許可してもらった。それから約1年間にわたり週1回座学やロールプレイングで危機管理を専門家達から学んだ。

　偶然、筆者は2019年の年末に、ここ数年間のたまりにたまった書類をスキャンしていた。そのスキャンした書類の中に「総合危機管理講座」の講義でとっていたロディアのリングノートも含まれていた。すでに電子化されていたので、すぐに検索することができ、2008年12月10日に東京都の危機管理監から説明を受けたことが記されていた。12年前のノートには、新型インフルエンザが蔓延した場合に、東京都がとる対策、個人でできる対処などについて子細に記載されていた。

　当時東京都の考える危機は、大規模地震、新型インフルエンザ、ゲリラ豪雨の3つだったようで、その説明を受けた。新型インフルエンザが発生した場合には、日頃から手洗いを徹底し、石けんで手洗いをしたのちに15秒くらいは流水でしっかりと洗い流すことを徹底すること、体調の悪い人は出勤しないように、企業ではそのような体調の人には出勤に及ばずと伝えるように依頼する予定であること、感染予防のために規則正しい生活をすること呼びかけること、パンデミックが発生したら、2週間程度は自宅待機をしてもらい、人と人との会う機会を減らし、人と人の間は、2メートル程度の距離を空けること、

スーパーマーケットや食料品店は開き、それ以外の店舗は閉めてもらうことを考えていること、一定の期間を置いて第二波、第三波があることなどの説明を受けていた。さらには、都としては情報をオープンにして、情報を提供するという話もしていた。

　筆者は、今回の新型コロナウイルスの蔓延についても、東京都は新型インフルエンザの時と同じような対応をとるであろうと予測し、これらの情報を整理して、実際の状況にあてはめをすることにした。あてはめは、法律実務家達が持っている能力であるが、この能力は法律、判例、執行例への適用だけではなく、こういったリスク判断や予測などにも筆者は応用できるのではないかと考えており、過去の事実関係や経験などをある程度抽象化し、転用して、筆者の言葉にした上で自らの意見としていくときに有効な手法だと、今回改めて感じた。

5　役に立ったこと

　このような状況下において、非常に役に立ったのは、普段から構築されていた人と人との関係であった。ソーシャルディスタンスを要求される現在ではなかなか直接会うことはできないが、テクノロジーを用いての会議や会談で意見交換ができた。

　まず、現在筆者の所属している企業では3月から2週間に一度程度の割合で、グローバルジェネラルカウンセルズ会議をビデオ会議システムを用いて開催している。本社のジェネラルカウンセルの声かけで始まったもので、今まではグルーバルリーガルミーティングなど、どこかの都市で開催していた会議を電子的に開き、アジア、ヨーロッパ、アメリカなどの時差を考えて、日本時間21時頃から開催している。自宅から世界各国にいるジェネラルカウンセル達が参加し、起こっている問題を共有し、意見交換し、見解を統一させるなどしている。驚くことに、世界中で企業内法務が抱える問題が類似しており、この意見交換は大変有益だと考えている。従業員の安全、BCP[2]、インテグリティとの整合性、個人情報保護の観点、独占禁止法上の注意点、不可抗力などにつ

---

2)　Business Continuity Planの略で、事業継続計画のこと。

いてどう考えるべきなのかなどを議題にして意見交換をしている。

　さらには、筆者が長年所属する経営法友会や国際企業法務協会などで知り合った仲間達や、留学仲間達との意見交換も、テクノロジーを用いて活発になってきたし、以前から付き合いのある日本の法律事務所や、海外の法律事務所も、今回の新型コロナウイルスを受けて、かなり詳細なアップデートのニュースレターやウェブ上での説明の動画のリンクなどを送ってくれており、これらを読んだり、見るなどして、自社のビジネスモデルにあてはめては、問題点を検討したり、対処方法を思案している。

　こうやってデジタル技術を用いて、人とつながることで、在宅勤務中でも新しい知見を獲得できたり、考えを深めたりすることができているのはテクノロジーの恩恵であろう。少なくとも2011年の東日本大震災の時点では、ビデオ会議システムなどが貧弱で、在宅勤務を実験的に行ってみても思ったような効果が上げられなかったが、今後は、テクノロジーを利用するかたちでの意見交換が一般的になるであろうし、テクノロジーを用いてのコミュニケーションに急激にシフトするのではないかと考えている。

6　情報に惑わされない

　今回の新型コロナウイルスの蔓延で2つほど重要だと感じていることがある。これは企業内法務として重要だと考えていることだ。1つめは、情報に惑わされずに、本質を見るべきだと思ったことだ。なんとも偉そうなことを書いているが、筆者自身も情報に踊らされてしまうタイプなので、自戒の念をこめて書いている。筆者は2019年の年初にハンス・ロスリング＝オーラ・ロスリング＝アンナ・ロスリング・ロンランド著、上杉周作＝関美和訳『ファクトフルネス』（日経BP社、2019年）という本を読んでいた。すでに亡くなられてしまったハンス・ロスリング氏というTEDトークの有名人で、コミカルに話をする公衆衛生の専門家だ。このロスリング氏が『ファクトフルネス』という本を出版し、読書家でもあるビル・ゲイツ氏が推奨していたので日本語版の出版を待っていた。2019年の年始に出版されるとすぐに手に入れて読んでいた。現在もベストセラーになっているので読んでいる方も多いかもしれない。そこに書かれていた「ドラマチックにものごとを見るな、世の中思っているほど悪

くはない」という著者の意見は、非常に参考になった。

　「メディア活動家は、あなたに気づいてもらうため、ドラマチックな話を伝えようとする。そして、悪いニュースのほうが、良いニュースよりもドラマチックになりがちだ。また、なんらかの数字が長期的に伸びていても、短期的に落ち込むことがあった場合、それを利用して『危機が迫っている』という筋書きを立てるのはたやすい。」［略］「悪いニュースのほうが広まりやすいと心得ておけば、毎日のニュースを見るたびに絶望しないですむ。」[3]という部分を書き出して普段から個人で愛用しているEvernoteというメモアプリケーションに入れておいた。ふとこの一節を思い出し、検索して読み直してみた。今回の新型コロナウイルスの蔓延時に大変参考になった考えであり、加熱する報道やソーシャルネットワーク上での噂を冷静に判断することができたと感謝している。

7　厳しいときはもっと厳しいことがあったことを知る

　筆者は昔から危険な状況に置かれるとアドレナリンが出てきて、俄然やる気になるタイプだが、忙しなく動き回り、現場主義者だった筆者にとって自宅でじっとしているというのは予想外に苦痛だった。そんなときには、もっと厳しかった状況に置かれたことがある人が書いた本を読むことにしている。これが2つ目である。筆者の愛読書に松永市郎『先任将校——軍艦名取短艇隊帰投せり』（光人社NF文庫、2009年）というのがある。第二次世界大戦の末期にフィリピン沖300マイル（約480キロメートル）で敵の潜水艦の魚雷攻撃を受けて、旧海軍の軍艦名取が沈没し、名取の生存者の若手の将校、下士官、水兵達が絶体絶命の中、力を合わせて、可能な限り科学的な知見を用いて、フィリピンの沿岸まで脱出してきた実話である。海上勤務をしたことがある人であれば常識であるが、遭難など場合にはその場に留まることが生き残る術である。短艇隊（カッター船）を指揮した先任将校[4]と次席将校だった著書の松永氏は、当時の

3）　ハンス・ロスリング、オーラ・ロスリング、アンナ・ロスリング・ロングランド著、上杉周作、関美和訳『FACT FULLNESS（ファクトフルネス）』（日経BP社、2019年）91頁。
4）　先任将校とは、同じ階級のなかで最も先にその階級に任ぜられた将校のこと。軍隊や自衛隊のような組織では、指揮命令系統が混乱しないように、艦長などに何かあった場合には、どの地位の人が指揮命令系統を引き継ぐかが明確になっている。

状況を鑑みて、柔軟な思考で判断し、フィリピンの沿岸まで短艇で漕いで脱出するほうが生存率が高いであろうと決断した。しかし、真水も食料もなく、距離や方向を計測する道具も持たない中で、根性論などはなく、冷静に状況を把握して、適切な方法を模索し、死の運命を切り拓き、難局を乗り切るという話である。極限状態に置かれたときにリーダーはどう決断をし、組織はどう動くのかがよくわかるのでときどき参考にしているし、読後なぜか元気が出てくる。

8 最後に

　筆者は、高校生の頃から危機管理に興味を持ち、以後現在に至るまでの30年間危機管理は一種のライフワークになっている。今までは野戦の指揮官とか、空挺部隊の隊長のように、「我に続け」と先陣を切って、危険地帯に飛び込み、何とか解決するということをしてきていたし、そのほうが性分に合っていると思っていた。責任ある立場になり、危機に接して強く感じたのは、現場に出て行って動けないことのもどかしさだったが、同時に経営層や従業員に対して日頃から説明していた自社の行動規範やインテグリティポリシーを理解してくれていることのありがたさを感じた。

　平時から面倒くさがられながら、伝えていた行動規範やインテグリティはちゃんと伝わっていて、判断に迷う有事の時にこそ意味を持つことをあらためて感じた。そして企業内法務が先例なき事象に接したら、類似する先例を探し、あてはめの技術を用いるなど、法律実務家がもとより持っている能力がかなり応用できるのではないかとも、今回の新型コロナの案件から感じている。

　目には見えない病気の恐怖、長い期間の在宅勤務など不自由な状況、あるいは捺印のために感染リスクを負いながら出勤をするなど、読者の皆さんの精神状態は思いのほか厳しいかもしれないし、失望することもあるかもしれない。そんなときには、筆者の師であった佐々氏の言葉をもって終わりしたい。「朝の来ない夜はない」と思うことと、「厳しいときこそユーモアを忘れてはならない」とよく言っていた。筆者はいつもこの言葉を思い出して日々を過ごしている。

（なかがわ・ゆういち）

13 新型コロナ危機下における 企業法務の採用・育成

守田達也　双日株式会社 執行役員 法務、広報担当本部長

世界は人間なしに始まったし、人間なしに終わるだろう
──レヴィ＝ストロース『悲しき熱帯』
（川田順造訳・中公クラシックス）

1 はじめに

　今回の新型コロナウイルス（以下「コロナ」という）災害の特徴は、全世界的な規模とほぼその影響を受けない人はいないという点にあると思う。一人ひとりが何らかの影響を受け、問題意識を持ち、また、インターネットの恩恵（？）から溢れ出る情報をインプットされ、それぞれが自分の意見を形成し、それを主張しあう、まさに百人百様、百家争鳴の状況が現出している。かかる状況下、コロナの影響がどこまで及ぶか、ポストコロナはどうなるかも、さまざまな考え方があり、意見がある。

　本稿も執筆にあたってさまざまな方々から貴重なご意見を伺い、また、私自身も自分の意見を形成しつつあるが、以下の点を考慮すると、今大事なことは、確固たる方針・考え方を確立するよりは、今後の状況の変化を機敏に把握し、直近の状況を踏まえた今後の読みの変更、それに伴う自分の立ち位置、考え方を見直す必要があると思う。

　①　我々はまだ新型コロナウイルスのことがわかっていない。さまざまな文献を読むにつれ潜伏期間、感染ルート、発症率、重症率、対処法、何から何までまだまだわからない病原体だと思う。おそらくこの病原体の全体像が見えてくるのは、1年くらいかかるのではないだろうか。

②　上記前提の中、状況・見通しが刻一刻、しかも大きく変化している。本稿はGW中に執筆しているが、非常事態宣言は5月末まで延長、ただ全体の展望はまだら模様で海外では段階的な制限緩和が発表されてきている。日本でも地域によっては制限緩和がむしろ主流となっており、今後段階的に緩和されていくことは間違いない。今の情勢が続くとすれば、おそらく本書が出版される頃には非常事態宣言は解除、相当の制限緩和が進んでいると思われるが、さてどうなっているか。本書を手に取った自分がその時の状況から本稿を読んでどう思うのか、今から楽しみでもある。

2 　企業内法務における採用

(1)　法学部・ロースクールの現状・今後

　本稿を書いている時点（GW期間）では、法学部とロースクールがようやく、リモートでの授業体制が整いつつあるというのが現状と認識している。ただ、当面非常事態宣言が続く限り、リモート対応で乗り切るしかないと思われるが、たとえば前期・試験・単位まですべてをリモートでやり切ることを意識した抜本的なカリキュラムの変更などは制度上の壁（通信制との区別など）もあり、そこまで踏み切ることは難しく暫定的な処置に留まっていると思われる。

　しかし、今回暫定的とは言え、かかるリモート体制を導入した以上、コロナ影響がどこまで・どのように続くかとは別に、教授・学生の中にリモートでもカリキュラムを継続できることが認識された。今後も広く利用されるようになる可能性は十分あると思われる。

　むしろ教授の講義を録音・配信（YouTubeなど）することがより拡がることは、教授が自身の講義内容がより広い聴講層にさらされ、その価値を上げていくことが強制されるのではないか、より質の高い法律の講義につながる期待も持ちうる。

　また、かかるリモートでの授業・カリキュラムを通じて育成された学生も社会に出た後、よりリモート環境に抵抗なく、むしろその恩恵を享受し続けたい人材が増える可能性も十分にあると思われる。

(2)　企業法務の採用現状・今後

　企業側では、非常事態宣言下の現状下、その採用活動は停滞しているのが現実であろう。学生向け説明会などは中止、様子見ではないだろうか。一定数の採用を前提とした、集団の企業説明・セミナー、リクルーター制などの通常の企業採用プロセスが、すぐに始められる状況にはなく、今までとは違う採用プロセス（Webベースでのペーパーテストなど）を導入する企業も出てくるものと思われる。

　ロースクール生に至っては、さらに不透明性は高く、現時点では司法試験も延長が決まり、具体的な日程は決まっていない。その試験内容（採点時間が必要な論文形式の可否など）も通常どおり行えるのか、また、その先の修習もどのような影響を受けるのか現状では見えていない。かかる状況は、ようやく企業法務としてここ数年拡張してきたロースクール卒業生の企業法務担当者への入社に水を差すものであり、企業側としては不確実・流動的な状況の中でも一定の情報発信、潜在応募者の興味を引き留めるべくリモートイベントの開催を考えるステージに入ってきたと考える。特に採用のテーマにこだわる必要はなく、たとえばコロナ時における企業法務の役割、変化など、潜在応募者の興味をつなぎとめる企画を行うことは十分可能と思われる。

　そもそもコロナ前においては、企業法務側のインハウスロイヤーを雇用するニーズは高まる傾向がみられ、また、人材市場も企業のワークライフバランス向上、企業法務の地位向上などを背景に企業法務人気は高まる状況にあった。コロナ影響にかかわらず、学部生・ロースクール生・中途市場からの就職・転職のニーズは今後も存続するはずであり、企業法務としても引き続きその市場を維持・拡大していく努力は常に続けるべきであろう。

　なお、コロナを契機に従来型の雇用関係を軸にした働き方から請負型／Gig Workへの移行がより加速するという意見も伺った。確かに、コロナを契機にリモート、テレワークの本格的導入が大きく進んだことは間違いない。全体的な人口減・売り手市場の背景の中で、優秀な人材の獲得のためにより柔軟な働き方（フレックス、副業などを含めて）を企業が積極的に進めていかねばならない状況に変わりはない中、今までの組織としての集まりではなく個人個人の独立性を重んじた働き方、それを支える雇用関係、組織設計・運用を模索・導入

138

していくことは間違いないと思われる。ただ、一方では今回のコロナを契機にフリーランス・個人事業主の弱さも相当程度露呈したことも事実であり、人材マーケットでは、個々の独立した働き方を志す者と一定の所属組織のセーフティーネットを求める者の二極化が拡大していく可能性もある。

3 企業法務における育成

コロナは、企業法務部の業務が企業の中でもリモートワークに適した業務であることを明らかにし、政府からの具体的な出社率目標を満たす必要がある中、経営陣からも全体の出社率を下げるために法務に一層のテレワークを期待された企業は多かったのではないだろうか。今回テレワークを行う上で障害となったものは、法律書籍へのアクセス・代表取締役印などの印章業務が挙げられているところであるが、もう一つ懸念事項として聞かれたものは、若手の育成であった。今回、リモートワークを進めていく中で最後まで出社を希望していたのは、むしろ若手であり、やはり相談しやすい環境としてのオフィスを最も望んでおり、また一人でやることの不安感を最も示していた。特に新人（当社の場合、司法修習採用で1月入社の新人）については、その育成に責任を持つメンターにも通常より相当な手間がかかっているはずである。この期間（現時点が5月末とすれば、当社の場合、約2か月半）をどのように過ごしたか、今後どのような影響を及ぼしていくかは、継続的な考察を加える必要があると思われる。

そもそも法務人員の育成については、その企業の文化・歴史などを背景にいくつか異なる考え方がまだまだみられる中で、今回のコロナがどのような影響を与えるかは、そのフェイズごとに見ていく必要があろう。

① 座学、研修・セミナーなどを軸とした教育

当面はリモートでの対応が可能であり、e-learningなどが発達する中、リモートを前提としたカリキュラムを構築することはリソース・時間の問題はあるが、可能と思われる。また、経営法友会、弁護士事務所など、ここ数年のリモート配信によるセミナーの充実化は目を見張るものがある。あえて付け加えるとすれば、企業ごとに行う社内研修のリモート化がコロナにより進むことを考慮し、当該研修の他社との共有などを積極的に行い、より切磋琢磨・充実化

させていくことを志向したい。

　②　営業・生産現場などの実務研修

　営業部門・生産部門などの一定期間の経験をさせることを研修プログラムに組み込む企業は多いと思う。現時点ではかかるローテーションを行うことは現実的ではなく、それに代わるものを座学で入れる、あるいは状況の鎮静化を待つ、あるいは見送るなどの方策しかないのではないだろうか。商社である当社には、かかる研修メニューはそもそもないが、メーカー系などはかかる研修は非常に重要なメニューと認識されており、全体の育成プログラムのコアといえるものであることを考えると今後その代替メニューを検討することは生半可なことではなく、場合によっては研修プログラム全体ひいては育成を超えた人事ローテーション全体にも影響を及ぼすと思われる。今後どのような施策を各社が行っていくのか注意深く見守るとともにこの点でも会社間・異業種間での協力の余地がないか、検討を加えていきたい。

　③　海外研修・海外派遣

　近年グローバル人材の育成が大きな課題となっていた中でさまざまな海外派遣プログラムを若手から管理職まで導入する企業も相当数あると思う。それはおおむね、海外駐在員としての派遣、若手の海外実務研修、海外での短期研修プログラムへの参加、米国をはじめとするLaw Schoolへの派遣およびNY州などの弁護士資格取得、というものであった。

　国境をまたがる移動制限および渡航先でコロナの影響が相当期間残ることを前提とすると海外研修プログラムの縮小は不可避と考えざるを得ず、その代替プログラムを検討する必要が生じる。代替プログラムとしてはやはりリモート系講座の導入、国内での代替研修手配などになるだろうが、実務研修などはやはり困難であり、代替には限界があろう。ちなみに米国ロースクール、NY州などの弁護士試験受験の海外研修を取り入れた企業も相当数あるが、現時点では本年度のNY州弁護士試験の日程は変更され９月、かつ受験者数に相当の制限が加えられ、NY州により決められたロースクール卒業生のみ受験可能という状況である。

　なお、蛇足ながら今回のように渡航先・日本の状況が目まぐるしく変わる（急速に悪化）する事態の中、海外派遣した従業員およびその家族への安全配慮

義務の観点から、合理的と言える判断をタイムリーに下すことは極めて難しく、グローバル社員を育成することの難しさを実感した。

　④　OJT

　言うまでもなく、育成の根幹となるものだが、テレワーク、またリモートでの会議が中心となる中でメンター、上長とのコミュニケーション不足をどのように補っていくのかが課題となっている。また、クライアント（営業）、外部弁護士との接触などもリモート主体とならざるを得ず、社内・社外のネットワークも疎遠なものにとどまる可能性も多く、出張機会も制限される中、いわゆる「現場感」のない中でのOJTがどのような影響を及ぼすかは今後の観察が必要と思われる。かかる影響を緩和するためには、メンター制度の見直し（たとえば縦、横、斜めを組み合わせた複数人による指導など）、模擬交渉の機会設定など、新たな取組みを行う必要があろう。一方、たとえばリモートワークが進む中で、従来のような上司・先輩からの細かな指示が入らなくなり、失敗をしてから学ぶ機会が増え、むしろ育成にはプラスではないか、という前向きなご意見も頂いた。コロナ環境下どうしてもネガティブな面に目が向いてしまう現状下、自分としてもこの状況を少しでも前向きに捉えていかねばと発奮したい。

　⑤　その他ネットワーク

　経営法友会、その他同業種内でのネットワークなど、さまざまなネットワーキングの中で有形・無形の経験、知識・知恵の習得を図ったことは否定できず、今後はかかるネットワーキングを行う有益な場であった会食・懇親会・パーティーなどのイベントは当面制限されることになろう。これをいわゆる「Zoom飲み会」などで初対面の者同士の会にも代替できるのか、そのセッティング・ファシリテーションにも工夫が必要とされる。

　以上、コロナ下における企業法務の採用・育成を個別に述べてきたが、あらためてその影響の大きさに驚かざるを得ない。また、さらなる重大な問題は、これらの影響が一斉に重畳的に生じることであり、たとえば育成のところで項目ごとの影響を総合して見たときに、実務経験のない新人を採用・育成していくことが極めて困難であることを認識、企業として果たしてかかる採用・育成を続けていくことができるのか、より中途採用・Gig Workへの移行を進めてい

く企業が出てくる可能性もある。健全な司法界の発展のためにも企業内法務は
どのような採用・育成を続けていくべきなのか、活発な議論の継続と新たな取
組みが求められていると言えよう。

　この前代未聞の危機の中、引き続き企業・業種の垣根を超えた新しい「密」
な意見交換・連携の場を維持することを切にお願いしたい。どうしても不安・
心配が先走ってしまう状況であるが、このような新しい環境下で育成・採用さ
れることで、従来の枠組みを超えた「ニュータイプ」が育つことも期待した
い。それは、紙で打ち出さないと契約書が読めず、従来の価値観に縛られた私
のような「オールドタイプ」とはまったく異なる、ネット環境を自由自在に駆
使し、Virtual世界を縦横無尽に活躍する新しい価値観を体現したものが作り上
げる新しい企業法務の姿と夢想している。

　末尾となるが、今回本稿の執筆にあたり、さまざまな方々からコロナ下の現
状、今後の展望など有益なご意見・ヒントを頂いた。特に児島総合法律事務所
の児島幸良先生、慶應義塾大学大学院法務研究科の奥邨弘司教授、企業法務革
新基盤株式会社の野村慧代表取締役CEOに厚く御礼申し上げたい。

（もりた・たつや）

14　小規模法務部門の同志へ

山本信秀　株式会社パスコ　法務部　上級主任

> じゃあ秘密を教えるよ。とてもかんたんなことだ。
> ものごとはね、心で見なくてはよく見えない。
> いちばんたいせつなことは、目に見えない
> ──サン＝テグジュペリ『星の王子さま』
> （河野万里子訳・新潮文庫）

1　小規模法務部門とは

　ひとくちに法務部門といっても、その実体的なスペック感は会社によって違っている。所属する担当者の人数に着目し、4名以下という場合にこれを小規模法務部門と称するのが一般的である。小規模法務部門は中小会社のそれに特有のものと認識されがちであるが、必ずしもそうではない。規模感に比して法務部門は小規模であるという会社は決して少なくなく、たとえばグループ企業であれば親会社の人数に比して子会社の法務規模は著しく小さいというのが典型的である。スタートアップ企業のほとんどは少ないスタッフが経営管理と法務を重畳的に手がけているように見える。業種のいかんにかかわりなく、外資系かどうかも問わない。

　かかる小規模法務部門の仲間は、日本全国に存在している。現在1,300社を超える会員企業を擁する経営法友会にあって、その大勢は実は小規模法務である。その仲間への理解を深めソリューションを検討する目的で、後述するように多忙な業務の時間を割いて、各社が集う研究会に参加し、相互の情報交換を積極的に行ってきた。私は、そのような仲間の輪の中で、グループリーダーとして各社担当者の悩みに多数かつ直接に接し、その悩みに応えられるような何かを常に模索してきている。そのような中、2020年になり、新型コロナウイ

ルス禍が、わが国を襲った。

　本稿は小規模法務部門が直面する課題と今後の展望について論ずるものであるが、本文中に記載される意見は、個人的なものであり、所属する企業とは関わりがないものと前もってお断りさせていただきたい。

② 小規模法務の特色と従来の課題

　小規模法務部門は人数が少ない。しかしそれゆえに機動力があり、経営に近く、やりがいを感じやすい。一方で、忙しく、気を揉む機会が多く、モチベーションを保つのが難しい。経営陣からの信頼を獲得することに手探りをしている会社が多いと思われるところ、事実、最新の法務部門実態調査[1]では、小規模法務部門は「経営陣への働きかけ」「経営人からの相談頻度や他部門との連携」がいささか消極的であると指摘される一方、経営陣からの増加している相談内容は、ガバナンス、危機対応、リスク管理であると分析されていた。

　ただ、私が思うに、結論から言えば、この新型コロナウイルス危機は、小規模法務門が経営との関係で「新しいセクレタリ機能」を持つことのできる大きな転機であると考えている。

(1)　法務と時間

　たとえばまず第1に、「法務と時間」という問題提起をしてみよう。新型コロナウイルスの蔓延により多くの企業では時間軸を喪失している。通常であれば手順を追ってなされるべき段取りがいきおい崩壊している。弥縫な処置をするのと同時に、一息ついて大局的なものの見方が求められるが、このとき普段はできないこと、どうしても劣後してしまうことに目を向けられるかはとても重要ではないかと思う。会社の事業のあらゆる場面を精査し、経営理念をいま一度精査し、市場の中における自社の位置を確認しよう。そして自社の業績をつぶさに把握しよう。現場の視点に想いを馳せながら中期事業計画を丁寧に読み解いたりすることで、A・B・Cと自分なりの戦略案を練ってみる。

　このように、自ら時間軸を確定させ、会議体の審議状況を横目に見つつ、そ

1）　経営法友会法務部門実態調査検討委員会編著『会社法務部　第11次法務部門実態調査の分析報告』（別冊NBL160号、2016年）。

の上で経営に説得的にものが言えるような法務が本当に求められている。この
タイミングを逃してはならない。

(2)　大胆な提案も

　また、この危機下にあって、大胆な提案をしてみる価値がある。たとえば契
約書審査はいぜんとして小規模法務の主要なタスクであるが、ルーティンな契
約書についてはひな形を示すなどして、事業部において主体的にさばいてもら
えるようなリテラシー普及を、根気よく継続しているさなかにあった。とりわ
け法務担当者が1名である「一人法務」に至っては、「一人情シス」に近い状
況が見られた。本書別稿ではAI・リーガルテックの導入に関する啓発的な論考
が予定されているが、国内外の契約書分析、電子署名をはじめWEB会議の運
営（ヘッドセットのスペック等にも配慮、など）に至るまで、有用なツールがあ
るのは福音であり、予算との兼ね合いでそれらをいつまでにどのように導入
し、役立てていくかが課題とされていた（なお、平時ベースでも、法務の予算を
適切に管理することはなかなか難しいが、小規模法務部門の場合、多くは予算規模
がシビアである。この点、法務としては現時点から補正予算申請を自力でできるよ
うに準備しておくことが望ましい）。この未曽有の危機時だからこそ、AIに代替
できる仕事については一気にそうするべきであり、「空いた時間を別の、経営
に役立つ仕事に振り向けられること必定です」といった説明が、今ほど経営に
届くときはないと思う。

(3)　会社の仲間と

　従業員の働き方をどうしていくか。総務や人事と並び、ここでも法務の出番
だ。現在の危機下において、緊急事態宣言の取りやめとともに在宅勤務をど
のように継続していくかは避けて通れない課題である。本書の他の論考でも触れ
られているとおり、在宅勤務は三密状態を回避し、満員電車に揺られることな
く仕事を遂行できる有力なオプションとして広範に採用された。しかしその反
動として多くの従業員に疲労が蓄積されていることは周知のとおりで、この新
型コロナ下で初めて実施した会社の中には、そこで働く従業員が会社と常にオ
ンラインでつながっていることにストレスを感じ、通常よりも高い成果を出さ

ねばならないとの強迫観念を持つに至っていることがある。在宅勤務こそは上司・部下のたゆみない連携と信頼をベースに行われるべきであるが、従業員監視とならず、端的な成果を求めないドライブを行うために、これを行うハード面・ソフト面双方のロジスティクス構築を含め、あらためて見直す時期に来ているとすれば、法務やコンプライアンスの知見が間違いなく必要とされることになるであろう。

(4)　適切な情報管理

新型コロナウイルスは未知の脅威であるがゆえに、単なる憶測に基づく記事も流布されやすい。何が正しく、何が信頼に足りる情報なのかを見定めるのは難しい。名刺交換をした各種団体からは夥しい数のニュースレターをいただくものの、熟読できる時間を捻出するのは難しいが、政府の動き、自治体の動き、新たな立法や制度変更などの正確な情報を把握し、全社に都度提供していくのにふさわしいのも、法務である。

③　これからの必須要素──「通信」「言葉」「データ」

以下は、ある企業の、平時における小規模法務部門の役員・管理職が感じた法務担当に関連する課題、とりわけ優先課題である。

優先課題一覧（筆者作成）

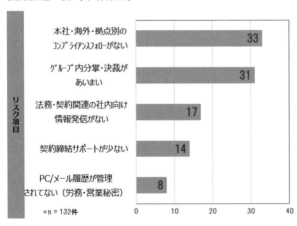

　有事の場合は、これらの課題とは異なる課題が浮上してくる。そのため、できるだけ早期に問題を報告してと言っても、積極的に意見交換しようと手を差し伸べても、現場からの相談がなかなか上がってこないとやきもきし、各種基準を設けたものの形式的に堕してしまうことに落胆し、経営情報をチェックして誤謬がないかを確認しようにも時間が足りず、つい焦ってしまうこともある。また、子会社での法務部門は、さまざまな意思決定にあたり親会社の意向に左右されることが多い。どちらかというと主体的な動きよりも親会社の指示や方針を待ちそのうえで対処せざるを得ないことが多い職場では、高いモチベーションを維持するのは難しいとも聞く。それら問題点については私も承知しているが、承知しているからこそ、この危機をチャンスと捉えたい。

　小規模法務には機動力がある。経営と現場の強力な靱帯であるが、私は、危機下では、これまで現場寄りであった目線をある程度経営側に移す必要があるように感じている。次々と意思決定をすべき経営の動きを着実にトレースしながら、法やルールに適合しているかのモニタリングをし、危機時に許される範囲内かどうかを判断していく。
　このとき、事業部の行動が各種規範から多少逸脱する場合でも、それが真にやむをえない場合であれば、事後的に十分に説明できるかどうかを思考し、その上であえてGOサインを出すべきは、おそらく法務部門であろう。

　そのために重要なのは「通信」という概念である。今更何を？　と思われるかもしれない。いや、いま一度あらためてここで棚卸しておきたい。前述したとおり、小規模法務部門は「経営と連携」し「社内の各部署と連携」しながら情報発信を行っている。この「通信」のきめ細やかさが大切にされるべきであることはどれだけ強調してもしすぎることはない。

　また、今回の新型コロナウイルス対応では、我々日本人は「データがいかに重要か」についてあらためて想いを馳せる結果となった。今回の感染者や感染死亡者、無発症保菌者の経路はどのようなものであったか。どのような行動をとっていたか。それら行動「データ」の正確性と収集方法が注目されている。

抗体検査の導入要否には議論があるし、医療機関の受入れひっ迫問題を考える前提として、「データ」の明確化・可視化が求められてきた。このことは、企業経営と同伴する小規模法務にもあてはまる。「データ」の収集力が早く正確な小規模法務機能が求められていることは論を俟たない。もちろん、決して全員が万能ではないし、時間のない中での判断を迫られる。が、そうした「データ」である情報のトレーサビリティに意を払い、集積された情報を分析可能な形にまで持っていければなおよいと思う。

さらに、小規模法務部門が最後に支えとするべきは、所属会社の「経営理念」である。会社の課題が顕在化しているであろう現在、経営理念を実現することとの関係で、何が不足していて何が問題化しているかをはっきりさせる必要がある。小規模法務担当者という会社を知る立場であるからこそ有効な発言となることは想像に難くなく、自らの言葉で「経営理念」を部下や社内に伝えていく伝道師になることが望まれる。「経営理念」は当然のごとく、「言葉」によって語られる。今日は文字が「言葉」化しているのが目につく。不断に「通信」を行う過程で「データ」を駆使し、「言葉」が巧みに使用される。一例をあげれば、在宅勤務で共有されるのは「空気」ではない。社員全員がハラ落ちする「言葉」である。

④　「経営法務部門」による「創造法務」

以上のように見てくると、「経営法務部門」という新しい立ち位置が見えてくる。企業経営を刷新していく過程では、検討事項を精緻に分析し、法的にも、経理・財務的にも組み立てられる実力が求められる。それは「新しいセクレタリ機能」の発想である。これは現場からの発想でもある。どこかのコードに書かれているから言うのではない。これまで法務の所轄事項は、「コーポレート」「契約」「コンプライアンス推進」「ガバナンス」あるいは「臨床法務」「予防法務」などのフラッグで戴然と分けられていた。これを「経営法務部門」と概念付けをすることで、より立体的な理解に資するのではないかと思う。そこでは、「通信」「データ」「言葉」が、危機経営下の重要タームとなるであろう。

　私は5年ほど前に、経営法友会リポート500号記念誌において、法務は「創造法務」として変革されるべきだと寄稿した。一部の諸先輩方も言われてきたことである。しかし、ここであらためて声を大にして伝えたい。一気通貫の「経営企画の経営支援機能」「管理部の情報整理機能」「総務部のその会社をよく知る機能」「法務部の法務機能、取締役会・総会を仕切る機能」「IRを支援する機能」を合わせた新規事業創出と自浄作用をもつのが「創造法務」であり、その番頭である「経営法務部門」が、ゆっくりと次世代への持続的成長に近づいていくことを期待したい。

　新型コロナウイルス危機では、「外出自粛」「外出禁止」により強制的に需要が押さえつけられた。在宅勤務もある程度浸透した。その結果、日本社会はこれまでよりもより協調性を重視していこうという機運と、いきおい閉鎖化せざるをえないとする消極的態度が混在しているように、私には思える。歴史的にみてパンデミックは社会の秩序変革を促し、規律を創設する機能があることが、専門家により語られているが、2020年の現代社会は、過去と異なり、個人の通信能力が向上してきており、そうした通信・言葉・データの存在感が増してくる。

　そうこうしているうちに、「消費の価値」が変わる新しい社会が到来する。企業経営も利益一辺倒であることはますます許されず、リスク開示に注力する仕事ぶりが加速していくだろう。そこに法務が「経営法務部門」として立ち現れる。小規模法務部門はその責任を負っている気がする。

　このような危機時であればこそ、電話一本で相談できる法務の友人があると頼もしい。幸いなことに、経営法友会のプラクティスを参照すると、互いに切磋琢磨する環境ができつつある。力を合わせて、「真因を取り除くことのできた持続的成長は『創造法務』として価値がある」と意見表明し続けることが今後求められるだろうと思う。

　さあ、実践の時である。

（やまもと・のぶひで）

第3章
仕事の質を高めよう

With / After
Coronavirus

15 危機管理下で問われる法務業務のインフラ

佐々木毅尚　太陽誘電株式会社 法務部長

"There been times that I thought I couldn't last for long. But now I think I'm able to carry on. It's been a long, a long time coming, but I know a change is gonna come, oh yes it will."
——Sam Cooke - A change is gonna come -

　2019年の年末、中国湖北省武漢市で発生した新型コロナウイルスが短期間で世界中に拡散し、日本政府は2020年4月7日に緊急事態を宣言し、事業者に対して休業を要請するとともに、国民に対して外出自粛を要請する事態となっている。

　このような環境の中で、当社の東京本社は、感染リスクと事業継続を考慮しながら、2020年2月から時差勤務を導入し、3月からは50％の在宅勤務、4月からは100％の在宅勤務を導入した。これまで、在宅勤務制度を導入してこなかった当社にとって、十分な準備期間を取らず在宅勤務を導入することは大きなチャレンジであり、全社的なレベルで見ると、現在までのところ何とか凌いでいる状況である。

　現在の状況をパフォーマンスという観点で見ると、会社や部門により大きな差があると考えられ、この差は何かと問われれば、ズバリ業務インフラ整備の差ではないかと感じている。実際に在宅勤務を実施するにあたり、まず自分自身が法務部長として考えたことは、ルーティンワークの質・量を落とさずにいかに維持するかとう命題であり、その必須条件としてさまざまな業務インフラを日常的に整備することが重要であることにあらためて気づかされた。これから、法務業務を高いレベルで維持するためのインフラについて述べていきたい。

1 基本インフラ（機器）

　現代の法務業務は、PC、サーバー接続等のITインフラなしには成立しない。したがって、各法務スタッフがノート型PCを持ち、WiFi接続、VPN接続等を通じて社内のネットワークに常時接続できる環境を準備することが在宅勤務のスタートラインとなる。この基本インフラの準備状況によってパフォーマンスが大きく左右されることから、ITインフラがいかに会社業務を支えているかをあらためて実感することができる。

　一方でこの課題は、法務部門だけでは解決できない課題であり、法務部長にとって悩ましい課題であるが、当社では、平常時から各法務スタッフがノート型PCで業務を行い、幸いVPN接続も必要数が確保できているため、比較的に恵まれた環境にあったといえる。

　あと、今回、携帯電話も重要なインフラであることに気づいた。当社では、マネージャークラスにのみ業務用携帯電話を配布しており、法務スタッフには配布していなかった。現実的な問題として、Eメールだけでは緊急案件に対応できず、十分な法務サービスを提供できないため、在宅勤務を開始するにあたり、最初に携帯電話の調達に奔走し、100％在宅勤務実施前に何とか必要台数を確保できた。さらに、自宅でWiFi環境がない法務スタッフがいたため、データ端末を調達して何とか凌いでいる。

　実際に当社では、コスト度外視でインフラ確保に動いており、このような動きを行ったことが、スムーズに在宅勤務へ移行できた最大の要因であると考えられる。

2 基本インフラ（レポートライン）

　在宅勤務は、会社に出勤することがなく、最も多くの情報を交換できるコミュニケーション手段である面談を行うことができない。つまり、面談による打合せという、シンプルかつ効果的なコミュニケーション手段が全社的にできない環境となっている。また、在宅空間という個別のスペースで業務を行っているため、部門内で統一的な行動をとることが難しい。したがって、必然的に限られた情報の中で、かつ必要最小限のコミュニケーションで業務を運営する

必要があり、高度なマネジメントスキルが求められる。

　このような環境の中で正常に業務を遂行するためには、日常的に法務部門内のレポートラインと他部門とのコミュニケーションルートを整備しておく必要がある。

　当社法務部では、日本で法務業務を担当するビジネス法務課を3チームに分け、それぞれのチーム内で週次の打合せを行い、課レベルの会議を月次で行い、それぞれの階層で必要な情報が交換できるシステムを構築している。仮に異常な情報が入れば、各チームリーダー、または課長から部長である私に直接報告が行われるシステムとなっている。

　また、海外法務部門との関係については、部内で各海外法務部門とのコミュニケーションを担当する責任者を設定し、各責任者が月次で打ち合わせを行い、情報交換を行っている。こちらも、仮に異常な情報が入れば、各海外法務部門、または各責任者から部長である私に直接報告が行われるシステムとなっている。さらに、海外法務部門には、月次業務報告レポートの提出を要求している。

　部門外のレポートラインとしては、社内の事業部毎に法務担当者を設置し、毎月の事業部門会議に法務担当者が出席することにより、タイムリーな情報を入手できる体制を構築している。この効果としては、法律相談件数が大幅に増加し、事業部との連携関係が強化されていることを実感している。

　今回、在宅勤務を実施するにあたり、特に最前線である、チームマネジメントの重要性を実感している。チームミーティングを通じて各スタッフの業務内容をシェアし、これが一体感の醸成につながり、結果的にスタッフの孤独感が払拭され、業務だけではなくメンタル的なケアーも行うことができる。危機管理下では、個人ではなく、小グループ単位で業務マネジメントを行うことが有効であることをあらためて実感した。

　最後に、法務部長である私が何をしているかというと、それぞれのチーム、責任者からレポートを受けるとともに、プロジェクト単位の業務をコントロールしている。基本的にルーティンワークは各チームに委ね、全社的な影響力のある案件、プロジェクトのマネジメントに集中しており、在宅勤務の前後であまり自分自身の業務に影響を受けていない。このあたり、平常時にレポートラ

インを構築しておいて正解であったと言える。また、私のルーティンワークとして、毎週1回、各スタッフと電話で話すことを心掛けている。私自身、部内の業務についてはまったく心配ない状況であるが、精神面を含めたスタッフの健康面に不安があり、スタッフにとっては迷惑な話かもしれないことを考慮しつつ、生存確認と称して電話を行っており、組織内によい意味での緊張感を生んでいることを期待している。

③ パフォーマンス管理

　当社法務部では、契約審査の受付から回答、契約管理に至るプロセスを2016年度にシステム化した。契約審査プロセスをシステム化することにより、事務処理のミスや事務コストを削減できるとともに、契約審査業務に関連する各種データを入手できることが大きなアドバンテージになっている。

　これまでの法務業務は、品質向上が大きなテーマであり、業務の生産性を改善するという視点は、あまり検討されてこなかった歴史がある。私自身も同様で、この点に疑問を感じるとともに過去を反省し、2016年度から、生産性の改善を法務部の大きなテーマとしてきた。

　生産性の改善でヒントを得たのは、まさに製造現場であり、私自身で製造現場がどのように生産性を改善しているか調査を行った。この調査でわかったことは、①データをベースに改善点を見つけること、②問題点や課題を可視化すること、③小さな改善が全体の生産性に大きな影響を与えることであった。このヒントをベースとして、契約審査業務の生産性改善に取り組み、現在、契約審査システムで得たデータを分析し、目標を設定して、各担当者のパフォーマンスを開示するともに、業績評価にもパフォーマンス数値を組み込んでいる。

　具体的には、システムを通じて社内部門ごとの契約書受付件数と法務スタッフの処理状況を常時把握し、法務スタッフへの案件配布を最適化している。また、法務スタッフの処理件数、5日納期の遵守率、10日納期の遵守率を毎月確認し、異常なデータが出ればすぐに対処できるよう案件管理を行っている。このように契約審査プロセスにおいて、処理結果を数値化し、見える化を推進することにより、案件処理が最適化されるとともに、法務スタッフの意識が高まり、2016年度に5日処理率62％、10日処理率86％であった法務部全体のパ

フォーマンス結果が、2019年には、5日処理率86％、10日処理率99％と劇的に改善された。また、法務スタッフの業績評価の中に、契約書処理件数、5日処理率、10日処理率、法律相談回答数等を組み込んでおり、それぞれの数値の改善が評価の向上につながり、法務スタッフの業務改善へ向けたインセンティブの向上につながっている。さらに、毎年、最も優れたパフォーマンスを発揮した法務スタッフを表彰しており、生産性を常に意識した活動が法務部内で浸透するよう工夫を行っている。

　在宅勤務を行っている現在、この契約審査システムが日々稼働しているため、契約審査業務における各法務スタッフのパフォーマンスを把握・管理することが可能で、数字という正確なエビデンスに基づいて、法務スタッフとマネージャーが会話を行い、契約審査業務を適切に管理することが可能な体制を構築している。法務部の主要なルーティンワークである契約審査のパフォーマンスを維持する上で、システムをベースとした法務審査業務管理は、当社の大きなアドバンテージとなっており、100％在宅勤務となった4月以降のパフォーマンスも下落することなく、従来と同様のレベルを維持している。

　最後に当社では、2020年6月から法律相談業務をシステム化する予定であり、契約審査業務に加えて法律相談業務についても、案件処理の最適化を実現し、法務部内のルーティンワークの生産性をさらに改善させていく計画である。

④　リーガルテック

(1)　リーガルテック導入へ向けた検討

　工場で学んだヒントのうち、①データをベースに改善点を見つけること、②問題点や課題を可視化することについては、契約審査システムを導入し、データを有効に分析・活用することにより実務に生かすことができた。残るもう一つのヒントである、③小さな改善が全体の生産性に大きな影響を与えることについては、実務者である法務スタッフとマネージャーが日々努力することにより業務プロセスを改善していくことが基本と考えられる。

　仮に、契約審査1件について5分間の時間を短縮できれば、当社では年間1,500件程度の契約書を審査しているため、7,500分（125時間）の業務時間を短縮することができる。1件あたり5分は大した数字でないが、積もり積もって

125時間になると大きな貢献であり、まさに小さな工夫の積み重ねという発想が契約審査の生産性を高める大きな要因となる。

　それでは、どのように業務を改善していくか？　各スタッフの努力、気合、根性である程度の改善は期待できるが、その努力には物理的な限界があり、テクノロジーを使った改善を真剣に検討する必要がある。当社では、以下に記載するツールを有効に活用し、法務部全体の生産性の改善に努めている。

(2) 契約審査（AI契約審査）

　契約審査の時間を短縮するためには、熟練したスキルが必要であり、実際には法務スタッフによってスキルが大きくばらつく業務となっている。この問題を解決するため、AIを使った契約審査システムが市場に登場しており、当社もLegalForce社の契約審査システムを2018年度から導入している。

　現在の導入効果としては、契約条項が一律の条件で網羅的にチェックされるため、契約審査の質のばらつきを防止するというクオリティーの側面で効果を発揮している。生産性の側面での効果は、現状、まだ全面的に契約審査をシステムに依存できず、参考レベルでの活用に留まるため、まだまだであるが、日々、大きくシステム自体が進化しており、近い将来、生産性に貢献する可能性が高いと感じている。ただし、契約審査システムは、あくまでも法務スタッフの業務支援ツールであり、人間による契約審査業務がすべてシステムに置き換わることはないと考えられる。要するに、現在、当社の審査業務は、20％が契約審査システムの能力、80％が法務スタッフの労力を活用して行われているが、これが近い将来、80％が契約審査システムの能力、20％が法務スタッフの労力を活用して行われる時代が来ると予想される。

　仮に契約審査業務の50％が契約審査システムの能力をベースにできる状態になれば、法務スタッフの業務コストは、契約書1通あたり半分となり、全体で見ると大きく処理コストを削減することができ、生産性も大きく高まることが予想できる。ここ2年間におけるAI契約審査システムの進化は目覚ましく、半年ごとに大きく機能が進化しており、これから更に大きな進化が期待できる。また、最近は契約審査だけではなく、パフォーマンス管理の機能も搭載されており、機能の拡大も期待できる。

(3)　契約審査（コミュニケーション）

　契約審査では、実際にレビューを行う法務スタッフとレビュー結果を確認するマネージャーとのコミュニケーションが重要となっている。当社は、Hubble社のシステムを使って、法務スタッフが契約レビューデータをアップロードし、マネージャーが内容をチェックして再アップロードすることによって、契約審査実務を行っている。このシステムは、ファイルデータの履歴管理を自動で行うことができ、当社が別途導入しているコミュニケーションツールであるSlackと連動しているため、法務スタッフ、マネージャーの双方がリアルタイムで進捗を管理することができる。このシステムも、当社の在宅勤務を陰で支えている。

(4)　電子契約

　在宅勤務により、契約書への捺印自体が大変な業務負担となっているため、電子契約システムが注目されており、当社はGMO社のシステムであるAgreeを日本国内で導入している。

　電子契約システムは、契約締結コストを劇的に削減する効果がある一方で、このシステムによる契約合意のスキームが、果たして対象国で有効であるか否かを確認する必要があることが、導入にあたっての課題となっている。

　現在、多くの国で電子証明書を用いた電子契約スキームは立法化されているが、電子証明書を用いない、いわゆる電子サインスキームは、日本を含む多くの国で法律がなく、法令を解釈し、証拠力を推定して利用する必要がある。したがって、本当に有効かどうかは、訴訟における立証結果に委ねられるため、不安定な位置づけにあるといえる。このリスクをどのように評価するかが、導入にあたって重要な要素となっている。

　現在、当社では、日本国内において件数が多くリスクの低い、秘密保持契約と業務委託契約に限定して電子契約を導入しており、弁護士と連携して海外で利用を予定している10か国のリスクを分析している。

(5)　リサーチ等

　六法で法令を検索する時代はすでに終わり、当社では、Westlawを使って日

本法令を検索している。また、海外の法令情報は、Practical Lawを活用しており、法改正情報は、主にLexologyを使って入手しているが、各国の法律事務所から送付されるニュースレターも貴重な情報源となっている。また、在宅勤務では、会社の書籍が活用できなくなるため、Legal Libraryの導入を検討している。今後、Legalscape社もサービスの提供を予定しており、当社も期待を寄せている。

その他、翻訳はロゼッタ社のT‐400を活用しており、簡易翻訳が必要なケースで重宝している。

(6) コミュニケーション

在宅勤務になって、Eメール数が1.5倍となり、Eメール処理が追い付かず、急な案件に対応できない状態となっている。当社法務部では、Slackを部内のコミュニケーションツールとして導入していたため、現在、部内のコミュニケーションは、基本的にSlackをベースとして行っている。SlackはEメールと比較すると半分のコストで情報をやり取り可能で、履歴検索も容易であり、埋もれるリスクも少ないことから重宝している。他社では、Teamsを使って同様のコミュニケーションを行っている事例が多いようである。

社内外のコミュニケーションで、Web会議を行うケースが増えており、当社では、WebEXとZoomを標準ツールとして利用している。その他、Skype、Teamsの使用要望も多く、社内のネットワーク規制でこれらに対応できないため、個人でコンパクトなMS Surface Goを購入して対応している。

(7) 教育ツール

世界各国で外出が制限され、在宅勤務が一般化する中で、拠点訪問や集合研修を実施することができず、コンプライアンス推進業務は、大きな打撃を受けている。一方で非常事態においてコンプライアンス意識を維持することは重要な課題であり、非常事態が終わった後で、非常時の対応が問題視されることも多々あるため、社員への教育啓蒙活動に手を抜くことはできない。

このような環境で、コンプライアンス推進部門が影響を受けずに実施できる教育啓蒙活動は、Eラーニングによる教育であり、当社では、ネットラーニン

グ社のシステムを使って、年間約10コンテンツのコンプライアス教育を行っている。また、Eラーニングはコンテンツが重要であるため、HTC社のコンテンツを有効に活用してコンテンツを充実させている。

⑻　将来の展望

現在、契約審査業務では、契約審査管理システム、AI契約審査システム、ファイル管理システム、電子契約システムのそれぞれが、それぞれ別ベンダーで別システムとして稼働している。いわゆる製造現場における工程間のつなぎの問題が法務部でも発生している。

将来、これらのシステムが統合され、それぞれの工程がスムーズにつながれば、さらに大きな生産性の改善効果を期待することができる。

⑤　外部関係者との連携

現在、当社では、世界各国で約50の法律事務所と連携関係を構築している。具体的な案件の依頼だけではなく、平常時においてもさまざまな情報の提供を受けており、このようなネットワークの重要性を痛感している。海外出張時の法律事務所訪問、逆に相手が出張時の来訪といった地味なコミュニケーションが何よりも重要で、このようなコミュニケーションを通じて信頼関係を構築し、案件が発生した時にスムーズに依頼することができる。ただし、依頼案件の処理が残念な結果に終わることもあり、その際は関係を見直す必要がある。法務部長としては、一方で親しく信頼関係を構築し、一方でドライにパフォーマンスを管理するという2つの側面を常に意識しなければならない。

また、弁護士以外の専門家との交流も重要な業務インフラとなっている。人材エージェント、リスク管理エージェント、Eディスカバリーベンダー、公認会計士、リーガルテックベンダー、保険エージェント等々、多様な専門家と交流することにより、さまざまな情報を入手することができる。

総合的な観点・視点から対応を検討する必要がある危機管理では、さまざまな点としての情報を線としてつなぐことが重要であり、特に初期対応では、これまでの情報の蓄積が成果につながっている。

6 これからの法務業務

　外出自粛要請という特異な状況がいつまで続くかは、神のみぞ知る領域であり、人間である我々が正確に予想することはできない。これからの法務業務については、在宅基本になると予想する人もいれば、何も変わらないと予想する人もいる。また、在宅勤務をネガティブに受け入れる人とポジティブに受け入れる人が混在しており、マネージャークラスはネガティブ、スタッフクラスはポジティブが多いと考えられる。マネージャークラスにネガティブが多い理由は、コミュニケーションとパフォーマンス管理に苦労するからであると推測される。

　私個人としては、これから在宅勤務が普通にある勤務のオプションメニューになると考えている。ただし、100％在宅勤務になることはなく、週に1〜3回出勤、その他在宅勤務というスタイルが一般化するのではないかと考えている。

　多くのマネージャークラスが課題として考えるコミュニケーションとパフォーマンス管理の問題点は、リーガルテックの導入によって、かなりの改善効果が期待できる。ただし、スタッフの精神的な疲弊や閉塞感といったメンタル面の問題は改善することができず、また、在宅勤務自体にそもそも無理がある環境にあるスタッフもいる。これら問題は、勤務の多様性で改善すべき課題であると考えられる。

　これからの法務部は、さまざまな業務インフラを常に見直し、業務の生産性と品質のバランスに気を配り、勤務の多様性を受け入れる体制を構築しなければならない。今まさに、法務部のパフォーマンスが業務インフラの整備状況によって左右される時代が到来している。

（ささき・たけひさ）

16 世界的危機下で成長する グローバル法務

髙林佐知子　横河電機株式会社　法務部長

> いいこと、ここではおなじ場所にとまっているだけでも、せいいっぱいかけてなくちゃならないんですよ。ほかへ行こうなんて思ったら、少なくとも2倍の早さでかけなくちゃだめ
> ──赤の女王（ルイス・キャロル『鏡の国のアリス』
> （矢川澄子訳・新潮文庫））

　当社は顧客企業の生産や開発のインフラとなる機器やシステムを製造しており、2020年2月の春節延長に続く中国蘇州工場の休業や稼働制限、中国サプライヤーからの部品供給遅延などが新型コロナウイルスによる事業への影響の第一波であった。当社は売上の7割近くが海外向けで、顧客所在地域にて販売・エンジニアリング・サービスを行う体制をとっており、米国、ブラジル、オランダ、ロシア、バーレーン、インド、シンガポール、中国、韓国に統括子会社を置き、平均数名ずつではあるが現地にIn-house Counselを置いている。他の日系グローバル企業や欧米企業に比べると当社の法務体制は小規模でもあり、グローバル法務と称するのはおこがましいが、新型コロナウイルス対応においては特にここ1、2年取り組んできたGroup Legal One Team化を実践できる機会でもあったので、Group Legal間での連携を含む当社のこれまでの対応を少しご紹介したい。

1 有事に試される危機管理体制

　当社では、平時より本社に危機管理専任部署を設けて危機管理委員会の事務局も担当している。1月末に、中国生産工場での影響その他新型コロナウイルスの情報収集を中心に危機管理委員会の準備活動をしていると聞いて、事務局には早めに法務部も巻き込んで欲しいとお願いした（従来法務は正式な危機管理

委員会には呼ばれるが、今回は準備活動への関与も求めた）。2月から正式な危機管理委員会へ移行、中国を中心としたアジアから世界への感染拡大に試行錯誤しながら対応した。本社に比べて海外統括子会社での対応は早かったとの印象で、事業への影響が出始めたのはアジアより遅かったところも、感染が急拡大したためか、あるいは本社に比べて組織がコンパクトであることや普段から顧客要請などにより危機対応に敏感であるためか、危機対応体制整備やアクションが俊敏で、本社も学ぶことが多かった。

　日本企業の意思決定やアクションが遅いのは民間企業だけの問題ではないかもしれないが、日本では専門家をうまく活用できていないことが影響しているようにも感じる。危機管理事務局が従業員向けの新型コロナウイルス感染拡大防止対策を検討していた際には、産業医含め社内の各専門家の意見に従って対応することをお願いし、それが経営として善管注意義務を果たすことである旨、事務局に説明した（もちろん役員レベルは十分理解している）。適切な専門家を選定することと専門家同士で意見が異なる場合は判断することが求められるが、危機であるからこそ独自に判断することは危険で、専門家の力をうまく活用することが大切と考える。

2 中国の生産工場稼働停止と不可抗力

　中国の生産工場が稼働停止となった2月前半、海外顧客からサプライヤーに向けて、納期遅れの可能性と不可抗力主張の有無の問合せが入り始めた。以後他の顧客に対しても同様の説明・対応が必要になっていくと思われ、その都度各地域の営業と本社製品事業部と生産工場が個別に対応するのでは回らないので、顧客向け発信情報については本社の海外営業統括部門にて調整しとりまとめる体制とするよう、お願いした。

　その上で海外営業統括部門から各地域子会社の営業担当に対して、顧客問合せ対応や不可抗力通知は、各地域のLegalに相談して行うように指示も出してもらった。平行してLegalラインでも情報共有し、現地での率先した支援とGroup Legal間での協調した対応を呼びかけた。営業現場は常にお客様向けレターのグローバル統一ひな形作成を求めてくるが、不可抗力の主張は各契約単位で、契約や適用法に従い行われるべきことを説明し、各地域のLegalと個別

に協議して対応するよう求めた。代わりに、Group Legal間での効率化とノウハウ共有を図るため、主に英米法が準拠法となる顧客向けの不可抗力通知フォームを作成した。Group Legalのシニアレベルメンバーで構成されるTask Forceチーム（英米法・欧州大陸法・日本法メンバー）においてとりまとめ、その法的意味と効果を理解するGroup Legalメンバーを経由して各地の営業現場に提供されることを企図したものである。

　当社はプラント用の機器やシステムの製作を受注後、長い工期の中で平準化して生産していく体制をとっており、受注から納入までの期間が長い。生産工場の稼働停止は直近の納期の製品納入に影響するが、幸い中国の生産工場の再開が早かったので（当時は長く感じたが）、中国工場稼働制限の影響は一定程度で抑えられた。

③　感染に関する個人情報の取扱い

　2月後半になると、危機管理委員会では従業員が感染したり接触者となったりした場合の情報収集が話題となった。グループ内での出張者がまだ少なからずいたので、これらの感染リスクをコントロールしたい危機管理事務局としては各国から情報を吸い上げたい意向を示していた一方で、危機管理委員会ではEU一般データ保護規則（GDPR）を心配する声も寄せられた。個人情報の問題が生じることは予期していたので、Legalラインにおいてあらかじめ、各地域にて新型コロナウイルスの感染予防対策のための個人情報の取扱いを調査し、人命優先の観点からどこまでできるか調べておくように伝えてあった。また、万一感染者等が出た場合に本社は必ず情報を求めるので、不必要に個人情報を上げないようなプロトコルを現場で準備・再確認しておくことも頼んでおいた。

　個人情報に関してはGDPR施行以来Group Legal間で連携してきたので心配していなかったが、Legalラインで予防線を張っておいたことで、実際に欧州で感染者が出た時にも現場から適切に情報が上がった。Legalラインでコントロールしているから心配しないでほしいと説明した後は危機管理委員会で個人情報について必要以上に心配されることはなくなった。事務局に対しては、事務局を介さなくても、また、個人情報でなくても出張者に接触リスクを知らせる方法がある旨説明して説得した。

④ Group Legal間での連携とリソースの有効活用

当初は中国が感染対応の先駆者だったので、中国のLegalからの情報や中国の弁護士事務所のニュースレターを参照し、そのうちアジア以外にも広がるから準備しておいてほしいと他地域のLegalに伝えていたのも束の間、あっという間に欧米にて急拡大し、気が付いたら欧米のほうが先に完全テレワークになっていた。不可抗力による納期遅延影響は日本が先であったが、その後欧米含む海外子会社のほうが新型コロナウイルス対応で先行するようになり、特にGroup LegalのTFチームメンバーを中心に、お互いにリソースがひっ迫する中でも積極的にGroup Legal間で情報共有してくれている。ロックダウンに基づく顧客への説明文書、新規受注契約上の免責条項案、外部向けリリース対応、Office Reopeningに向けての準備情報など、他地域でも参考になりそうなひな形や情報をGroup Legal専用のShare Point上で共有するようにしている。

実際には地域統括会社といっても大小あり、Group Legalメンバーの経験値も異なるが、シニアレベルのLawyerで構成されるTFチームでの検討以外は、常に全地域のGroup Legalメンバー（普段の情報交換は各地域Legalの代表者および本社法務ライン部課長）間で情報交換するようにしている。各地域の情報を共有すること自体に価値があるとともに、One Teamの一体感醸成や、ハイレベルの情報を交換して刺激し合うことでチーム全体のレベル向上につなげたいと考えるからである。

東日本大震災は日本だけの危機対応であったが、今回は世界中に順次かつ同時並行的に同じ危機が訪れ、各地域の時間差やリソースを使いながらのオペレーションとなり、先行する地域からの情報提供など、まさにグローバルチームならではの連携ができた。もっとグローバル化が進み、当社が買収した海外子会社で実際に行っているように、一つの仕事を各地域のメンバーで分担して時差を利用して24時間を目いっぱい使って連携プレーするようになれば、本当のOne Teamとなっていくだろう。

Group Legalでは何年も前からOne Global Teamという標語を掲げてきたが（筆者の趣味）、なかなか頻繁には会えず普段はメールが中心になってしまう運営の中では難しさも感じていた。しかしここ１、２年の取組み（本社業務での

地域Legalの活用、若手の短期実習、グローバル会議の工夫など）や新型コロナウ
イルス下での連携などを経て、ようやく自分自身の中にOne Global Teamの実
感と勇気が沸いてきて、今年度の組織目標ではグローバル組織としての意識を
高めることに重きを置いている。

⑤ 法務機能強化のチャンス

　経済産業省の令和報告書や本年3月の経営法友会大会においても法務機能の
強化・イノベーションが議論されてきたところであるが、新型コロナウイルス
対応であらためて感じるのは、有事は企業法務の腕の見せ所であるということ
だ。先例はないから、従来の物差しを使って評価・判断をするのでは足りな
い。想像力を働かせて先を読み、法の考え方・専門家の意見に従って原則から
はぶれずに創造力を駆使してロジックを組み立て、後で合理的な経営判断だっ
たと説明できるストーリーを準備し、提案する。まさに、評論家ではなくソ
リューションを提案し実行できる、ガーディアン兼ナビゲーターが求められる
環境である。

　平時であれば問題が起きてからでないと相談してもらえないことも、有事は
問題が山積で、加えて法務から見れば予測がつきそうなリスクも少なくなく、
法務が活躍・貢献できる場面が多い。できるだけ先手での対応を意識し、たと
えばサプライチェーンに影響が出始めたり、顧客から契約変更等の要求が出始
めた際も、営業前線が足並みを揃えて対応できるようなガイドを営業現場から
の要請を待たずに提案したりした。各地域の営業現場をサポートするGroup
Legalメンバーと連携してオペレーションできているのも心強い。危機管理委
員会で仕入れた情報からLegalが貢献できそうな課題が見つかれば、Group
Legalと協議し、危機管理委員会で必要な提案を行う。有事の混乱の中での本
社事業部門からのトップダウンのコントロールに多少の不安があっても、最後
の砦として現地Legalに相談してもらうようにしておけば、Legalラインで適宜
情報共有して対応でき、Group Legal組織がリスク対応の安全弁として機能で
きるとの自負もある。この危機を超えてLegalの存在感を一層高められるよ
う、新型コロナウイルス対応における法務機能の活躍機会を生かしたいと思う。

〈最後に――個人的な学び〉

　テーマとは離れるが、最後に少しだけ、２年近くも経営法友会の研究部会運営委員を拝命していながら初めて関わらせていただいた運営委員らしい仕事での気付きについて触れさせていただく。

　３月総会のノウハウを頂戴すれば６月総会を乗り切れると思っていた見立ては甘く、３月末には三密回避のための２Ｍという身体的距離の基準、４月１日には新型コロナウイルス感染症対策専門家会議の提言において感染拡大地域での集会の人数制限などが公表され、総会開催の環境がますます厳しくなり、いよいよ緊急事態宣言が出されると言われていた４月の初め。経産省・法務省からはハイブリッド型バーチャル株主総会の方法も示唆されているところ、従来ライブもオンデマンド配信も経験のない当社にとってバーチャル総会準備はハードルが高く、他社とも歩調を合わせたいとする経営層にも安心してもらう目的で（他社も今年はあえてバーチャルには挑戦しないところが多いと期待して）、会員会社へのアンケートについて経営法友会事務局にご相談した。その後GW前後で準備をスタートさせる６月総会各社の参考となるようなものになればとのことで研究部会の研究テーマの形に切り替え、現行法下において緊急事態宣言下での招集・当日運営をどのように準備しどこまで簡素化できるか示しつつ、幹事・運営委員会社の中で検討状況のアンケートを行うということとなり、これに関わらせていただいた。同時に決算・監査遅延対策のために検討されていた関係省庁に対する基準日特例やWebによるみなし開示についての法令改正や解釈拡大の提言とともに、研究部会で取り組むことになった。

　４月は日々刻々と状況が変わり、早めに提言することが重要と思われたことから、事務局にも無理をお願いして急いだが、４月15日には金融庁の連絡協議会から延期や継続会を促すようなアナウンスが出る中、皆様のご協力を得てアンケート結果と提言が20日に経営法友会にて公表された。基準日特例とみなし開示は関係各所との調整の結果、当初よりもトーンダウンした形での提言となった。

　その後さらに感染状況が悪化する中、延期や継続会を促すのは６月に10人以上の会議を開くべきではないという示唆なのか、という疑問にフェーズも変

わりつつあった。政府の意向を確認すべく、事前投票と委任状で可決できれば株主の当日来場ゼロを目指すような抑制を行ってもかまわないことを問い合わせることも事務局にご相談していたが、GW前直前に経団連のひな形、経産省・法務省のQ&A、連絡協議会にて示された継続会の趣旨説明が出たことで、かなりクリアになった。ここに至るまでどのような動きがあったのか不勉強であるが、関係各所でリードして動いてくださった皆様に感謝、また、複数の異なる立ち位置からの要請をなるほどこのような形で決着させるのか、と大変勉強になった。個人的にはもう少しストレートで分かりやすいほうが好みであるが、関係各所の利害関係や立場を含めて調整された結果と拝察している。

　この有事を経験してあらためて、いい意味でも悪い意味でも「変えられない」という日本的体質を実感している。経営法友会という企業法務実務を代表する組織のクリエーターとしての機能をより意識し、経験する機会を与えていただいた関係者の皆様に感謝したい。

（たかばやし・さちこ）

17 コロナ禍における「今すぐ役立つ」リーガルテック・AIの導入

高林　淳　双日株式会社 法務部第一課副課長

> 「あなたですか、わたしの王子様は？
> ──ずっとお待ちしておりました」
> ──シャルル・ペロー童話集『眠れる森の美女』
> （村松潔訳・新潮文庫）

　新型コロナウイルスの影響により、在宅勤務等テレワークをされている方も多くなった一方、中小企業をはじめ未だ多くの企業がテレワークを導入できていないと聞く。法務社員の立場からすると、テレワークでは会社の本や雑誌を手に取れないことは痛手となるし、契約書の作成から締結の間のプロセスにも多くの支障が生じ、テレワーク導入に抵抗感があるかもしれない。

　本稿は、法務業務にテレワークを導入できない理由が、もし「資金がない」あるいは「どのようなリーガルテック・AIが役立つかわからない」ということであれば、その問題を克服するヒントを提供することを目的とする。ヒントの提供にあたっては、以下の6つの問題からアプローチしたい。

1　テレワーク・インフラがない
2　契約書を作成できない
3　リサーチできない
4　文書を承認できない
5　契約を締結できない
6　（その他）テレワークに役立つリーガルテック・AIがわからない

　そもそもリーガルテック・AIはパソコンで操作するため、テレワークとの親和性が高い。それどころか、出社時に比べたテレワークのデメリットの一部を補完できるものも多い。そこで、まずはテレワーク導入に関する情報を提供

し、その上で、テレワークで「今すぐ役立つ」リーガルテック・AIを紹介したい。なお、ここで紹介するテクノロジーはすべてインターネットのウェブベースで動作するものであり、導入にあたっては原則出社する必要はなく、リモートで導入することが可能である。

1 テレワーク・インフラがない

(1) 助成金の活用

　テレワーク環境整備の資金がないことを理由にテレワークを導入していないのであれば、ぜひあきらめないでいただきたい。リーガルテック・AIをテレワークで使用するために最低限必要なインフラとして、パソコンとインターネット回線があれば足りる。これらの導入費用が問題なのであれば補助金制度を利用して乗り越えられる可能性がある。

　厚生労働省の「働き方改革推進支援助成金（テレワークコース）」では、資本金が 3 億円以下、社員300人以下の企業がテレワークを導入する場合、テレワーク用通信機器の導入、保守サポート、研修、外部専門家によるコンサルティングにかかる費用などに使える助成金が最大150万円まで受けられる可能性がある（業種により基準は異なる）。令和 2 年12月 1 日までに申請する必要がある。

　また、東京都の「事業継続緊急対策（テレワーク助成金）」では、社員が1000名未満の企業に、250万円（補助率1/2）を上限として助成金が支給される。こちらは、令和 2 年 6 月30日までに完了する必要があるので、申請を希望される場合は急がれたい。

　この他、経済産業省の「IT導入助成金」は最大150万円、公益財団法人東京しごと財団は最大110万円の補助金を提供しており、中小企業であれば補助金を得られる可能性は高い。東京オリンピック・パラリンピックでの混雑緩和も見据え、今後も同様な補助金が提供される可能性もあり、情報にアンテナを立てておくことが肝要だ。

(2) 無料機材・ソフトウェアの活用

　機材やソフトウェアについても、無料で提供されているものも多い。レノボ

ジャパンはコロナ対策の状況を踏まえ、中小企業向けにノートパソコンを5台まで3か月間無料で貸し出すサービスを開始した。また、期間限定ではあるが、シャチハタの電子印鑑サービス、東芝やライトワークスのeラーニング・サービスも無料で利用できる。セキュリティの確認は必要だが、クラウドサービスはもともと無料のものも多い。新型コロナウイルスの影響が長期化するか、または第二波が到来すれば、無料期間の延長や新たなサービスの無料提供も始まるであろう。

マイクロソフトOffice 365がパソコンに搭載されていればTeamsを使用することで、無料でチャットやWeb会議システムを使用することができるし、Zoomなどのweb会議システムも、一部機能の制限はあるが、無料で使用することができる。詳しく知らべれば、無料または廉価なものの組合せでインフラを整えることは可能だ。

(3) セキュリティの確保

経営者としては、セキュリティが本当に確保されているか心配されて当然だ。三菱UFJリサーチ&コンサルティング会社の調査では、テレワーク導入に際しての課題の1位は情報セキュリティの確保であった[1]。悪いことに、最近WHOや保健所を装い、または新型コロナ関連のニュースやワクチン開発の案内と偽って不正サイトに誘導するといったテレワーカーを狙ったサイバー攻撃による被害が急増し、テレワーク導入を阻害する要因となっている。

テレワークに関するセキュリティについては、総務省が「テレワークセキュリティガイドライン（第3版)」を発行している。「ルール」「人」「技術」のバランスを取って導入することが重要であるとし、「技術」についても大変理解しやすい。ただし、これは現状のような緊急事態を想定して作成されたものではないため、導入ハードルが高く設定されている。すべての条件を一気にクリアせずとも、これらを念頭に置きつつ、後回しにできるものは後回しにして、導入を急ぐ必要がある。

---

1) 三菱UFJリサーチ&コンサルティング株式会社「地方創生と企業におけるICT利活用に関する調査研究」https://www.soumu.go.jp/johotsusintokei/linkdata/h27_05_houkoku.pdf

⑷　総務省「テレワークマネージャー相談事業」の活用

何から手を付けてよいかわからないという方は、経験豊富なテレワークの専門家の助言を無料で受けることができる総務省の「テレワークマネージャー相談事業」を利用することもできる。筆者は弊社人事部にてテレワークの導入を担当したが、そのときにも相談させていただいた。セキュリティの問題のみならず、就業規則の改定やマニュアル整備など全般に知識が豊富で、頼りになる存在であった。

たとえば、トライアル中は就業規則の改定をしていない会社がほとんどであるとの情報は、当社へのテレワークのトライアル導入を後押しした。また、勤怠管理のソフトウェアについてはベンチャー企業を紹介いただき、比較的低い費用で信用できるベンダーを選定できた。サービスを利用できる企業に制限はないので、ぜひ活用されたい。

労務実態を把握しにくい、上司・部下のコミュニケーションが悪くなる、人材育成がしづらい、チームの生産性が低下する等々、尽きない悩みはあるが、まずは最低限のインフラを構築し、部署を限定したトライアルから開始されてはいかがであろうか。社員の健康を確保し、社会が一丸となって新型コロナに立ち向かうため、経営者はできることから、ただし、できるだけ早く開始する決断を迫られている。

② 契約書を作成できない

契約書を作成するときは、一から作成することはほとんどなく、ひな形か過去締結した契約書のドラフトを転用することが多い。このため、法務社員にとっては、通常の方法を踏襲するならば、自宅等から会社のデータベースへアクセスすることが必須となろう。そのようなインフラを直ちに整備できない場合は、原則在宅、必要に応じてシフト出勤、時差出勤して、必要な情報をセキュリティが確保されたパソコンに保存することを認め、持ち帰らせる手法が考えられる。

それでもなお残る問題は、新人や経験の不足した若手社員が先輩の指導なしに、または限られた指導の中で契約書をドラフトしなければならない点だ。本来であれば、会社の隣にいる上司や指導員が丁寧に指導してくれるはずであっ

たのに、若手社員の困惑は想像に易い。

(1) 契約レビュー・サービス（和文契約）

そこで紹介したいのが、ウェブベースの契約レビュー・サービスである。ウェブサイトに（またはWordのアドイン機能[2]を利用して）契約書をアップロードすることで数秒間でレビューする。このレビュー機能では、問題がありうる箇所を指摘し、修正文言を提案し、そして抜け漏れた条文を指摘する。自分の欲しい条文を検索できる検索機能を持つものもあり、コピー＆ペーストして使用することができる。また、もともとひな形が豊富に準備されている製品も多く、自社のひな形をストックしておくこともできるので、特別なインフラなしで自宅等にいながらにしてひな型を取り出すことが可能となる。

費用は、日本の場合、ユーザー数をベースとするものが多く、全社的に展開すれば相当の金額となってしまうので、法務社員向けといえるかもしれない。日本では、LegalForce社のその名も「LegalForce」、GVA-TECH社の「AI-CON」、日本法務システム研究所の「Lawgue」などがある。

> LegalForce：https://www.legalforce.co.jp/（一部英文契約対応開始）
> AI-CON：https://ai-con.lawyer/
> Lawgue：https://lawgue.com/

(2) 契約レビュー・サービス（英文契約）

弊社では、英文契約で契約レビュー・サービスを利用するため、海外のベンダーにも10社ほどアプローチし、比較検討を行った。大きく分けて、電子メールで契約書のドラフトを送信して、数分から数時間（ベンダーによる）の後に修正したものを受け取る電子メール式と、日本のベンダーのようにブラウザー上に契約書をドロップするブラウザー式がある。

「プレイブック」と呼ばれる、システムにある修正ルール（基準書）をカスタマイズする製品が多く、その場合は緊急の導入には不向きとなる（ただし、

2）Wordの機能を拡張する追加プログラムで、Word上で他のプログラムが使用可能となる。

ベンダーのプレイブックそのままで良いのであれば、すぐに使用を開始できるものもある）。現段階では、ほとんどのサービスは、NDA、Service Agreement、Sales and Purchase Agreementなど、基本的な契約書のみに対応している。1契約ごとに課金されるもの、一定金額で通数無制限のもの、ユーザー数に応じて料金が決まるものなど、課金体系はさまざまだ。

LawGeex（電子メール式）：https://www.lawgeex.com/
Klarity（電子メール式）：https://www.tryklarity.com/
Contract Probe（ブラウザー式）：https://www.contractprobe.com/
ThoughtRiver（ブラウザー式）：https://www.thoughtriver.com/

　契約レビュー・サービスを利用すれば、先輩の指導を受けにくい状況においても、一定の業務品質を保つことができ、また若手社員もそこからドラフティング手法について学ぶことができるので、テレワークでも非常に有効だ。

③ リサーチできない

　テレワークによって、会社にある法律書籍を使用できない問題は大きいが、これを補う方法もいくつかある。

(1)　法律書籍データベース

　最近になって、出版社が発行した書籍・雑誌をデータベース化して全ページをオンラインで閲覧できるようにするサービスが立て続けに開始された。このうち、「Legal Library」は、データベースにある書籍等のキーワード、タイトル、著者名、出版社、出版年などで検索することができる。書籍等の本文中の用語も検索可能だ。

　メモ機能も充実しており、メモ欄に何らかの情報を記載するとこれが栞となり、トップページから1クリックでメモしたページに飛ぶことができる。コピーやダウンロードすることはできないが、プリントアウトすることはできる。

　Business Lawyers Library、LegalScapeも同様のサービスを提供している。3社とも蔵書数はまだ十分とは言えないが、今後の増加に期待したい。費用は1ユーザーあたり、月5千円〜7千円程度。

Legal Library：https://legal-library.jp/
Business Lawyers Library：https://www.businesslawyers.jp/lib
LegalScape：https://www.legalscape.jp/lite/

(2) インターネット情報

言うまでもなく、インターネット上には法務業務で有用な情報は多いが、ここでは無料の法令・判例サイトを列記した。

総務省電子政府の総合窓口（e-Gov）：https://www.e-gov.go.jp/
法務省国会提出法案等：http://www.moj.go.jp/HOUAN/
経済産業省法令データベース：http://www.meti.go.jp/intro/law/index.html
条例Webアーカイブデータベース：https://jorei.slis.doshisha.ac.jp/
裁判例情報：http://www.courts.go.jp/app/hanrei_jp/search1

この他にも、国・公共団体、弁護士会、法律事務所のホームページで無料で法令・判例情報を入手できる。

米国の法令は、連邦制定法については合衆国政府印刷局（United States Government Publishing Office）や議会図書館（Law Library of Congress）のホームページにて法案や最新法令を含めて参照することができる。州の法令などを検索するには各州政府のホームページにアクセスすることになるが、全米州議員協議会（National Conference of State Legislatures）のホームページでは、州と検索したい項目を選別すれば州のリンクが表示され、使い勝手がよい。また、"FindLaw"は米国の法令・判例検索の代表的な無料サイトなので、ぜひ一度アクセスいただきたい。

FindLaw：https://caselaw.findlaw.com/

米国では早くからロースクールが争うように自身のホームページを充実させてきた経緯があり、たとえばコーネル大学ロースクールのものは有名だ。法律関係者のブログはblawg（ブローグ）と呼ばれ、大量なサイトがあるので、一度時間をかけて有用なサイトを見つけておくのも後の効率化につながる。

　英国では、国立公文書館（The National Achieves）が運営するlegislation.gov.uk
があり、また、寄付によって成り立っている民間企業のBritish and Irish Legal
Information Institute（BAILII）も法令・判例などの多くの法務関連情報を掲載
している。

(3)　有料サービス

　多くの法令は無料のインターネットサイトで閲覧可能だが、判例の掲載は、
上記サイトを含めて限定的であり、詳しくかつ漏れなく調査するためには有料
サービスを受ける必要がある。中でも、「判例秘書INTERNET」は日本の多く
のロースクールで導入されているため使い方に馴染みのある者も多く、また、
月額利用料も低めに設定されているためシェアが高いようだ。

```
判例秘書INTERNET：https://www.hanreihisho.com/hhi/
WestLaw Japan：https://www.westlawjapan.com/
TKCライブラリー：https://www.tkc.jp/law/lawlibrary
D1-Law.com：https://www.d1-law.com/
```

　米国の判例検索を中心としたデータベースのプロバイダーとしては、West
LawとLexisNexisが有名だ。一方、企業の実務担当者としては、トムソンロイ
ターの「Practical Law（PLC）」が役に立つ。

```
Practical Law：https://www.westlawjapan.com/solutions/products/practical-law/
```

　このサービスでは、特定の国・地域における法令の解説や最新の動向、判例
などの情報を得ることができ、それらが実務上どのような影響があるか解説し
ている。ウェブベースなので情報はタイムリーに更新され、世界500名以上の
弁護士などの専門家が常に情報を更新している。契約書のひな形や条文も豊富
で、取引のチェックリストも充実している。

　掲載内容が膨大であるため、慣れるのにある程度の時間はかかるが、Ask機
能にて「このようなひな型を探しています」「この国のこの法令が最近改正さ
れたと聞いたが、情報を教えて」などと質問・要望すれば、速やかに回答して
くれ、テレワークにおける海外取引業務の強い味方になろう。

4 文書を承認できない

契約を含め、文書の承認については、未だに紙を使って稟議に回し、決裁承認をしている会社は多い。コロナ禍の現在、社内承認については、いっそのことすべて電子メールでの承認を認めることで解決できないかは一考に値する。社内規程に違反しているかもしれないが、所詮は社内の問題で、電子メールでの承認を認めるルールとすれば、コンプライアンス違反となりようもない。

(1) ワークフロー・サービス（契約マネジメントシステム）

一方、稟議のプロセスをウェブ上で一元管理するシステムを導入したいというニーズもあろう。この場合、ワークフロー・サービスを導入することで、解決することができる。ワークフロー・サービスは、たとえば、以下の2社のサービスがある。

> Holmes：https://www.holmescloud.com/index.html
> Richo Contract Workflow Service（CWS）：https://www.ricoh.co.jp/service/cws/

両サービスとも、単なる承認プロセス管理を超えた、「契約マネジメントシステム」とも言うべきもので、契約書ひな形の提供から、社内承認プロセスの管理（どこで止まっているか）、クラウドでの文書保管（検索可）、契約書の期日管理など、多くの機能がある。Holmesは電子署名も付属しているし、CWSは契約レビュー機能がある。

(2) 電子印鑑

また、社内で電子文書上の体裁を整えるため、電子印鑑を利用する方法がある（電子印鑑は、後述する電子署名とは異なり、公的書類や契約の締結にそのまま使うべきものでない）。

印鑑を作成するだけであれば、インターネットには多くのフリーソフトがあるので、誰でも簡単に作成が可能だ。これを内部資料にて確認した証拠として押印するルールとすれば、電子的に稟議を回すことができる。

シャチハタの「パソコン決裁Cloud」を使えば、電子印鑑ごとに固有のIDが

振られ、いつ誰がどこで押印したか履歴が残る。1 印影あたり月額100円と低価格で、さらに令和 2 年 6 月30日までは無料で開放されている。

> シャチハタ パソコン決裁Cloud：https://dstmp.shachihata.co.jp/products/cloud/

⑤　契約を締結できない

　文書に押印しづらいコロナ禍においては、電子署名の導入が進んでいると聞く。契約とは意思の合致によって成立するため、無論電子メールのやり取りでも契約は成立するが、民事訴訟法228条 4 項には「私文書は、本人またはその代理人の署名又は押印があるときは、真正に成立したものと推定する。」と規定されているため、電子メールのやり取りでは真正性は推定されないことになる。

　では、電子署名を利用すれば、真正性は推定されるのであろうか。また、真正性が推定されない場合、どのような問題が発生するのか。以下、電子署名を「電子署名タイプ」と「電子サインタイプ」に分けて説明したい。

(1)　電子署名タイプ

　「電子署名タイプ」では、第三者である電子認証局が各署名者の本人確認を行い、発行した電子証明書を用いて電子署名を行うというものである。文書を送信する側は秘密鍵で文書を暗号化し、公開鍵と電子証明書とともに送信し、文書を受領する側は電子証明書を確認したうえで公開鍵を使って解読する。この方法によれば、電子署名法 3 条[3]における真正性推定の要件を満たしていることになり、前述の民事訴訟法の推定効の適用なくして、真正性の推定が確保されることになる。

　このように、電子署名タイプはより厳格に契約を成立させることができると言えるが、一方で、相手方も認証を受ける必要があるため、海外の取引先との

---

3)　電子署名及び認証業務に関する法律 3 条「電磁的記録であって情報を表すために作成されたもの（公務員が職務上作成したものを除く。）は、当該電磁的記録に記録された情報について本人による電子署名（これを行うために必要な符号及び物件を適正に管理することにより、本人だけが行うことができることとなるものに限る。）が行われているときは、真正に成立したものと推定する。」

契約には向いていない。また、コストも上がり、時間もかかるという実務上の問題がある。

(2) 電子サインタイプ

「電子サインタイプ」の場合、署名者のメールアドレスに署名用のURLを送信し、受信者が当該URLからサービスにアクセスして署名を行うもので、この方法では、民事訴訟法上および電子署名法上の推定効は適用されないため、一連のプロセスを挙証することで証拠力を認めさせる必要がある。

それでは、どのような場合に挙証する必要があるのか。この点、『コンメンタール民事訴訟法IV』[4]では、裁判所において「現在の実務においては、逐一文書が提出されるごとに認否をとることをせず（重要な文書についてのみ個別に認否をとることはありうる）、相手方が特に争わない限り、その立証を求めない取扱いである」と解説している。つまり、なりすましなど本人による電子署名ではない、あるいは締結した内容と異なるといった主張が相手方からなされた場合のみ、挙証する必要があると言える。

争った場合は、締結までの一連のプロセスによって正当性を証明することになるが、これは電子サインタイプの多くは「確認証」や「完了証」といった名称の書類で、誰が（正確に言えば、どのメールアドレスにより）、いつ、何をしたかの詳細を記録した文書が作成される。これにより、一定の主張は可能となるが、これで十分かは各社で判断することになる。

(3) 注意点

注意しなければならないのは、法令上、書面の交付が義務付けられているものがあるという点である。定期賃貸借契約書や特定商取引上の契約書面は必ず書面である必要があるし、建設請負契約の締結は電子化してもよいが、相手方の承諾と電子署名タイプの電子署名が必要となる。税務関係書類も電子帳簿保存法10条の要件を満たすための検討が必要だ（もっとも、締結は電子署名で行い、それをプリントアウトして保存するルールとすれば要件を満たす）。

---

4) 秋山幹男ほか『コンメンタール民事訴訟法IV』（日本評論社、2010年）505頁。

　令和 2 年 4 月28日に内閣府が開催した第 5 回規制改革推進会議[5]では、書面規制、押印、対面規制の緩和について議論され、昨今の環境により規制緩和が検討されているが、いつ実際の規制緩和がなされるか、予定は公表されていない。

　また、電子署名については国際的なルールがないため、海外との契約について、電子署名による締結が認められているのか、後から無効と主張されても有効であることを証明できるのか調査する必要がある。

　言うまでもなく、電子署名を利用すれば、印紙代はゼロとなり、プリントアウト、製本、郵送といった手間も減り、郵送料もゼロとなるという大きな利点があるので、導入を検討してみる価値はある。

　電子署名は、多くのベンダーが存在するが、世界ではDocuSign、日本ではクラウドサインのシェアが高いと聞く。GMO CLOUDは電子認証局を運営し、電子署名タイプにも電子サインタイプにも対応している。

DocuSign：https://www.docusign.jp/
クラウドサイン：https://www.cloudsign.jp/
GMO CLOUD：https://ir.gmocloud.com/

6　（その他）テレワークに役立つテクノロジーがわからない

　法務業務をテレワークで行うに際し、役立つと思われるその他のツールをいくつか紹介したい。

(1)　文書共有システム

　Hubble社のその名もHubbleというシステムは、ただの文書保管システムに留まらない。そのシステムに保管されたファイルを更新するたびに自動的に新しいバージョンとして保存する（バージョン管理機能）。つまり、今までの都度「名前を付けて保存」し、いくつものファイルを保存するという作業が不要となり、時には枝分かれして最新版がわからなくなるといった問題が解消され

---

5 ）　https://www8.cao.go.jp/kisei-kaikaku/kisei/meeting/committee/20200428/agenda.html

る。また、複数名で書面を修正する場合に非常に有効となる。

コメント機能もあるので、部下が作成したファイルを上司が手直しした際にその理由を記録することもでき、教育ツールとしても機能することに加え、このコメント機能を多用することで、法務部の電子メールの数が激減したという企業もあるようだ。古いバージョンと新しいバージョンの差分比較もでき、ある時点からの変更点が履歴表示される機能もある。

Slack、Word Online、クラウドサイン、DocuSignなどとも連携しており、比較的廉価で、これからテレワークにおける文書管理を検討される方にお勧めしたい。

```
Hubble：https://hubble-docs.com/
```

(2)　翻訳システム

弁護士ドットコムのT-4oo（ティーフォーオーオー）は100言語以上に対応した、ウェブベースのAI翻訳システムであり、翻訳対象となる文書がどのような分野に属する文書であるか選択（たとえば、「法務」）することで、より正確な翻訳を行う。特に、英語から日本語への翻訳のレベルが高く、契約書や議事録といったフォーマルな文章では手直しが不要なレベルに翻訳されることが多い。分量によるが、翻訳時間はほとんどの場合は1分程度しかかからない。

また、このシステムは、ファイルの形式を選ばない。マイクロソフトパワーポイントやエクセル、PDFもそのまま翻訳することが可能で、表やグラフも形式を崩さず、そのままのレイアウトを保って翻訳するので、ビジネスの概要書や付属書類の翻訳にも有効だ。サーバーはすべて日本国内に存在し、ISMS認証取得の設備にて外部の不正なアクセスから保護されている。

(3)　チャットボット

チャットボットとは、「チャット（会話）」と「ボット（ロボット）」を掛け合わせた造語で、テキストや音声によって会話を行うロボットをいう。もともと法務社員は日々の業務で同じような質問を受けることも多く、このQ&Aをナレッジ化できれば、コミュニケーションがとりにくくなった現状でも、チャッ

トボットに答えさせられることができる。

　たとえば、各種申請の仕方、ひな形の保存場所、社内内部通報制度の使用方法など、単純な質問に答えるチャットボットが考えられる。印紙税に関する質問や、契約マニュアルなどをベースに作り込めたら大きな効率化を図ることができる。

　以上、テレワークおよびリーガルテック・AIの導入について解説してきたが、無論いったん導入すればコロナウイルスが終息しても役立つテクノロジーばかりである。ここで法務テクノロジーを導入するか否かで、今後の競争力にも影響するかもしれない。

（たかばやし・あつし）

18 新型コロナ対策を契機とした業務の棚卸と文書管理のススメ

永江沙樹　株式会社乃村工藝社
総務管理本部　法務部　法務課

> 法律家というものは、はじめて作り出された原則を、全然新しい、または創造された規範と考えることを、はなはだしく嫌うものである。
> ——ヴィノグラドフ『法における常識』
> （末延三次＝伊藤正己訳・岩波文庫）

　本原稿を執筆中の2020年5月4日、新型コロナウイルス感染症（以下「新型コロナウイルス」という。）に関する緊急事態宣言が延長され、5月31日が期限とされた。当社では緊急事態宣言発出の日を境に原則在宅勤務の日々が続いている。先の見えない状況下に、業務だけでなく、日常生活への不安を感じている読者の皆様も多いのではないだろうか。こうしたコロナ禍における企業法務の在り方を考える機会を与えていただき、大変光栄に思う。本稿では、テレワークを通じて見えたことを「新型コロナ対策を契機とした業務の棚卸と文書管理のススメ」と題し、著者の視点からまとめていきたい。

1 テレワークを通じて見えてきたこと

　「原則在宅勤務」つまり毎日在宅勤務（フルテレワーク）に突入し、当初は不安もあったが、著者自身が1か月以上経験して感じたことは、思いのほか大きな支障がなかった、ということだ。あるとすれば、1人で集中しすぎてしまうため、時間を忘れて業務を進めてしまうことだろうか。意識して休憩を入れないといつの間にか時間が経過し、頭がフラフラになっていることもある。個人差があるかもしれないが、注意が必要だ。

　そもそも、契約書の審査をメインとして業務を行っているため、我々の業務はテレワークにフィットしやすいといえる。会議の必要が出たとしても、今で

はさまざまなコミュニケーションツールがあるので、オンラインで十分にこなすことができる。もちろん困難な問題への対処は対面でのやり取りのほうが望ましいといえるが、対面での打合せでは、打合せ場所の確保や、移動時間も考えなければならず、当然感染リスクも高まる。そうしたハードルやリスクがなくなることは大きなメリットだ。

　当社では、コロナ禍になるよりもずっと前から、ほぼすべてのメンバーが週に1日程度は在宅勤務を行っていたので、オフィス外での業務遂行に慣れていたということもあるし、何よりコミュニケーションツールが大いに活躍している。電子メールだけでは、テレワーク遂行は困難であっただろう。環境さえ整っていれば、法務業務のほとんどはテレワークできるのではないか。

　しかしながら、テレワークできない業務というものが存在する。その代表例が、「押印対応」であろう。当社も例外ではない。押印対応のために、押印対応者が交替で出勤し、対応するという現実がある。出勤するということは、移動を伴うということなので、在宅勤務よりも感染リスクは高まるが、全面的に電子契約システムを導入していない以上は押印対応せざるを得ない。それでも当社は、政府の緊急事態宣言発令中の押印対応を「原則禁止」とすることで、押印対応の量を減らした。クライアントの要望等によりどうしても押印が必要な契約書のみ押印するという方法だ。しかしこれは暫定的な対応にすぎない。

2　電子契約導入の壁

　押印のために出社する、「ハンコ押すため出社」がマスコミでもネガティブなイメージとして話題となった。電子契約を導入すれば、コロナ禍のような状況でも出社することなく、印紙の貼付も不要となり、製本や発送の手間も省ける。いいこと尽くしにもかかわらず、多くの企業が導入に至っていないと聞く。これはなぜか。

　ここで、当社における課題のうち、主要なものを挙げてみたい。第1に、社内ルールの整備上の課題である。これまで物理的な押印対応を行っていたものが、電子上で完了することになれば、業務フローが大きく変化することになる。承認フローも、上長の決裁印、法務部の決裁印を押印するというのが原則である。これらをすべて電子上で行うには、業務フローの見直し、申請システ

ムの見直しが必要になり、そのためのルール策定も必要となる。ルール策定にあたっては、ある程度のマンパワーが必要となることは言うまでもない。

第2に、各取引先が利用する電子契約システムを当社が取引先ごとに受け入れていった場合、結果として、複数の電子契約フローが共存してしまうことだ。異なるシステムが共存することにより、ここでもやはり業務フロー上の課題が生じる。

第3に、取引先の理解を得る必要があるということだ。特に金額が大きい案件の場合、業務上の慣習から契約書を現物で確認した上で押印したいという要望が想定され、電子契約で締結することに抵抗感が出る可能性もある。

第4に、特定の業法に特化した課題ではあるが、当社として、建設業法上の電子契約の要件を満たすことが可能な技術的措置が講じられたシステムを導入する必要があるということだ。当社は、内装施工をメインに行う建設業者であるところ、建設工事の契約は、建設業法に従って締結しなければならない。建設業法上認められる電子契約の要件は、建設業法19条3項に定められている。本来、建設工事に関する契約は、建設業法19条1項に基づき、「署名又は記名押印をして相互に交付」しなければならないが、建設業法19条3項および同法施行規則13条の2第1項1号イにより、「建設工事の請負契約の当事者の使用に係る電子計算機（入出力装置を含む。以下同じ。）と当該契約の相手方の使用に係る電子計算機とを接続する電気通信回線を通じて送信し、受信者の使用に係る電子計算機に備えられたファイルに記録する措置」を講ずることによって、書面の交付に代えることができるとされている。これが、建設工事の電子契約と言われるものだ。

国土交通省が定めた「建設業法施行規則第13条の2第2項に規定する「技術的基準」に係るガイドライン」によれば、「見読性の確保」および「原本性の確保」が必要であるとしている。見読性、すなわち、電磁的記録をすぐにディスプレイや書面等で表示可能なシステムが整備されていることであり、原本性とは、その電磁的記録が原本であることが証明できる措置が講じられているかどうか、ということである。後者について、具体的には「公開鍵暗号方式による電子署名」「電子的な証明書の添付」「電磁的記録等の保存と、その保管されている電磁的記録が改ざんされていないことを自ら証明できるシステム」

が必要とされる。なお、あるクラウドサービス提供者は、経済産業省の「グレーゾーン解消制度」を利用し、当該サービスが建設業法施行規則13条の2第2項の技術的基準に適合するかについて照会し、関係省庁の検討の結果、当該サービス当該技術的基準を満たすことが明らかとなった[1]。このように、技術的基準を満たすサービスであるかどうかを、導入しようとする企業側でも確認する必要がある。技術的基準を満たすことが明らかなサービスが増えてくれば、選択肢も増えてくるであろう。

　一点、注意しておきたいのは、この技術的基準を満たさない電子契約での締結は、当然ながら建設業法違反になるということだ。電子契約の要件を満たさない以上、同法19条1項に基づき、「署名又は記名押印をして相互に交付」しなければならない。売買取引等で通常用いている既存の電子契約システムを用いて工事請負契約の締結を進める場合は、同法の電子契約の要件を満たすか否かをあらかじめ確認しなければならない。建設業者としてはもちろんだが、発注者としても法令違反となりコンプライアンス上問題となるため、注意されたい。

　当社で考えられる主な課題を4つ述べたが、おそらく他社でも、全面的な電子契約導入にはハードルがいくつか存在すると思われる。サイバー攻撃による漏洩リスクも懸念される。サイバー攻撃については、各ベンダーがセキュリティ対策を万全に講じたサービスを提供しているので、それらをよく検討した上で導入するのがよいだろう。紙で保管される文書も盗難リスク等は生じるので、どのような保管方法をとったとしても、リスクをゼロにすることは不可能だ。今でも「紙のほうが安心だ」という意見もあるかもしれないが、業務効率化や経費削減等、電子化によって得られる効果のほうがはるかに大きいことは言うまでもない。

　これまで建設業法に基づく工事契約の電子化に特化して述べたが、その他文書の電子化に関する法令としては、e‐文書法（民間事業者等が行う書面の保存等における情報通信の技術の利用に関する法律）、電子帳簿保存法、地方自治法、その他各業法等が挙げられる。全面的な電子化がまだ導入されていない企業の

1） グレーゾーン解消制度に係る事業者からの照会に対し回答がありました（2019年2月19日経済産業省）。

皆様におかれては、この機会に、対象となる文書ごとに関連する法令をあたり、あらためて検討されたい。

③ アナログからデジタルへ

電子契約導入はいわばアナログからデジタルへの変革だ。これはいわゆる「デジタルトランスフォーメーション」（DX）の一環でもある。この変革には終わりはないのではないか、と思うことがある。デジタル化できる業務は電子契約以外にもまだいくつも存在し、IT技術の進歩とともに増加していくのではないか。

当社にかかわる業務のうち、直近の例でいえば、2020年5月1日、国土交通省は、これまで対面で行うことを前提としていた建築士法に基づく重要事項説明について、テレビ会議等のITを活用した重要事項説明を行う「IT重説」を行った場合についても、建築士法に基づく重要事項説明として扱うという指針を発表した[2]。この指針に基づく措置は、新型コロナウイルスの拡大により対面による説明が困難化している実情等に鑑み、当面の暫定的な措置ということだが、「中長期的なIT重説の在り方については、今後社会実験の実施及びその結果の検証等を進める」との見解が出されており、今後のIT重説の標準化が期待されるところだ。

コロナ禍においては、今後の見通しも不透明であるからこそ、短期的視点ではなく中長期的視点が必要である。これまでにない、あるいはこれまで以上の変革を行うにあたっては、コロナ禍のために暫定的に行っている措置の中で発見された課題を拾い上げ、中長期的な運用を実現するために実施、検証を進めていくのがよいだろう。

ここで少し視点を変えて、国民の幸福度ランキングからDXの必要性を論じてみたい。国連の持続可能な開発ソリューション・ネットワーク（SDSN）は2020年3月20日、2020年版の「世界幸福度報告書」を発行し、世界幸福度ランキングを発表した。日本は2018年の54位、2019年の58位からさらに4位後

2） 新型コロナウイルス感染症対策のため、暫定的な措置として、建築士法に基づく重要事項説明について、対面ではない、ITを活用した実施が可能となりました。（2020年5月1日 国土交通省）。

退し、62位だった。第1位はフィンランド、第2位はデンマークである[3]。フィンランド、デンマークと日本の差は何か。真っ先に思い浮かぶのは、社会システムの差である。特に、社会のデジタル化の進み具合と、それによりもたらされる国民の暮らしの満足度には大きな隔たりがあり、これが少なからず幸福度に影響していると思われる。もちろん、北欧諸国は高福祉であるが国民負担率（「租税負担率（租税額の国民所得に対する負担率）」と「社会保障負担率（社会保険料の国民に対する負担率）」を合計したもの）が高く、日本とは目指すべき方向が異なるのかもしれない。しかし、このランキングとデジタル化の進度との相関関係については、日本への示唆が多くあるように思う。

　フィンランド、デンマークを含む北欧諸国では、日本のマイナンバーにあたる個人識別番号制度が、日本がマイナンバー制度を導入するよりもずっと以前の1960年代後半から導入されている。デンマークでは、国民の基本情報をすべて集約したマスターデータを活用した結果、5年間で日本円換算すると約800億円の経済効果が生まれたそうだ。さらに、2018年（夏）からデジタル原則に則っていない法律は出せなくなっている。そのため法律ができるとすぐにシステムが作られ、社会サービスに組み込まれていく[4][5]。また、高齢化が進むフィンランドでは、ヘルスケア分野のAI・IoT等の活用が進み、社会保障費の削減に貢献しているそうだ[6]。

　「働き方」という点ではどうか。世界の1人当たり名目GDP国別ランキングでは、デンマークが10位、フィンランドが15位となっているが、日本は26位だ。デンマークは日本の約1.5倍、フィンランドは日本の約1.3倍である[7]。平均労働時間は日本が22位であるのに対し、フィンランドが26位、デンマークが37位と[8]、いずれも日本よりも労働時間は短いにもかかわらず、GDPが高

3） World Happiness Report 2020（March 20, 2020, The United Nations Sustainable Development Solutions Network（SDSN）).
4） 経済産業省のデジタル・トランスフォーメーション（DX）（経済産業省ウェブサイト）
5） デジタル・ガバメントに関する国際動向について（2018年7月6日内閣官房情報通信技術（IT）総合戦略室）。
6） フィンランド、デジタル技術で遠隔介護　費用9割削減の自治体も（2019年9月16日 SankeiBiz）。
7） グローバルノート　世界の労働時間　国別ランキング・推移
8） グローバルノート　世界の1人当たり名目GDP国別ランキング・推移

い。この数字をみると、フィンランド、デンマークが、日本と比較しても高い生産性を保ちながら、ワークライフバランスを保っていることがうかがえる。生産性の高さは、テレワークが普及していることも一つの要因と思われる。北欧諸国では、気候や人口密度の低さなどの特徴から、テレワーク的な働き方が早くから導入されてきた。在宅勤務は官民ともに普通の働き方として定着しているようだ。政府主導によるテレワーク推進施策は80年代から90年代初頭にかけて実施されてきた[9]。

　少なくともこれらから分かることは、「デジタル化」は多くの経費を削減し、生産性を高め、幸福度の上昇にも貢献するということだ。

　日本政府は2016年9月に「働き方改革実現推進室」を発足させ、働き方改革を推進し、2019年4月から働き方改革関連法が順次施行されている。また、働き方改革の切り札としてもテレワークの普及が望まれている。地方創生、女性活躍等さまざまな観点からも、テレワークへの取組みは、政府の政策に位置づけられている。北欧諸国と比較すれば、取組み開始自体は遅れているかもしれないが、コロナ禍を契機に、今後より一層テレワークの普及が進むことを期待する。コロナ禍以前はテレワーク導入に二の足を踏んでいた企業も、導入せざるを得ない状況になっているのではないだろうか。

　働き方改革の第一歩はテレワークから、と言われることが多いように思うが、個人的には、働き方改革の第一歩は、「文書（情報）の管理」ではないかと考えている。コロナ禍の中、テレワークを実施して、見えてきた社会全体としての大きな課題のひとつが「文書管理」ではないだろうか。取り出したい情報がすぐに取り出せない、という事態は発生していないだろうか。きっと多くの企業がこの課題を抱えていると想像している。コロナ禍を契機として、文書管理について考えてみたい。

4 文書管理は、会社の業務の基本を支えている

　会社の業務を多層のピラミッド型に捉えた場合、その層の頂点に立つものが「ナレッジワーク」（より高度な判断力が求められる意思決定、企画立案、情報の分

9）　テレワークの海外普及動向（総務省　テレワーク情報サイト）。

析等）、そのナレッジワークを支えるものが、「コミュニケーションワーク」（報・連・相、会議、外部への相談等）であり、そのコミュニケーションを円滑に進めるための下準備となるものが、「ドキュメントワーク」（文書の作成、情報の収集・共有）と考える。このように考えると、やはり「文書管理」は、業務の土台ともいえるものだ。文書管理は、「情報の管理」とも言い換えることができる。膨大にある「情報の山」を整理し、管理しなければ、円滑なコミュニケーションも、その上に成り立つナレッジワークも、円滑に進められない。

業務の基礎となる「文書管理」が確立していないと、適切な文書・情報にあたることができない、間違った情報に基づいて上層の業務を進めてしまう等により、その上層の業務が成り立たなくなってしまう。これは、建物の基礎工事がしっかりされていなければ、その上に建てられた建物がぐらついてしまうことと同じである。

⑤　業務棚卸、現状把握の必要性

テレワークを踏まえた文書管理業務の構築（再構築）を進めるにあたって、その事前に検討すべきは、日々の業務の棚卸と、現状把握だと考える。やみくもに情報の整理をしても、全体像が見えなければうまくいかない。

具体的な業務棚卸の方法として、自身が担当する、またはやむなく抱えている業務をリスト化して、全体に占める割合を書き出していくという方法が考えられる。これを部署ごとに行うのがよいだろう。この際、できる限り細かな作業まで書き出すのがベストである。割合は、感覚値でもよい。業務棚卸で見えてくるものとして、たとえば次のようなものが挙げられる。

- テレワークによりしなくてよくなった業務がある
- テレワークできるはずの業務がテレワークできていない
- 簡単だと思っていた作業に想定以上の時間が取られる等の負荷がかかっている
- 必要ではない作業が想定以上にある
- やらなくてもよい業務がある
- 他部署と業務が重複している

> ・担当が決まっていない業務がある
> ・特定のメンバーに業務が集中している

　「テレワークによりしなくてよくなった業務」とは、たとえば、会議のための資料印刷や配布等が考えられる。オンライン会議では資料は印刷しなくてもよいし、配布しなくてよい。画面を共有するだけでよいので手軽だ。いっぽう、テレワークを通じて見えた課題もあるだろう。システム化すればよい作業もある。ちなみに、「簡単だと思っていた作業に想定以上の時間が取られる」ことの原因の1つは、「情報にたどりつくまでに時間がかかる」ということではないだろうか。情報にたどり着くために特別なテクニックがいるような仕組みはNGである。「誰でも」「すぐに」アクセスできなければ、情報管理とはいえない。社内であれば、画面を指しながら「ここ」と言えるものでも、テレワーク中のテキストでのコミュニケーションの場合、明確に指示しなければそれがうまく伝わらない。また、「担当が決まっていない業務がある」「特定のメンバーに業務が集中している」ことの原因は、情報共有の不徹底とコミュニケーション不足が原因だと個人的には考える。各人の普段の業務が見える化されていれば、こうした問題は起こりにくい。これらはITツールを活用することで改善できる余地がある。

　「情報にたどり着くまでに時間がかかる」「情報共有の不徹底」という問題に触れたが、このように、業務棚卸をすることによって、情報管理の問題点が浮き上がってくる。まずは業務棚卸による現状把握、と述べたのは、そうした理由からだ。

6 情報管理は整理整頓から始まる

　「情報にたどり着くまでに時間がかかる」という問題は、そもそも情報の整理整頓ができていないことが原因として想定される。情報はほぼ電子化しているので問題ない、検索すれば出てくるから大丈夫だ、という声も聞こえてきそうだが、電子情報が膨大にあふれ、検索しても特定できなくなるような状況になっていないだろうか。同じようなファイル名が複数存在していないだろうか。共有フォルダとローカルフォルダの情報に重複がないだろうか。今一度、

情報ファイル・データそのものやメタ情報を含め整理整頓することを検討することをお奨めしたい。

　過去、著者が経営法友会の「法務組織運営研究会」で「文書管理」について発表し、2018年12月10日発行の『企業法務あるある〔第3集〕』（経営法友会会員企業限定で配布される書籍）でも論じたことであるが、重要なのであらためて今ここで繰り返したいことがある。それは、この小題でもある「情報管理は整理整頓から始まる」である。ピラミッドの土台となる「情報の山」は、土台だからといってただ大きければよいというものではない。むしろ、山が大きすぎることで、土台としては安定しない。一定のルールに従い、整理整頓され、管理されなければならない。

　「アナログからデジタルへ」で北欧のデジタル化について述べたが、彼らも、苦労なくここまで来たわけではない。たとえばエストニアでは、基本台帳等の情報をデジタル化するにあたり、20年かけて手作業でデータをクレンジングしたそうだ[10]。現在、エストニアでは18分程度あれば起業することができる。法人設立登記を含めた行政サービスはデジタル化されており、オンラインで登記申請が可能。海外在住でもバーチャルな市民となり、法人設立が可能とのことだ[11]。そのため、エストニアには世界中から企業家が集まっている。ビジネスのスピードが速いということは、グローバル化、経済の活性化につながるということだ。一見当たり前のことに見える「整理整頓」だが、長い期間これを怠っていると、取り掛かってからは非常に多大な時間を要する。「いつか」ではなく、「いま」やることをお奨めしたい。よく、よいサービス、システムを入れれば管理できるという考え方があるようだが、それは間違いである。情報の山が整理されず、業務の全体像が見えていないのに立派なシステムを入れても、それを活かしきれない。高速で走れる車は、整備された道路があるから速く走ることができる。高速で走れる車を田んぼ道で走らせても、速く走ることはできない。環境を変えなければ、優秀なサービス、システムは活用できないのだ。

10）　前掲5）デジタル・ガバメントに関する国際動向について（2018年7月6日内閣官房情報通信技術（IT）総合戦略室）
11）　世界の構造変化と日本の対応（2018年5月経済産業省）

[7] 今までの「例外」が「日常」になることを考える。今からでも遅くはない。

「整理整頓」が必要であると述べたが、テレワークの実施が避けられない状況下では、走りながらこれらを進めるしかない。「業務棚卸、現状把握の必要性」で述べたように、テレワークを行うことによって見える課題もあるからだ。

今回のコロナ禍において、テレワークを暫定的な対応として導入している企業が、今後正式にテレワークを導入しようという動きになることが想定される。テレワーク自体は、新型コロナウイルスが蔓延するよりもずっと前から、人材不足や雇用人材の多様化に伴い、その必要性はうたわれていた。未導入の企業も、テレワーク導入は「いつか」しなければならないと考えていたに違いない。その「いつか」が、この新型コロナウイルスの感染拡大によって、今まさに否応なしに投げかけられたともいえる。先行きが不透明な中では、テレワークを「暫定的」「例外的」な対応と考えるのではなく、テレワークを前提とする働き方、つまりこれが新たな日常、いわゆるニューノーマルであると考えて仕組み作りを進めることが求められるだろう。これまで未導入、未検討の会社も、これから取り組むことに「遅すぎる」ことはない。他社に比べれば遅いと言われるかもしれないが、これから動けばよいのだ。「何から手を付ければよいかわからない」まさにそうだろう。しかし、日々の業務は待ってはくれない。ルーチン業務をこなすうちに、あっという間に時間は経過してしまう。

実際に事業所に出勤すること自体が目的化してしまっていたり、既得権益になっていたり等、さまざまな事情から、テレワークに前向きでない役員や社員もいるかもしれない。「まずは意識改革から」という議論もあるかもしれないが、環境や仕組みを変えることで、人の行動が変わり、意識が変わることもある。コロナ禍を契機とすれば、説得材料が増える。業務棚卸もセットで考えることができ、業務効率化にもつながる。今このタイミングでどう動くかが、アフターコロナの企業の在り方を左右するのではないか。

導入前から、「このやり方はうまくいかないのではないか」と思うこともあるだろう。事前検証ももちろんある程度必要であるが、最初から100％うまくいく方法を選択することは不可能である。まずは「あたり」を付けてやるしか

ないのだ。

⑧ ルールが先か、まず動くが先か、会社によって異なる。

テレワーク導入にあたり、ルールの策定が先だ、という会社は優等生である。もちろんそうなれば望ましい。しかし、過度に硬直的にならぬよう、注意されたい。一度決めたルールに固執するあまり、柔軟な対応ができていないのではないだろうか。

一方で、まず動く、ルールは後で考える、という会社もあるだろう。一見柔軟で、世の流れをつかみ、動いているように見えるが、社員は何を頼りにすればよいか、わからない。労務管理上の問題も生じる。詳細なルール策定を後回しにするのであれば、せめて、万一の際の照会先となる管掌部門（多くの場合は人事部門・情報システム部門）や各部門の担当者・決定権者を明らかにし、業務遂行状況についてはその都度共有するという方法をとるべきであろう。具体的に言えば、担当者と上長との適宜のコミュニケーションを通じ、業務を把握して進めることが必要だ。

いずれにしても、現状ルールと実態とのバランスをとり、適宜軌道修正しながら進めることが必要ではないか。

⑨ 業務の進め方が変わる？

テレワークを進めてみて感じたことは、よりテキストでのコミュニケーションが増えた、ということだ。オフィスにいる者同士で仕事をする場合、多少指示が曖昧でも、「これはこういう意味？」「これでよかった？」と、その場で修正しながら仕事を進めることができるが、テレワークでは、曖昧な指示では動きづらい。曖昧な指示は避けられるべきである。「いつまでに」「どのような結果、アウトプットが必要なのか」を明確に伝える必要がある。つまり、タスク管理を正確に行う必要があるということだ。また、各人のタスクが見え辛くなるということもあるだろう。これまで以上に「見える化」を推進する必要があるかもしれない。ぜひ、「曖昧な指示はなくそう」「わかりやすい見える化をしよう」キャンペーンを各社で実施してほしい。

⑩ 特別なことではない、これまでやってきたことを地道にやること。

　コロナ禍における業務棚卸や情報の整理について述べてきたが、今後の安心感のために一言付け加えておくと、これらは何も特別なことではない。コロナ禍がなくとも、これまで読者の皆様が業務を通じて進めてこられた改善活動と同様であるということだ。これまでやってきたことを地道に続けるしかないのではないか。「やり続ける」ということは、「変化しない」ということではない。「やり続ける」ことで、新たなやり方を模索することができる。「やり続ける」ことで、見えてくるものもあるはずだ。これらが変化につながるのではないか。

　情報は、時間が経てば陳腐化する。サービスも日々進化している。情報管理に「これで終わり」はなく、やり続けることが必要だ。新型コロナウイルスが終息したとしても、この活動は終わらない。これまで以上に、テレワーク導入企業は増え、業務のIT化が進むことは避けられない。「今だけ」ではなく、中長期的な視点で検討することが望まれる。

⑪ 発想の転換

　普段から、「この業務は在宅勤務ではできない」と決めつけているものはないだろうか。これまでの常識や当たり前を見直し、やや乱暴ではあるが、「すべての仕事はテレワークできる」という前提で発想を転換し、「どのようにしたら在宅勤務でできるのか」という視点で今後の業務の進め方を検討する必要があると考える。

⑫ アフターコロナに向けて

　新型コロナウイルスへの対応は長引くことが想定され、ウイルスとの長期的な共存も覚悟しなければならない。新型コロナウイルス感染防止対応、営業活動等の自粛は、我が国のみならず世界中の人々の命を守るため、また、医療・物流・小売業等の国民生活に必要不可欠な労働者、いわゆるエッセンシャル・ワーカーの方々が安全に働くために必要なものだ。しかし、それと引き替えの経済損失も同時に喫緊の課題として企業経営にのしかかってきており、ここで

立ち止まっていては、前に進むことはできない。テレワークをしながらでもよい、業務棚卸とそれら業務に関連する情報の整理をしてみてはどうか。

　2020年版の「世界幸福度報告書」には、新型コロナウイルス感染拡大による影響は反映されていないが、「世界幸福度報告書」のウェブサイト上のFAQ[12]では、新型コロナウイルスと幸福度への影響について、"高い信頼性を持つ社会では、被害を修復し、よりよい生活を再建するために協力的な方法を自然に模索し、見つけ出す。このことが、危機の後に、驚くほどの幸福感の増加につながることがある。これは、周囲の人々や組織が持つ、互いを助けるという意欲の高さに、人々は嬉しい驚きを感じるからであり、これにより、人々は帰属意識を高め、達成できたことに誇りを持つようになる"（著者による意訳）と言及されている。社会も企業も同じことがいえる。まさに「ピンチはチャンス」である。本稿で述べた対策のほか、アフターコロナに向けて各社が独自の対策を講じ、生き残っていてほしい。著者がこれまで述べたことはあくまでわずかな対策にすぎないが、本稿が経営法友会ならびに会員企業の皆様、本書を手にとった皆様の一助になり、やがて幸福の増大につながることができれば、幸いである。

（ながえ・さき）

---

12)　World Happiness Report FAQ (March 20, 2020, The United Nations Sustainable Development Solutions Network (SDSN)).

⒚ 法務の発信力は尊い（はず）

亀井勇人　BEENOS株式会社　執行役員

> どんなに下手でもかまわない。ただ、できる限りよいものをと心がけること。
> 　信じられないほどの見返りが期待できる。なにしろ、何かを創造することになるのだから。
> ——カート・ヴォネガット『国のない男』
> （金原瑞人訳・中公文庫）

1　情報を発信は、法務から

　法務の発信力は尊い（はず）というお話。

　どんな形式と内容であれ、特定の事柄を要領よくまとめ、他者に対して短時間で、わかりやすく、そして関心を向けさせるように伝える技術は難しい。それゆえに、その力は尊い。ライター、ブロガー、ユーチューバー、インフルエンサーなど、比較的新しく、かつ、時代を表すこれらの職業は、この発信力を評価されているものである。

　法務部門はその役割として、一般的に、法務や税務など周辺知識の調査と提供、他部門との円滑な調整による事業の推進、契約交渉による事業リスクの管理などを期待されている。これらを指南する書籍やセミナーも山のように存在する。

　どんな業務にせよ、法務部門の存在意義は、「有益な情報を発信して経営判断の質を高められたかどうか」に尽きる。法務部門には、経営陣や事業部門からの質問や相談、契約書のドラフトや交渉、社内研修などなど、あらゆる業務がある。そして、その評価は、これら業務を通して、有益な情報を発信し、経営判断の質を高められたかどうかで決まる。つまり、発信力が問われている。法務の発信力は尊い（はず）。

当社も例外ではない。役員、営業部門、企画部門、マーケティング部門などからの質問や相談、これらに付随する契約書のドラフトや交渉については毎日対応するし、どんなに少ない場合でも、月に一回は社内研修がある。少しだけ特異な取組みとしては、YouTube上で従業員向けに、事業における法務知識を発信しているくらいだろうか[1]。本稿を書いている2020年のゴールデンウィークの時点で、社内限定のものを含め50程度の動画を公開している。

社内研修を動画にすれば、対象従業員は、都合が良いときに受講することができる。少なくとも、従来の集合研修のイヤイヤ感は減る。そんな人間はおそらく存在しないが、繰り返して見ることもできる。視点を変えると、自分たち法務部門が調べた結果の備忘録にもなるし、部門内の知識共有にもなる。何より、どんなに些細な事柄でも、自ら企画して、調査し、過不足なく他者に伝えるというのは、なかなかに難しく、挑戦しがいがある。しかも、法務関連のお話なんてそもそも面白くないのだから、少しでも関心を向けさせるような内容にするというのは不可能に近い。本稿を書きながら、本書の他者エントリーの仮題を見ているのだが、ためになりそうなものばかりである。ぜひ、他社の法務部門の方とも動画制作を一緒にやってみたい。

② 情報をつかむのも、法務から

本書のタイトルは、『危機下の企業法務部門』である。危機下の話にも少しだけ触れよう。

残念ながら、危機下において、わたしたちが純粋に、法務的に活躍する場面は少ないかもしれない。もちろん、危機下における特有の対応、すなわち、既存契約の条件変更や、「通常運転時に特段必要はないが、非常時に頻発するかもしれない契約書のひな形」を用意するなどもある[2]。しかし、危機下においては、どうしても経済は全体的に後退する。そうすると、新規事業のスキーム検討や新サービスにおける法律調査など、前向きな業務は少なくならざるを得

1) 【企業の法務部】法む室チャンネル（https://www.youtube.com/channel/UC77ZwbSRvaa-yCMZcDvzhTQ）。
2) このあたりは、明司雅宏氏が「今こそLEGAL BCPの発動を」（NBL1166号（2020年3月15日号）で詳述している。今すぐ本稿を読むのを止めて、そちらを読むことを勧めるほどに素晴らしい論稿である。

ない。幸か不幸か、大量の契約書審査など、泥臭い業務の比率は減少するかもしれない。そうすると、法務部門としては（まったく論理的な帰結ではないが）、情報発信に傾倒してみるのもよいかもしれない。

　真面目な話、危機下において、刻々と状況が変わる中では、重大な情報をいち早くつかむことがとても大切で、それにより、その後の経営方針が大きく変わるということは多々ある。危機下の経営や、事業の継続にとって重要な情報を、今こそ発信するべきである。法務の発信力を発揮するときである。というのも、日常の法務部門の業務自体、何かを調べて、それをわかりやすく伝えるということが大部分である。TKCやWestlaw、レクシスネクシスなどの各種データベース、行政のウェブサイトの閲覧に最も手慣れているのは誰か。法務部門である。これらを駆使して単なるウェブ検索にとどまらない情報収集を行い、かつ、専門書や専門誌で知識のアップデートを怠らないのは誰か。法務部門である。自社サービスの本質や弱点を知っているため、先回りして、危機下の経営判断に影響を与える情報を提供することができるのは誰か。法務部門である。

　危機下の事業運営、会社のアクションには、何かしらの法律が必ず関わる。契約変更に私法が関わってくるのはもちろんである。組織再編については、会社法や商業登記法も関わる。危機下においては、労務問題も多い。労働法に関わるので、通常運転時の人事・労務部門だけでは対応が難しい。株主総会の会場変更、バーチャル総会の検討などについても、会社法のみならず行政の動向が重要となる。総務部門の判断のみでは難しい。上記のデータベース、行政のウェブサイト、専門書や各種法律雑誌では、これらについて包括的に論じられていることも多いし、法務部門であればその情報にたどり着くこともたやすい。

　純粋な法務業務に関わるものだけでも、以下が思いつく。
　①　非常時における取引契約書の読み方
　非常時であれば即、不可抗力免責が適用されたり、契約変更が認められたりすると誤認している事業担当者は多い。これらの条文の存在すら知らない者も

いる。知っている場合でも、これらの条文をうまく利用して、当事者の合意を形成するのが最も重要であるということを共通認識にする必要がある[3]。

②　契約変更の覚書ひな形

上記の結果、良くも悪くも、契約変更が頻発する。そのたびに法務部門が契約変更の覚書を作成していては、危機下において、適時に対応できない。営業担当者であっても簡単に作成できる、契約条件変更用のフォーマットが有益である。

③　オフィスや店舗の賃料交渉における借地借家法の知識

借地借家法制においては、借賃増減請求権など、一般的な取引契約には適用されない規定がある。単に、切迫した状況だから賃料を下げてくれと交渉するよりも、契約や法律に則した交渉をするほうが説得力も増すし、うまくいく可能性が上がる。

④　小規模M&A用の簡易DDリスト

契約変更のみならず、危機下において、小規模なM&Aが頻発する可能性もある。フルスケールの対応ではかえって、機動的な対応ができないかもしれない[4]。

⑤　電子契約 未導入の契約相手に対する情報提供

従来のように判子を押して、とやっていたらタイミングを失する。そもそも、非常時にオフィスには誰もいない。とは言っても、電子契約に未だ対応していない取引先に対して、非常時を理由に電子契約をゴリ押ししても決してうまくはいかない。取引先が気にするであろう論点、社内で説明が必要であろう点をまとめて情報提供することも有益である[5]。

法務部門特有のものだけでなく、俯瞰した情報も当然に役に立つ。

①　政府の各種施策を分野別、時系列順にまとめたもの

新型コロナウイルス感染拡大に伴う各省庁等別主な施策一覧[6]のような資料

3）　【新型コロナウイルス】非常時の取引契約5つのポイント（https://youtu.be/zgBLWPlwxVo）。
4）　佐藤義幸『法務デューデリジェンス チェックリスト──万全のIPO準備とM&Aのために〔第2版〕』（good.book、2016年）。
5）　クラウドサインがウェブ上で情報を公開しているので、とても参考になる（https://www.cloudsign.jp/）。

は、大きな視点で経営判断をする際に役立つ。また、特定の業法と関係する事業部門にとっても有益である。

② ウイルス流行時の株主総会対応・バーチャル株主総会についての検討

新型コロナウイルスの感染対策として、バーチャル株主総会の導入を検討している企業は多い。しかし、そもそも法的にバーチャル化が許されるのか。許されるとして、参加型・出席型など、どのような形態が会社法上実施可能なのかという前提知識がないと、総会の準備が進まない[7]。

3 法務の出番

情報発信の舞台は、法務関連分野だけに限られない。

前述していないが、危機下こそ総力戦であり、部署間の垣根がなくなるというのは、前述したとおりである。IT関連部門に属していなくとも、ITへの感度が高ければ在宅勤務を円滑にするアプリケーションやツールの導入を提案したって良いのだ。もちろん、導入にあたって、専門部署によるセキュリティ面等の確認は必要。

楽天株式会社のように、ウイルス検査キットの販売をする場合は顕著である。

関連する法規制の調査を抜かりなく行うことは、法務部門として当然である。しかし、このようなケースの本質はそこではない。現在、国内で実施されているウイルス検査はどのような種類のものか。国内外にどのような検査キットが存在して、それぞれどのような違いがあるのか。ということを、まずもって調査する必要がある。そして、それは医薬品業界でもない限り、事業会社の中の誰も検討したことのない事柄である。さまざまな分野を展開しているとはいえ、楽天はインターネットサービスを中心とした会社である。仮に、実現可能だとしても、国の医療体制を考慮したときに、実施することが果たして適当といえるのか。悪影響を与えるとまでは言えないとしても、少なからずレピュテーションへの影響が存在し、そのリスクをどのようにコントロールするべき

---

6) 森・濱田松本法律事務所編「新型コロナウイルス感染拡大に伴う各省庁等別主な施策一覧（4月2日現在）」ビジネス法務2020年6月号70頁。

7) 「ハイブリッド型バーチャル株主総会の実施ガイド」経済産業省2020年2月26日策定。

か。これらは社内で誰も検討したことのない事柄である。法務の出番である。

　段々と、発信力の話から離れてきている。

　要するに、非常時においては総力戦で、部門云々と言っている場合ではない。刻々と状況が変わる中で、何かを調べ上げ、それをわかりやすく、即時に伝えるという法務部門の能力はいくらでも応用可能なのである。

　実際、上記のようなことは、法務とその周辺分野においては得意なはずだし、そういう訓練を積んできているのも法務部門である。分野が異なっていても、ある程度応用できる。しかし、情報発信は、あくまで結果として、発信された後で、役に立つか、有益なものなのかが判断される。独りよがりの情報発信かもしれない。自己満足かもしれない。しかし、部門の垣根を外し、調査、要約、発信という観点で見たときに、法務部門が頼りになることは間違いない。そして、発信される情報も有益なはずだ。法務の発信力は尊い。

（かめい・はやと）

20 緊急事態宣言下の内部通報窓口

眞鍋有紀　株式会社富士通マーケティング
法務・コンプライアンス・知的財産部

> 小さなモモにできたこと、それはほかでもありません。
> あいての話を聞くことでした。
> なあんだ、そんなこと、とみなさんは言うでしょうね。
> ──ミヒャエル・エンデ『モモ』
> （大島かおり訳・岩波少年文庫）

1 内部通報制度の浸透

　2006年の公益通報者保護法施行後、各企業で整備が進み、法施行当時はなじみのなかった内部通報制度は、1,000人を超える従業員を抱える企業の90パーセント以上が内部通報窓口を整備するまでとなった[1]。

　内部通報制度を企業が有することの意義は、主に以下のとおりである[2]。

> (1)　実効性のある内部通報制度の整備・運用により、
> ・コンプライアンス経営に寄与し、ステークホルダーからの信頼を得られ、
> ・組織の自浄作用の向上等、企業価値の向上や組織の持続的発展にもつながる。
> (2)　内部通報制度を積極的に活用したリスク管理等により、
> ・高品質で安全・安心な製品・サービスを提供することで、企業の社会的責任を果たし、
> ・社会経済全体の利益を確保する上でも重要な意義を有する。

　制度としては整ってきているようだが、それが上記のような意義に沿って、期待どおりに十分に機能しているかというと、100点満点とは言い難いのが現

1）　「民間事業者における内部通報制度の実態調査報告書」2016年度実施（消費者庁）。
2）　「公益通報者保護法を踏まえた内部通報制度の整備・運用に関する民間事業者向けガイドライン」2016年12月9日消費者庁。

在の状況ではないだろうか。平時においても難しい窓口の運営が、新型コロナ
ウイルス感染症の拡大に伴う緊急事態宣言下においては、さらに難しい対応を
迫られる場面があるように思う。

　本稿においては、新型コロナウイルス感染症の拡大に伴う緊急事態宣言下に
おいて、内部通報窓口の果たすべき役割や留意事項について考察したい。な
お、文中における意見は私見であることをお断りする。

② 内部通報窓口を社内に設置する意義

(1)　組織の自浄作用

　組織の内部に通報窓口が設置されていることの意義の一つに、組織の自浄作
用が期待できることが挙げられる。なお、本稿において、内部通報窓口とは、
社内の法務部門等の管理部門に設置された窓口だけでなく、法律事務所や民間
の専門機関等に委託する場合の窓口も含むものとする。

(2)　3つのディフェンスライン

　最近は、組織のリスクマネジメントにあたり参考にすべきものとして、「3
つのディフェンスライン（three lines of defense）」[3]という言葉を耳にする機会が
増えた。

　3つのディフェンスラインとは、以下の3つを指す。

---

①　第1のディフェンスライン＝営業（現業）部門
②　第2のディフェンスライン＝リスクマネジメント、法務およびコンプライア
　　ンス等を含む管理部門
③　第3のディフェンスライン＝内部監査部門

　第1のディフェンスライン＝営業（現業）部門の責任者は、当該部門内で発
生した問題（＝リスク）のオーナーでもあり、これをコントロールする直接の
責任者でもあることから、本来は、営業（現業）部門の組織内部でリスクを適
切に把握し、当該リスクが顕在化した場合には、当該組織の内部で、速やかに

---

3)　「LEVERAGING COSO ACROSS THE THREE LINES OF DEFENSE」COSO（Committee of
Sponsoring Organizations of the Treadway Commission：トレッドウェイ委員会支援組織委員会）

これに対処することが望ましい。

　しかしながら、重大な法令違反やハラスメント等、発生した問題（＝リスク）が組織内だけで解決できない場合は、法務や人事部門等、第三者の力を借りて解決を図る場面もあるのは事実である。第1のディフェンスラインで防御できなかった問題は、第2のディフェンスラインで解決を図る、ということである。

(3)　第2のディフェンスラインの重要性

　特に、新型コロナウイルスの感染拡大を受けた緊急事態宣言が出されている現下の状況では、通常では起こり得ない事象が発生し、組織の内部でうまく解決できない事態に陥ることも想定される。

　このような事象が発生した際に、実効性のある（信頼性の高い、と言い換えることもできるであろう）、第2のディフェンスラインとして、内部通報窓口が会社に存在することの意義は大きい。厳密に言うと外部委託の場合は違うかもしれないが、機能としては同等と捉えさせていただきたい。

　部門内のエスカレーションができない状況でも、会社内部にエスカレーションルートが確保できていれば、会社としてその事象に対応し、問題が大きくなる前に内部で解決することが可能であり、通報者自身が問題解決を図ることができることに加え、会社としてのダメージも最小限に抑えられるからである。

③　緊急事態宣言下で発生し得るさまざまな問題

　内部通報窓口への通報対象となる事案について、特に現下の状況においては、以下のような問題が発生することが考えられる。

(1)　ハラスメント

　都道府県労働局等に設置された総合労働相談コーナーに寄せられる「いじめ・嫌がらせ」に関する相談は年々増加しており、2012年に相談内容の中でトップになり、以降も増加傾向にある[4]。

　このように、通常時においても、ハラスメントに関する相談は多いが、小売

4）　あかるい職場応援団ホームページ「データで見るハラスメント」。

業においては、マスク等の不足に伴い来店者による暴言等のカスタマーハラスメントが増加していることは報道等のとおりである。これに加え、「コロナハラスメント」と呼ばれるような新たなハラスメントも発生しているとも聞く。

　自分や家族が罹患した場合の

> ・会社に復帰した際に、「ウイルス」呼ばわりされる事例
> ・書類の手渡しを拒否される、といった人権侵害ととられるような事例

や、緊急事態宣言の発出後においても、

> ・テレワークが許されず会社に出社して業務にあたることを強要される
> ・飛行機や新幹線を利用した長距離出張を命じられる

といった人権どころか、自分ひいては他人の命を軽視するような発言や行動も散見される。

　また、テレワーク下におけるマネジメントに慣れず、マイクロマネジメントが行き過ぎてしまい、部下に過度に干渉してしまったり、対面で会話をすれば何でもないことが、メールやメッセンジャーでのちょっとした言葉の使い方で、コミュニケーションの「ボタンの掛け違い」が起きてしまったり、と通常では発生しないような事象が起きてしまうこともあるだろう。

(2)　法令違反

　内部通報窓口への通報対象となる事案について、特に現下の状況においては、以下のような問題が発生することが考えられる。なお、リスクの端緒をつかみ、自浄作用を発揮させるためにも、リスクに係る情報が、可能な限り早期にかつ幅広く寄せられることが望ましい。そのため、内部通報窓口において受け付ける情報は、公益通報者保護法において通報対象とされている法律違反に関する情報だけに限定せず、広く対象とすることが望ましいと考える。

　　①　中小・下請事業者に対する下請法違反

　新型コロナウイルス感染症の拡大を受け、飲食店やショッピングモール等の営業自粛やイベント中止などにより、さまざまな企業が影響を受けている。その中で、親事業者による買いたたきや受領拒否等の下請法違反となる行為が起

こり得る。

　公正取引委員会のサイト[5]においても、新型コロナウイルス感染症に関連する事業者等の取組について、平成23（2011）年３月の「東日本大震災に関するQ&A」を参考にするよう周知されている。また、経済産業大臣、厚生労働大臣、公正取引委員会委員長連名で、個人事業主・フリーランスと取引を行う事業者に対して配慮を求める要請が行われていることにも留意が必要である[6]。

　②　不公正な取引方法等の独占禁止法違反

　マスクや殺菌作用のあるスプレー等、一部の商品が市場に出回らない事態が続いている。公正取引委員会によると、一部の販売事業者により、マスクと他の商品とを抱き合わせて販売していた事実があったとのことである[7]。

　また、公正取引委員会は、このような抱き合わせ販売に限らず、需要のひっ迫に便乗した価格カルテル等の消費者の利益を損なう事業者の行為に対しては厳正に対処することとしている。

　③　個人情報保護法違反

　従業員本人や家族の罹患情報、行動履歴を会社から公表することについて本人の同意を得ておらずトラブルとなるような事例や、携帯電話の通信事業者による利用者の位置情報の第三者提供にあたっての匿名加工が不十分である事例等、個人情報保護に関する法律への違反が疑われるような事案が発生することが考えられる。

　上記に示した法令違反に限らず、労働環境の変化に伴う従業員個人による不正行為（刑法違反）等、さまざまな法令違反が発生することが考えられる。

5）　「新型コロナウイルス感染症に関連する事業者等の取組に対する公正取引委員会の対応について」2020年４月28日公正取引委員会。
6）　「新型コロナウイルス感染症により影響を受ける個人事業主・フリーランスとの取引に関する配慮について要請します」2020年３月10日厚生労働省（経済産業省、公正取引委員会、同日発表）。
7）　「新型コロナウイルスに関連した感染症の発生に伴うマスク等の抱き合わせ販売に係る要請について」2020年２月27日公正取引委員会。

4　緊急事態宣言下における内部通報窓口への期待

(1)　重大リスクの端緒を、リスクが小さなうちに拾い上げる役割

　ここ最近でも、小口の個人向け保険商品を中心に販売する保険会社による不適切事案の発生等、企業による不祥事は、枚挙に暇がない。

　この不適切な保険契約の事例については、相当な件数が広範囲にわたって行われていたようである。この事例は、特別調査委員会の当初報告書において、組織上の問題を含むさまざまな問題が指摘されているところであるため、内部通報窓口への通報があれば解決したとは言い難いようにも思うが、最初の段階で、誰か1人でもおかしい、ということに気付き内部通報窓口に通報され、適切に対応されていたら、ここまで問題は大きくなっていただろうか。

　特に、現在は日々情報がアップデートされ環境が目まぐるしく変わる状況である。普段以上に、ゆっくり立ち止まって、じっくりと考えることができる状況ではないだろう。そのような状況で、多少「おかしい」と思うことがあっても、流されてしまうことが多いことは容易に想像できる。

　ただ、この「おかしい」と思った場合に、従業員が誰か（どこか）に相談するモチベーションがある企業風土か、また、その窓口の1つとして内部通報窓口を思い浮かべる会社かそうでないかでは、問題解決のための道のりに大きな違いが出てくる。

　ごくごく一般的な会社員の感覚としては、これは「まずい（かもしれない）」という事象を知ってしまった場合、周囲を見渡し、相談できるような上司や同僚を探すだろう。その結果、適切な相談者がいないと判断したとき、問題を一人で抱え込むことが良くないことであると考える従業員が次に探すのは、社内の相談窓口であろう。

　このとき、内部通報窓口の敷居が高すぎたり、信頼できる窓口でなかったりしたら、従業員は、口をつぐみ問題に気づかないふりをするか、事例によっては外部に活路を見出そうとするかもしれない。

　これを食い止めることができるか否かは、内部通報窓口が信頼できるものであり、かつ、従業員に対して「何のための窓口か」が適切に周知されているかどうかにかかっている。

　上記3の(2)①に記載したような下請法違反の事例については、取引先にもオープンになっている窓口があり、これが適切に周知されていれば、通報窓口で情報を吸い上げ、社内に改善を促すことができる。このような場面で、内部通報窓口が適切に機能すれば、会社として重大リスクの端緒をつかむことができ、大炎上の前に、「ぼや」程度で済ませられることも多いと考えられる。

(2)　従業員のセーフティネットとしての役割

①　従業員1人の処遇が株価にも影響を与える

　化学品大手による男性社員の育休復帰後数日での転勤命令が、パタニティ（＝父性）ハラスメントであるとSNSで大炎上した事例は記憶に新しい。

　この事例の炎上の原因としては、会社側の対応に問題があったことも一因であると思われるが、外（SNS）に出る前に、人事部門や労働組合、内部通報窓口等が、従業員のセーフティネットとして適切に機能していれば、ここまで炎上することはなかったのではないかと思わずにはいられない。

　緊急事態宣言という戦後初の危機的な状況下では、従業員もさまざまな事情を抱え、通常では考えられないような状況に陥ることも考えられる。普段であれば、通報に至らないようなケースでも、「パワハラを受けた」等と通報されることもあるかもしれない。

②　法的観点が絶対ではない

　たとえば、顧客の事業所での作業が必須である技術職の従業員に会社からマスクが支給されているようなケースで、従業員から、「自分にだけ会社から支給されるマスクが少ない。パワハラだ」等の声が窓口に入ったとする。受け付けた内部通報窓口の担当者はどうするだろうか。

　筆者であれば、まずは通報者の話を詳しく聞いて、これが事実であれば通報者の上司や関連部門に対応を依頼しよう、と考える。合理的な理由なく、このような状況が発生しているのであれば大問題であるため、迅速に対応する必要がある。この対応は間違いではない。間違いではないが、もう少し別の切り口からも考えたほうが良いのではないかと考える。

　この従業員は、本当に「マスクが足りない」ということだけを言いたいのだろうか。この申出の裏に隠された従業員の気持ちには、新型コロナウイルスの

蔓延で自分が罹患するかもしれない、もしかしたら会社の業績が傾いて給与が下がるかもしれない、場合によってはリストラされるかもしれない、等の不安な気持ちが隠されていないだろうか。しかも、内部通報窓口に通報するということは、困り事を周囲には相談できない過酷な状況に追い込まれており、精神的にも追い詰められているシグナルなのかもしれない。

　このようなケースを内部通報窓口で受け付けた場合、従業員の不安を理解し、これに寄り添うことができれば、上述のような通り一遍の対応ではなく、血の通ったものになり、問題の本質的な課題（配られたマスクの数の問題ではなく、職場内のコミュニケーションが不足しておりマネジメント層が担当者の不安を受け止められていないこと）に気付くことができ、職場の改善に、より一層寄与できるはずである。

　もちろん、申し出のあった事実の有無を確認し、改善すべき状況であればそれを改善することが大事であることは当然のことである。

　内部通報窓口は、法務部門が担当することが多いと思われる。内部通報窓口の設置は、公益通報者保護法の施行を契機としたケースが多く、法的な観点からの評価が不可欠であるとの認識からであると思われるが、過度に法的評価に偏った対応をしてしまうと、結果的に会社にとってのリスクを増大させるだけという結果になることも考えられる。

　通報者は法的な観点からの解決を求めているのかというと、必ずしもそうではないことも多いのではないだろうか。法的な観点を無視することはできないが、必ずしもそれが絶対ではない、ということは肝に銘ずべきである。

　③　非常時には「カウンセラー」のような役割も必要

　不安や恐怖の感情は危険予知の役割を担い、怒りの感情は危険への対処行動を起こす役割を担う。非常時にはこのような感情が蔓延し、普段では発生しないようなことが起きるのは、ある意味自然なことと窓口側が理解し、「法的な観点」を脇に置き、カウンセラーのような役割を担うことも選択肢に据え、対処してはどうかと考える。

　内部通報窓口は、会社にとって重要なものであるが、従業員を守れない窓口では、会社は守れない。相反しかねない通報者と会社双方の利益を、バランスよく調整し、会社にとっても、通報者個人にとっても、納得感のある「落とし

どころ」を探るのが内部通報窓口担当者の責務であると考える。

　内部通報窓口が相手をするのは、感情を持った人間であることを忘れてはならない。

(3)　会社の「誠実さ」のバランスをとる役割
①　「会社は社会の公器である」の認識

コンプライアンスとは、法令遵守にとどまらず、日々変化する社会的要請に従ったものでなければならない。では、社会的要請に従うとはどういうことか。

　危機管理やコンプライアンスを専門とする國廣正弁護士の著書『企業不祥事を防ぐ』[8]において、興味深い一節があった。

　　「……企業に求められるのは、『日々変化するリスクへの柔軟な対応』であ
　　ることは上に述べたとおりだ。しかし、『柔軟な対応』といっても、無節
　　操な行き当たりばったりの対応が許されるというわけではない。柔軟な対
　　応の中にも『一本の筋』がなければならない。ここで鍵となるのが『イン
　　テグリティ（integrity）』という概念だ。」

インテグリティは「誠実」とも訳されるが、誰に対しての誠実か。会社は社会から求められなくなったとしたら存在し続けることができない、という意味では、会社は常に社会に対して誠実であるべきであろう。

②　「一本の筋」が試される

　分単位でさまざまな情報があらゆる方面からアップデートされ、状況が刻一刻と変わっていく、現在の特異な状況下においては、会社としての「インテグリティ＝誠実さ」という「一本の筋」が必要である。そうでなければ、大海原を羅針盤のない舟で漂うようなもので、目的地に辿り着くこともできず、いずれ難破して沈没してしまうかもしれない。

　このような状況下においては、通すべき筋は何か、そのためには何を優先すべきかが重要である。

8）　國廣正『企業不祥事を防ぐ』（日本経済新聞出版社、2019年）148頁。

　たとえば、ある部門の売上に大きく寄与する取引があるが、商品の仕入先に法令違反すれすれの大きな負担を強いることになるというケースがあったとする。このケースで優先すべきは、「売上」だろうか「仕入先」だろうか。

　また、仕入先に負担を強いたことにより、仕入先の経営が悪化し、その影響で仕入先は一部の事業を別の会社に譲渡することになった。譲渡先が国外の会社で、譲渡対象の技術が国外に流出することにより、国内産業に打撃を与えることになってしまった、となると、もはや国家レベルでの大きな損失になる。

　ここまでの事例は極端であろうが、違反の「疑い」も内部通報窓口の対象とすることや「疑問に思ったら相談してください」といったスタンスで内部通報窓口が臨んでいれば、このようなケースも窓口に入る可能性がある。窓口に相談が入れば、事案に応じて経営層とも連携のうえ関連部門と協議し、会社の社会的要請とは何かを考えた上で対応を判断することができ、結果的に、コンプライアンス経営に寄与することができる。

　「事業リスクの評価は、経営層や事業部門を始めとする関係部門と法務部門が一体になって、ロジカルに行うことが必要である」とは、経済産業省の「国際競争力強化に向けた日本企業の法務機能の在り方研究会　報告書」（2018年4月）においても述べられていることである。

　有事こそ、会社に影響を及ぼすリスクを拾い上げる内部通報窓口としての役割は大きい。繰り返しになるが、そのためには、平時から信頼・信用される窓口でなければならないと切に考える。

⑤　緊急事態宣言下における内部通報窓口の課題

　上記に述べたとおり、内部通報窓口の果たすべき役割は大きいと考えるが、通常以上に配慮が必要な点があることにも留意したい。

(1)　プライバシーへの配慮
　通報事実が他の従業員や会社全体に大きく害を及ぼすおそれがある事実であった場合、通報者が匿名を希望しているが、事実調査のためには、匿名性の確保が難しい、といったケースもあるだろう。その際であっても、重要なのは、通報者の保護である。

　ここで対応を誤った場合、二度と通報者は内部通報窓口を信用しないだろうし、そのような評判は往々にして広まるものである。信頼をなくしてしまった窓口には存在意義がない、ということは肝に銘じておくべきである。

(2)　コミュニケーションの難しさ

　通常時であれば、通報があった場合には、対面での面談を実施し、ゆっくりと時間をかけて通報者の緊張やストレスを解きほぐしながら問題解決のための糸口を探るといったことが可能であるが、緊急事態宣言下の現在の状況ではそれが難しいことも多いであろう。出社が制限されている等、オンライン会議や電話、メール等の手段に頼らざるを得ない場合も多いと考える。

　この際に、ミスコミュニケーションを起こし、間違っても窓口からパワハラを受けた等と言われないために、対応には細心の注意を払いたい。文字でのやり取りになるメールはできるだけ避け、顔の見えるオンライン会議や最低限電話等での対応をする等、ケースに応じた対応を心掛けたい。なお、適切に対応した履歴を残すために、あえてメール等で「文字化」しておくケースもあることは申し添えておく。

6　内部通報窓口の「社内周知」

　内部通報窓口は、「普通の」従業員にはあまりなじみのないものである。ただし、「いざ」という場面では、従業員に対して開かれた窓口であるということを、社内に対してメッセージングすることは重要である。

　雑誌の特集「実践的コンプライアンスの要所をおさえる不正の心理」の記事「犯罪学理論にみる従業員不正の心理」[9]で、以下のような内容を目にした。「日本型不祥事のトライアングル」の3要素は、①無責任、②無知、③無思考である、というものである。

> ①　無責任＝不祥事を発見しても、自分事ととらえず、放置する。
> ②　無知＝不祥事を発見しても、それに対する対応（内部通報規程、窓口の存在
> 　　　等）を知らない。

9）　山本真智子「犯罪学理論にみる従業員不正の心理」ビジネス法務2018年5月号23頁以下。

③　無思考＝ルールに依存し、指示どおりにやれば問題ないと思考停止に陥る。

　常日頃から、内部通報窓口の意義を従業員に周知し、また、会社の「一本の筋」が何かを経営トップの言葉として従業員に発信し続け、従業員自身に「考える」ことを促すような教育を実施する等の働きかけをし、従業員が上記のようなトライアングルに陥って問題を放置するような事態に陥らないようにしたい。

　ただし、従業員にこれを求めるからには、まずは窓口が自らこれを実践し、誠実でなければならない。このコロナ禍を生き残るためには、「自分さえよければよい」という考え方に陥りがちである。今だからこそ、窓口が何のために存在するかを考え尽くし、その結果見出される「一本の筋」をずらさずに、真摯に対応できる窓口であるかどうかが試されているのではないかと考える。

　その上で、今回の緊急事態宣言を「いざ」という時と捉え、あらためて従業員のための窓口であることを周知し、窓口が誠実に業務を遂行することが、自宅やお客様先等で誰にも言えずに問題を抱えているかもしれない従業員を守り、ひいてはコロナ禍の終息後においても企業と社会を守ることにつながると考える。

（まなべ・ゆき）

21 新型コロナ危機下における 取引法務の論点整理

木村紳一 ライオン株式会社 法務部

> 人間が馴れることのできぬ環境というものはない。
> ことに周囲の者がみな自分と同じように暮らしているのが分っている場合はなおさらである。
> ──トルストイ『アンナ・カレーニナ』
> （中村融訳・岩波文庫）

　新型コロナ危機に対応した取引法務ということで、さまざまな論点を整理しようと思う。取引法務といっても事業会社の規模や業界の取引慣行によって、さまざまな違いがあるはずである。また、緊急事態宣言も延長され、今後倒産も増えていくという先行き不安な状況となると想定される。

　本稿では、緊急事態に対して取引を見直す、変更する、または取引先との対応等について、私自身が製造業に従事しての経験をもとに、取引法務の論点から整理していきたいと思う。

1 不可抗力について

　今回の新型コロナウィルスによる影響となると、まずは不可抗力が思い浮かぶ。不可抗力とは、天災地変のように人力ではどうすることもできないこと。外部から生じた障害であって通常必要と認められる注意や予防を尽くしても、なお防止しえないものと広辞苑に定義されている。では、不可抗力に関する法律の規定があるのかということであるが、現状日本では新型コロナに対応する契約関連の実定法はない。結局、拠り所は民法になる。たとえば、不可抗力による損害賠償請求権が成立するためには、債務者に帰責事由（過失）が認められる必要がある、これを過失責任の原則という。民法の415条によれば、「債務者がその債務の本旨に従った履行をしないとき又は債務の履行が不能である

215

ときは、債権者は、これによって生じた損害の賠償を請求することができる。ただし、その債務の不履行が契約その他の債務の発生原因及び取引上の社会通念に照らして債務者の責めに帰することができない事由によるものであるときは、この限りでない。」とある。この規定によって、不可抗力は、債務者の責めに帰すことができない事由によるものになるので、民法上の損害賠償請求は、認められないこととなる。しかし、不可抗力条項が契約書に規定されていれば、当事者の合意による契約上の権利として認められるので、どのような主張できるかは契約の定めによるのである。不可抗力条項を設ける場合は、次のようなものが一般的だろうと思われる。

第○条（不可抗力）

　暴風、豪雨、洪水、高潮、地震、落雷、地滑り、落盤、火災、騒乱、暴動、戦争、テロ、その他不可抗力による本契約及び個別契約の全部又は一部（金銭債務を除く。）の履行遅滞又は履行不能については、いずれの当事者も責任を負わない。

---

② 取引とは

　そもそも、取引とは、物品を購入したり販売したりすることをいう。私の所属先は製造業であることから、有体物の取引についてのみ取り扱う。サービスや無体物を取引することも多々あるが、今回は、有体物のみ取り上げて行きたいと思う。また、物を「売る」「買う」という両面から検討したいと思う。売る契約と買う契約では、ポイントが異なってくるので、そこを指摘したいと思う。

③ 物品を買う

　まずは、購入する立場において、自社製品を製造する際に、原材料を購入したり、製造する機械を購入したり、買う物品はさまざまであると思う。たとえば、ポテトチップスを自社工場で生産しているなら、その原料の、じゃがいも、植物油、食塩、調味料、香辛料などを購入する。製品に使用する包材の段ボール、製品の袋などを購入する。こういった物品を購入しようとする場合、まず購買の基本契約を締結している企業が大半だと思われる。その基本契約に

は、取引の元となる条件が規定されている、その条件に沿って日々の購入行為を行っている。たとえば、引渡条件、危険負担、契約不適合（瑕疵担保）などが取り決められている。何か取引先と問題が発生したときは、その基本契約に立ち返って確認するのが法務の業務である。

　日々の取引において購買部門は、あらかじめ、たとえばこの先半年間の月ごとの発注計画（フォーキャスト）を取引先に提示する。その発注計画に基づき、まず、製品名、数量、納期などを記載した「発注書」を作成し、それを取引先にデータで送信し、その発注内容を取引先が承諾することによって、都度日々の契約が成立している。取引先は、その発注に基づき、原料の手配をしたり、注文に基づき生産を開始したりしている。

　しかし、何か月に一度しか購入しない、一度に購入する金額が少ないなど、少額の取引も企業間取引においては、まだ数多くある。こういった少量、少額の取引においては、発注書と受注書のやり取りのみの簡便なやりとりで行っていることも多い。

　本稿では、購買の基本契約が締結されている状態で、たとえば毎月一定量購入する物品を取引している実態を想定して考えてみる。

4 発注前について

　新型コロナウィルスの影響で緊急事態宣言が発令されたが、まだ、注文を発注していないときは、個別の契約関係は成立していないからといって、何も対応しないというわけにはいかないだろう。将来、発注することを考えると、取引先に対して今後の見通しについての確認に入るべきである。ここで、法務担当としては、基本契約の内容をチェックする。基本契約は、もちろん捺印済みのコピーを取り寄せる、基本契約に不可抗力条項が規定されているのか、取引上の特有のルールがあるのかなどを確認する。

　基本契約確認後、今後の発注計画を変更しておく必要がある、取引先と何らかの発注計画（フォーキャスト）を合意しているのであれば、それが発注と同等の効力を発するので、フォーキャストを変更、取り消す必要があるかもしれない。「フォーキャスト自体が発注ではないので、これに基づき取引先から何らかの要求をされるリスクはあるか？」という問合せが法務に来るかもしれな

217

い。この場合に確認すべきことは、お互いに計画について合意しているのか否かであるが、こういった計画は通常、メール等でのやりとりが必ず存在する。では、実務上具体的にどういった要求があるのかと想定するならば、取引先から「計画どおりいかないのなら、手配した分の加工賃を負担して欲しい」、「先に計画を見越して購入しておいた原料（消費期限有り）を、消費期限が切れるから廃棄しなければならないから、廃棄費用と購入費用を負担して欲しい」など要求があり、両社の話合いでの妥協点を探るしかないと思われる。こういった場合、お互いの帰責事由を追及していくこととなるが、商売上、購買側の印象が悪くなると、売る側の取引先としては今後の取引に影響があると想定し、あまり強く主張しないことが多いと思われる。

　新型コロナウイルスの状況下で、これから発注をかけようとするならば、取引先に対し事前に製品が納入できるかを確認すべきである。現在、新型コロナ下において物流機能は正常に機能しているので、国内の輸送はほぼ問題ないと思われるが、相手先の工場が稼働しているのか、取引先が原材料を手当できるのか、を事前に確認して納入できるのかどうかを判断すると思われる。

　東日本大震災の時には、東北地区などに取引先の工場があった場合に被災しており、出荷できない状況となったこともあったが、今回のコロナの場合は全国規模となっており、休業しているのか、緊急事態宣言により稼働率が落ちているのかについて慎重に見極める必要がある。特に気を付けたいのが、海外で生産している原料、部品などの在庫があるかどうかである。海外の生産先から原料等を輸入できないことも想定されるし、海外の工場が稼働していないこともあり得る。これは、国によって感染症のピークの違い、対応の違いによって製品の製造に影響を受けることとなる。

　このあたりのリスクを回避しようとするならば、海外から原料を直接購買する場合にも、ある程度地域を分散させて購入するか、商社を使って購入して、当該商社のネットワークを使えば、代替えの購入先を見つけてきてくれる可能性が大きい。原料が、何か所かで購入できる汎用性の高い原料であれば、問題が解決できるかもしれないが、これが1つの工場しかできない「特注品」と呼ばれるものであれば、復旧するまで待つほかないだろう。この場合も、発注書の変更、取消しなど証跡を残すことに気を付けたい。

5 発注後に不可抗力が発生した場合

　現状、発注しており、取引先が発注を承諾していない段階で新型コロナウィルスの影響で、取引先から「受注できない」と連絡があった場合は、どうすべきか。まずは、一旦、発注を取り消す、取り消さなければそのまま、発注の記録が残る、こういった状況は避けたい。次に、取引先に「いつ、発注を受注できる状態となるのか」を確認していく。ここでも、基本契約の内容をチェックする。不可抗力条項が規定されているのか、発注を取り消す際のルールがあるのかなどを確認する。多くの場合は納期を延期できないとか発注を取り消せないなどは、規定されていることはない。経験上、外国企業の契約であれば記載されていることも充分あり得る。

　この際に注意したいのが、下請法である。納入を延期することが、不当な給付内容の変更に当たるのか、その分納入が延びたので、相手方の倉庫代を負担すべきなのか、発注を取り消すとその分廃棄費用を負担すべきなのかを検討して、発注元として負担すべきことを検討すべきである。下請法以外の取引先においては、延期、発注取消しなど、電話で連絡するだけでなく、書面、電子メールなど証跡を残すべきことは、言うまでもない。おそらく、この基本契約の条文に、不可抗力の条項があるとした場合、別途協議することが規定してあるか、いずれの当事者も責任をもたない旨が規定されているだろう。

　また、消費期限のある原料などを発注しているときに、留意すべきことがある。そもそも納期を延期すること自体、消費期限との関係で使用できないのが想定されるのであれば、廃棄ということもあり得る。法務としては、原料などを廃棄する場合も、たとえば、発注元の自社のノウハウ等が含まれている製品であれば、廃棄業者をこちらで契約して廃棄してもらうなど、自らの責任で処理することもある。

6 納　品

　製品の発注がなされ、取引先も注文を承諾した、しかし、それを納品しようとした場合、新型コロナウィルスの影響で納入できない事態を考えてみたい。個別の契約は成立していることが前提で、この場合、さまざまなケースが想定

できる。ここで取引先が納入できない原因が交通事情によるのか、製品の生産中で原材料が入手できないためのものなのか、工場が緊急事態宣言を受け休業しなければならないのか、個別のケースを確認する。発注前と発注後のパターンとの大きな違いは、取引先との間に発注し受注していることから契約が成立していることである。取引先は製品を納入する債務があり、自社は製品の引渡しを要求する債権がある。取引先が納入できないということは、債務不履行に該当するが、それに対して損害賠償を求めていくことは現実的には難しいので、基本契約のルールで処理するのか、協議によって解決を図っていくのか、ということになると思う。下請法については、親事業者として新型コロナウィルスの影響で受領できないといって受領を拒否できないと思われるが、下請事業者が納品できないということになれば、そこは配慮するしかない。

7 物品を売る

　メーカーとしては、製品を売っていけなければならない。そこで重要となるのが、債権の回収である。製品の販売に関して新型コロナウィルスの影響を非常に受けている分野がある。それは飲食業向けの洗剤などの販売である。飲食店が休業となり、そこに卸している物品が売れなくなる、もしくは製品を販売できないということが、現実である。飲食店のお客さんが来店さえもできない状態なので、売上が上がらず製品も売れないのである。

　飲食店自体の存続に関わる状況なのに、未払いの債権があれば回収できるかという問題がある。特定の飲食店だけ危機に陥っているなら、債権者として素早い回収を行えるが、社会全体が危機的な状態なので、回収はおろか、むしろ支払いの延期を要請されるであろう。今後の取引関係もあり、回収を延期しなければならない場面に直面する事態が数多くあるだろう。個人的には、支払いサイトを延ばすよりは、分割払いを要請したほうが、回収という面では良い手段だと思う（回収する金額との兼ね合いにもよる）。できる範囲で、分割払いで支払ってもらっていくことが、今後の取引を継続するのにもつながると思う。分割払いを推奨するのは、サイトを延長した場合だと、回復傾向または、回復した時に元の回収サイトに戻しずらいと思われるからである。まず、こういった状況下では、債権を回収する側としては、早く債権を回収するということで

はなく、多少の未回収があっても緩やかにでも確実に回収を図るほうが得策だと考える。また、支払方法を変更することも、検討してよい。たとえば、現金振込みで取引を行っているのであれば、手形での取引、もしくは電子手形での取引に切り替えることで、取引先にとっても資金化しやすいと思われる。

8 小 括

　購買する側と販売する側に立ち、緊急事態について考察してきた、新型コロナウイルスのような目に見えない厄難下における大規模な外出抑制などの状況においては、大半のメーカーは販売する製品も売れないので、社会のシステムが回り出すまで待つしかない。また、生活必需品を供給しているメーカーは、在庫を切らさないように最大限の生産活動を行い、製品を供給し続けているのである。購入側としては、取引先が納入できないのであれば、発注していたものの納入を延期することが現実的ではないかと思うし、回収側としても自社に体力があるならば、なるべく販売先が事業を継続できるように無理な回収を控えるべきと考える。本稿を執筆している時点では緊急事態措置がそろそろ少しずつ解除され、社会が回り出す手前まで来ているが、法務としては、この新型コロナリスクの経験を活かし、今後の業務のやり方などを立ち止まって考えるように意識することが大事だと思う。

（きむら・しんいち）

22　新型コロナ禍で経験した 在宅勤務と労務管理

青木　修　長谷川香料株式会社 法務部法務課長

> これは終わりではない。終わりの始まりですらない。
> しかしあるいは、始まりの終わりかもしれない。
> ──ウィンストン・チャーチル（『チャーチル名言録』
> （中西輝政監修・監訳・扶桑社））

1　はじめに

　新型コロナウイルス対応を受けて弊社が2020年 4 月上旬に本社、営業拠点、研究所での在宅勤務を開始することにより、私自身、初めて在宅勤務を経験することになった。それまでは、官公庁や企業法務系雑誌、インターネット等で在宅勤務やテレワークのあらましを把握するのに努めていた。また、先行して在宅勤務を実施した旧知の他社企業法務関係者から実体験を踏まえた悲喜こもごもの情報を聞き、正直なところ「在宅勤務おそるべし」「在宅勤務に耐えられるか不安」と感じていた。実際に在宅勤務を経験し、また、在宅勤務にまつわる弊社の対応や弊社社内からの相談を通じ、労務管理の観点から見えてきたことについて、実際に経験したことを中心に、あるいは他社企業法務関係者から見聞したことなども織り交ぜながら、以下、述べる。

2　在宅勤務開始にあたっての弊社の状況

　弊社は、まず、在宅勤務の実施に当たって、2020年 3 月下旬に就業規則に定める変形労働時間制の規定を適用することにより時差出勤を可能とし、4 月上旬（今回の緊急事態宣言発令の直前）には就業規則の改正や在宅勤務規程の制定をすることなく、製造拠点を除いて交代勤務による在宅勤務を実施した。そ

して、4月下旬には、可能な限り在宅勤務を行うとする「在宅勤務の一層の推奨」に移行した。

　実は在宅勤務について他社がすでに実施している状況下、一時的に在宅勤務を実施する場合の労働法令の根拠法令や通達がないか一通り調べてみたが、労働基準法25条の非常時払のような規定を見出すことができなかった。また、厚生労働省のHPも在宅勤務を制度として導入する際のガイドラインを紹介するにとどまっており、今回の緊急事態宣言発令の時点で、どれだけ新型コロナウイルス肺炎が蔓延するか、いつ宣言が解除されるか見通しが立たなかった状況のもと、弊社のように在宅勤務制度を導入せず、緊急避難宣言解除までの間一時的に在宅勤務を実施した企業は一定数あったように感じる。こうしたご経験をされた企業法務関係者は、ぜひご一報いただき、今回経験したことやさまざまな対応について情報を共有させていただきたい。

③ 在宅勤務における労働時間の把握、管理の実際

　弊社では在宅勤務の実施に当たって、始業時に業務を開始した旨、また、終業時には業務を終了した旨および1日の業務内容を簡潔に上司に電子メールで報告することとした。これ以外にも各種システムへ勤務状況を登録する仕組みなどさまざまある。労働時間管理の一環として、弊社では①在宅勤務以外の日時に会社システムにアクセスしてはならないこと、②休日や深夜にシステム保守やバージョンアップ対応を実施することがあることも想定されたため、在宅勤務以外は会社システムへアクセスしてはならないこと、③情報システム部門の対応日、対応時間を明示し、対応日、対応時間以外に情報システム部門に連絡をとってはならないこと、を社内通知で周知した。他社の事例では、従業員が勤務先に事前申告することなく、勤務先が定める就業日、就業時間以外（例：休日、深夜）に自宅PCから勤務先システムにアクセスし、業務を行っていたところ、勤務先システムへアクセスできなくなり、休日、深夜であるにもかかわらず、勤務先の情報システム部門担当者の携帯電話に直接問い合わせをするといったケースがあったと聞く。こうしたケースでは、休日や深夜に自宅PCから会社サーバーにアクセスした従業員のみならず、休日、深夜に電話対応した情報システム部門の従業員も時間外労働、深夜労働をしたことになり、

従業員の労働時間を管理していなかったとして社内で問題とされる。なお、弊社の法務部門として業務を遂行する中で、今回の在宅勤務の実施期間中は特別に業務が増えるといったことは特段なかったこともあり、また後述のツールやシステムの活用を図ることにより長時間勤務に陥ることもなかった。

④　在宅勤務の作業環境

　私が在宅勤務を行う自宅マンションの一室は自らの寝室を兼ねており、PCで作業するには場所も限られている。「情報通信技術を利用した事業場外勤務（テレワーク）の適切な導入及び実施のためのガイドライン」では、椅子について「安定して、簡単に移動できる」「座面の高さを調整できる」「傾きを調整できる背もたれがある」「肘掛けがある」とあるが、私の場合、肘掛けのない折り畳み椅子を置くことができるスペースしか確保できない。椅子を後ろに引けずに横に移動しながら立つのがやっとである。

　また、「テレワーク導入のための労務管理等Q&A集（厚生労働省）では、在宅勤務中にトイレから作業場所に戻り椅子に戻ろうとして転倒した事例を労災として紹介している。私の場合、在宅勤務中に急に腹痛を催して焦って自分の部屋でつまずきケガをしてもおかしくない。したがって、在宅勤務の際には注意しながら歩くようにしている。

　さらに、前述のガイドラインでは照明の明るさや室温、湿度について定められているが、私の在宅勤務の実施の際にはこれらの環境が確保されているとはいいがたい。他方、妻や高校生、中学生といった私の家族も緊急事態宣言の中、自宅マンションでの生活を余儀なくされ、普段はいないはずの私が在宅勤務をし、それなりの頻度で行われるテレビ会議や携帯電話での会話が彼らに音として聞こえていたことから、相応のストレスを感じていたはずである。逆に自宅マンションの別の部屋で行われる家族同士の会話のやり取り、ペットの鳴き声がテレビ会議中の他の出席者や携帯電話での通話中の上司や同僚に伝わると、これほど恥ずかしいものはなく、相手方に対して申し訳ないと思うことがしばしばあった。かかる家族のストレスを軽減するために、ポケットマネーから普段行わない宅配や食材の購入費用を負担したことはいうまでもない。

[5] 在宅勤務と経費

　今回の緊急事態宣言を受けて在宅勤務を急遽実施するような場合、①PC、携帯電話、Wi-Fi機器の確保には限界があり、従業員個人の保有PCや携帯電話、Wi-Fi機器、ネットワーク回線の提供を求めざるを得ない。また、②在宅勤務時の電気、水道の費用をどう扱うかという問題もある。こうした対応は、会社によって対応が分かれるであろう。本来、在宅勤務を制度として導入しているのであれば、就業規則やテレワーク勤務規程等で定めておくべきところである。弊社の場合、在宅勤務が一時的な実施であったこともあり、在宅勤務を実施後、社内への通知により対応した。税務面では、現時点ではこうした費用について業務使用分と自宅使用分の区別が困難なため、会社がかかる在宅勤務実施の際に支給する手当が所得税法上の給与扱いとなり、源泉徴収等の対応を求められる可能性があることから、一定の留意が必要となる。

[6] 派遣労働と在宅勤務

　弊社では、在宅勤務の実施とともに浮上してきたのが、派遣社員にも一律に在宅勤務を実施するにあたり、労働者派遣契約や情報セキュリティについて次の対応を行った。
　①　労働者派遣契約の扱い
　派遣先、派遣元間で締結する労働者派遣契約では派遣社員が弊社の構内で勤務する旨定めていたが、急きょ在宅勤務を実施するにあたり派遣社員の自宅を勤務先とする旨の覚書を派遣元各社と締結した。
　②　派遣社員の在宅勤務時の情報セキュリティ
　弊社では、在宅勤務をする派遣社員向けにPCの準備まで十分手が回らず、一部の派遣社員のご協力、ご理解を得て派遣社員のご自宅でPCを使わない作業を行ってもらった。この点について、派遣元担当者からは「派遣先からセキュリティが十分確保された場所が提供されず、派遣社員個人の自宅で在宅勤務をさせる状況で派遣社員に情報漏えいをしないように、と言われても難しい。今回の派遣社員の在宅勤務によって生じた情報漏えいについては、免責にしてもらいたい。」との申入れを受けた。これに対して私は、「仮に派遣社員個

人の自宅のセキュリティに問題があって、これにより情報漏えいした場合、貴社（派遣先）に対して損害賠償を請求しない。その一方、たとえば派遣社員個人保有携帯電話を用いて作業に用いる資料等を撮影し、これをSNSにアップするなどして弊社の情報が漏えいした場合は貴社に対して損害賠償の請求を行うことがある。こうした場合分けについて覚書にきめ細かく定めるのは難しいが、そうした弊社の方針についてご理解いただきたい。」とお願いをし、派遣元の理解を得るに至った。

　そもそも派遣会社との間で締結する労働者派遣契約は、派遣労働者が派遣元から派遣先に派遣され、派遣先が勤務に必要な場所、機器を提供することが前提になっている。弊社関係者との間では、派遣元である派遣会社や派遣労働者の方々との良好な関係の維持が重要であることを共有し、上記の対応を行った。もちろん、派遣会社、派遣社員の方々のご理解、ご協力があったのはいうまでもない。

7　在宅勤務に役に立ったツール、システム

　今回の在宅勤務で役に立ったツールやシステムをご紹介したい。
　①　ウェブチャットシステム
　弊社では、在宅勤務の開始と同時に在宅勤務者、出勤者間相互のコミュニケーションを確保する目的から社内ウェブチャットシステム（「WCS」）を導入し、希望者はWCSをインストールの上活用した。私は、WCS上に契約案件の確認、社内プロジェクトの進捗管理や法務部が管理するシステムの情報共有グループを作成し、社内関係者を招待した。相当数の電子メールに埋もれがちなものが整理され、関係者間で素早く共有でき重宝した。一方で、社内関係者の招待については制限がなく、自らが望まないまま一方的に情報共有グループに多数招待され、その中で多くの要請を受けるリスクを避けるためWCSに入らないという選択をした社内関係者がいた。
　②　契約書管理システム
　2019年9月に弊社は契約書管理システムを本格稼働させた。社内各部門からの契約審査依頼の受付、審査結果の送付、契約書原本登録、契約有効期間管理を同システムで管理する。同システム導入前までは、契約審査依頼の受付か

ら審査結果の送付と契約書原本登録が別システムで稼働しており、また契約書原本データの閲覧は法務部門だけに限定されていた。契約書管理システムの本格稼働前に別システムに格納されていた契約書原本の写しや契約審査記録も同システムに移行し、弊社社内の一定の者に閲覧権限を付与することにより、社内関係者の情報共有を円滑に行っている。在宅勤務時にはこれらのデータを自宅PCで閲覧することができ、スムーズな契約審査に大いに役に立った。社内向け操作マニュアルの作成や社内説明会の開催準備の作業を行っていた頃は、実質的に一人法務体制であり、一人ですべてを準備しており、精神的、肉体的にきつい時期であったが、今思うと緊急事態宣言前にこうしたことを終え、かつ弊社社内でのシステム操作の習熟期間を経ていてよかったと思う。

8 おわりに

　弊社は、緊急事態宣言解除を受けて2020年5月末で在宅勤務を終了し、6月1日から通常勤務に戻ることとなった。会社によっては6月以降も在宅勤務が継続するという話や、また、5月25日の緊急事態宣言解除を受けて即時に在宅勤務解除の通知が出され、翌26日から通常勤務・出社に戻ったという話も聞く。在宅勤務を経験した今となっては、弊社社内システムへのアクセスに一時的な不具合が生じ、経営法友会HPのアーカイブに格納されている月例会を視聴したこと、テレビ会議システムの音声や映像が一部飛んで繰り返し発言したこと、また、ログアウトを繰り返して再び会議システムに入室したことも、よい思い出となりつつある。今後、新型コロナウイルス肺炎の第二波、第三波の襲来が見込まれる中であっても、弊社の上司、同僚、社内各部門の関係者、取引先と都度連携し、時期を見極めて法務部門として必要な対策を打ち、引き続き弊社にとってなくてはならない、信頼される法務部門を目指していきたい。

（あおき・おさむ）

第4章
機関運営を進化させよう

With / After
Coronavirus

23 新型コロナウイルス禍における株主総会運営とバーチャルオンリー総会

中尾智三郎　キリンホールディングス株式会社
執行役員　法務部長

外見が最上のものではなく、働きの上で最上のものが、
私たちにとってもっとも有用なものなのであります。
——ファラデー『ロウソクの科学』（三石巌訳・角川文庫）

1 ３月株主総会開催の環境

　当社の株主総会は、３月27日（金）に行われた。日に日に、新型コロナウイルスの新規感染が報道され、感染拡大の兆しを見せ始めていた。そのような状況下、とうとう総会前々日の３月25日、東京都の小池知事が「感染爆発重大局面にある」と宣言した。総会前日26日には、株主総会リハーサルが予定されており、朝からリハーサル会場で総会準備の仕上げを行う予定であった。小池知事の宣言を受け、リハーサル会場に向かう一方で、総会を予定どおり行うか、および会場運営や議事進行に何らかの変更を加えるべきか、喫緊の対応と判断が迫られた。

　３月総会は、開催直前にかかる喫緊の事態に見舞われたものの、運営実務で、さまざまな感染防止対策を行った上で、通常どおり実体のある会場で開催した会社が多い。当社も、新型コロナウイルスが着実に感染拡大してはいたものの、緊急事態宣言前でもあり、何とかほぼ予定どおり実施した。開催準備段階では、事態はさほど深刻ではなく、予定どおりの開催を決定した後、開催直前に至って、急激に感染が拡大した。東京都が「感染爆発の重大局面」と宣言する前、当社も、招集通知に加えて、当日の出席にあたっての留意事項（議決権の事前行使と慎重な出欠判断を促す内容）の案内を送付し、インターネット上

のホームページにも掲載した。感染拡大の方向にあり、事態収束の見通しが立たない中、延期後の開催の目途が立たなくなるおそれもあった。また突然の延期の伴う混乱（延期の周知、会場の再手配、基準日の見直し、手続のやり直し等）を勘案したとき、最大限の感染防止策を打った上で総会を開催するのが最善の策と考えられた。実際、総会開催後に、さらに感染が拡大し、4月7日に非常事態宣言が出される事態となり、そういう意味で3月末の株主総会開催は、ギリギリのタイミングでの開催であったと思われる。以降、6月株主総会開催に向けては、開催のあり方についてさまざまな議論がなされている。本稿では、新型コロナウイルス感染防止に向けて3月総会で採った総会運営上の対策を紹介すると同時に、将来的な課題として、実体のある総会会場を設けないバーチャルオンリー開催に向けた昨今の議論を取り上げて、その課題と今後の方向性について検証してみたいと思う。

② 3月株主総会における新型コロナウイルス感染拡大防止対策

　3月総会では、新型コロナウイルス感染拡大を受けて、株主に対し議決権の事前行使を促し、当日、体調不良の方には入場をお断りをする可能性を示唆し、妊婦や高齢者、基礎疾患のある方には慎重に出欠判断するよう注意喚起を行った会社が多い。しかし、高熱や明らかに体調不良の場合を除き、最終的に出席するかどうかは株主本人の裁量に委ねられている状況であった。バーチャル総会開催は一検討課題ではあったものの必須の状況ではなかった。総会準備段階では少なくとも、バーチャル総会を開催しなくてはならないほど、株主総会上の運営が深刻な状況に陥るとは予想されていなかった。実際、当社の株主総会は、新型コロナウイルス感染防止に最大限の配慮を払い、議事進行を短縮化するなどの工夫をしながらも、ほぼ予定どおりの議事進行で滞りなく開催することができた。

　総会当日は、運営側の配慮や議事進行の短縮化に合わせ、株主側の協力が得られたことも無事に株主総会を最後まで執り行うことができたポイントとなった。特に、開会宣言ののち、新型コロナウイルスの感染防止に対する株主様へのご協力依頼として、議長からいくつかのお願い事項を説明した。具体的には、株主には常時マスク着用（持参されてない株主には配布）すること、株主質

問はスタンドマイクからの発言に限り、同時に大声での発声を控えること、および質疑応答時以外の議事進行中の自席からの発言を慎んで頂くことをお願いした。株主との質疑応答は、株主1人につき1問とし、6名で質問を終了した。運営側の配慮としては、議長から株主に対し口頭で、議事内容に関する質問を促し、また質疑応答を打ち切る際も、「あと一問としたい」と総会会場内の株主に賛否を伺い、多くの賛同を得た上で、最後の質問とした。株主からは不規則発言、ヤジ等もなく、静粛に議事が進行し、閉会に至るまで極めてスムーズな運営となった。株主からの質問も、そのほとんどが、提案事項、業績など広い意味での議事に関する内容に限られた。終わってみれば従来にない、極めて「引き締まった」総会となった。所要時間も1時間半という、従来よりも30分程度短縮されかつ、いわば筋肉質の総会を行うことができた。むろん、今回、当社の総会では、事前に株主提案もあったことから、各議案についての株主の関心も極めて高く、緊張感のある質疑応答となったことも、「筋肉質」の総会となったもう1つの理由であったと思われる。

　検討して採用した施策と採用しなかった施策をまとめると以下のとおりとなる。

	採用	不採用
事前	株主への注意喚起（手紙及びHP掲載）	総会リハーサル中止
当日	消毒液設置	飛沫防止板の設置
	マスク配布	会場飲料配布中止 （但し、手渡しはせず）
	サーモグラフィ設置	バーチャル総会 （含、Web配信）
	株主席間隔の拡大（縦）55cm→80cm	株主席間隔（横）拡大 （5cmのまま）
	固定マイク設置のため縦列削減	議長・役員発言時のマスク着用
	固定（スタンド）マイク使用	議長口述短縮化

係員マスク・手袋着用	入場者制限
展示室の簡素化（体験型コンテンツの中止、展示品へのカバー、入場時の滞留防止）	展示中止
壇上役員マスク着用	株主質問時のマスク着用
救護室設置（従来より設置）	（お土産は過去に中止）
看護師待機	
会場換気（会場入り口開放・換気口換気）	
議長口述の事前録音再生（対処すべき課題）	
座席誘導（前方から着席を依頼）中止	
質問毎に（株主質問用）マスクカバーの交換	
別室会場用意（予備）	
新型コロナウイルスの感染防止についてのお知らせ配布（当日・座席に配布）	
質問数制限（2問→1問／人）	
事後	議事・質疑応答要旨をホームページに掲載	

3 6月開催総会に向けた課題

　現在、新型コロナウイルスの感染状況は3月総会準備の時点にくらべてはるかに深刻な状況である一方、株主総会運営に際しての感染対策については、多くの情報が得られる状況になっている[1]。上述のとおり、3月総会の多くは、開催を前提として、当日の運営上の対策が多く検討され、6月総会開催への教訓となっている。

1）　濱口耕輔「株主総会当日の議事運営と想定問答の準備」旬刊商事法務2228号（2020年）41頁、倉橋雄作「新型コロナウイルス感染症と総会開催・運営方針の考え方」旬刊商事法務2227号（2020年）12頁、内藤順也ほか「本年3月総会の経験を踏まえた株主総会の実務的対応」旬刊商事法務2229号（2020年）27頁、武井一浩＝森田多恵子「新型コロナ対策の社会的要請を踏まえ根本的変容が求められる今年の定時総会」株懇会報821号（2020年）2頁https://www.kabukon.tokyo/activity/data/study/study_2020_04.pdf、前田伊世雄「新型コロナウイルス感染症拡大の中での株主総会」株懇会報822号（2020年）2頁。

　6月総会では、開催そのものをどうするかという点について、3月総会時よりも議論がされている。具体的な選択肢としては、①予定どおり開催、②開催そのものを延期、③複数回開催（定時総会に加えて計算書類報告等のために、臨時総会または継続会を開催）のいずれかとなる。②以外は、いずれにせよ6月開催を前提としており、②についても無期限に延期とするわけにもいかず、新型コロナウイルス感染の終息時期の目途が立たない状況下では、根本的な解決策とならない。事態が改善されない限り、いずれの開催方法であっても行き着く問題は、実体のある会場を設け、株主を集めて開催することの是非となる。

④　バーチャルオンリー総会について

　非常事態宣言が出される2か月弱前、2月26日、経済産業省は、「ハイブリッド型バーチャル株主総会の実施ガイド」[2]を策定し公表した。ハイブリッド型バーチャル株主総会とは、実際に場所を確保して株主総会（以下、「リアル総会」）を開催しつつ、当該株主総会の場にいない株主についても、インターネット等の手段を用いて遠隔地からこれに「参加」または「出席」することを認める株主総会を指す。同ガイドでは、ハイブリッド型バーチャル株主総会の実施を検討する企業のために、その法的・実務的論点ごとの具体的な実施方法や、その根拠となる考え方が示されている。ガイドラインでは、ハイブリッド型バーチャル株主総会を「参加」型と、「出席」型とに分けて解説している。「参加」型では、株主は、インターネット等を経由して株主総会を「傍聴」するのみであり、法的に株主総会への「出席」は認められない。これに対し、「出席」型では、株主は株主総会への「出席」が認められ、質疑応答や決議への参加も認められる。

　インターネットを活用して株主に「参加」ないし「出席」を認める形態の株主総会（以下、「バーチャル総会」）は、当日のリアル総会出席株主数が減少する点で新型コロナウイルスの感染防止の一助となりえる。バーチャル総会には、リアル総会を開催せず、取締役や監査役等と株主がすべてインターネット等の

2）　https://www.meti.go.jp/press/2019/02/20200226001/20200226001-2.pdf

234

手段を用いて株主総会に出席するタイプの株主総会（以下、「バーチャルオンリー総会」）と、リアル総会を合わせ技で行うハイブリッド型バーチャル株主総会とがあるが、実体開催を伴わないバーチャルオンリー総会を開催することは、現行会社法の解釈として困難とされている[3]。会社法298条1項1号に「株主総会の日時及び場所」との記載があることから、実体のある「開催場所」が必要というものである。つまり、現在の法解釈では、バーチャルオンリー総会は認められておらず、株主総会会場という実体のあるリアル総会の開催は不可避なのである。

　ところが、新型コロナウイルス感染拡大のさらなる深刻化を踏まえて、本年4月2日に経済産業省と法務省が連名で示した「株主総会運営に係るQ&A」[4]（4月14・28日更新）では、新型コロナウイルス感染防止の観点から、株主総会の会場に入場できる株主の人数を制限することや会場に株主が出席していない状態で株主総会を開催することは、現行法上でも可能との見解が示された。従来の法解釈を維持したまま、株主総会会場に、株主がまったく現れない（全株主が欠席する）ことが、現行法下でも認められると解釈したことになる。言わば、「結果として」バーチャルオンリーとなった株主総会（以下「結果としてのバーチャルオンリー総会」）を認めるとした。認められた背景は、①招集通知記載の「開催場所」が存在し、②欠席する株主は飽くまで「自粛」によるものであるからであろう。「自粛」とは、「リアル総会出席の機会を奪っていない」ということである[5]。このことはつまり、「バーチャルオンリー」ではなく、「ハイブリッド」開催とみなす余地があるものと思料される。「結果としてのバーチャルオンリー総会」の開催場所は、議長と登壇役員が所在する会議室であ

3）　第197回国会 衆議院法務委員会 第2号（2018年11月13日）における小野瀬厚政府参考人（法務省民事局長（当時））の答弁「いわゆるバーチャルオンリー型の株主総会を許容するかどうかにつきましては、会社法上、株主総会の招集に際しては株主総会の場所を定めなければならないとされていることなどに照らしますと、解釈上難しい面があるものと考えております」（澤口実編著『バーチャル株主総会の実務』（商事法務、2020年）37頁）。

4）　https://www.meti.go.jp/covid-19/pdf/kabunushi_sokai_qa.pdf

5）　同ガイドライン13頁の〈法的考え方〉項にて、「ハイブリッド型バーチャル株主総会を実施する会社の株主は、バーチャル出席でなくリアル出席をするという選択肢があり、バーチャル出席を選んだ場合は、リアル株主総会において株主が全く出席の機会を奪われるの（＝バーチャルオンリー総会（筆者加筆））とは状況が異なる」と記載されていることからも推察できる。

り、株主は、オンラインで議事を傍聴し、議決権をオンライン上で行使することで、出席株主として扱われ、議決権を行使したこととされる。バーチャルオンリー総会が、「結果としてのバーチャル総会」と異なる点は、いずれの株主も「開催場所」に出席する選択肢を与えられないことであろう。しかし、「結果としてのバーチャルオンリー総会」では、議長ないし登壇役員の存在場所を「開催場所」と認識し、株主はインターネットを経由して、「開催場所」に出席していると解釈される。株主は、インターネット経由で「出席」できる以上、必ずしも「開催場所」に席を構える必要はない。株主にとっては、開催場所に物理的に出席できるかどうかが問題なのではなく、開催場所に物理的に出席しているのと「同じ状況」がオンライン上実現できるかどうかが重要なのであろう。「同じ状況」とは、株主権行使の観点からリアル総会とバーチャル総会が同じでなくてはならない意味と考えられ、少なくとも、株主の質問権（取締役等の説明義務；会社法314条）、動議提出権（同法304条）、株主の議決権（同法308条）などの株主権がバーチャル総会もリアル総会同様に確保される必要がある。問題は、技術と機会、すなわち、株主権行使の態様においてバーチャル総会とリアル総会とに差を生じさせないIT技術と、すべての株主に「出席型バーチャル総会」への出席が認められる機会の確保であろう。言い換えるとすべての株主が「バーチャル総会」に出席し、議決権、質問権、動議を行使するIT環境が与えられるかであろう。ただし、「機会」についていえば、そもそもリアル総会であっても、遠隔地のため、また交通手段の制約や個人的な事情などで参加できない株主は存在する。それらリアル総会に欠席せざるを得ない株主には、事前の書面やインターネットを介した議決権行使などの代替手段が付与されている[6]。これで議決権行使の機会が与えられているとするならば、バーチャル総会でも同様の措置で「機会」の確保は充足されることとなる。残る「技術」の問題については、インターネット技術が、十分な双方向性と即時性を備えるものであれば、上述の質問権（取締役等の説明義務）、動議提出、議決権行使なども十分にクリアできる（リアル総会と大差がない）といえる。上述の経済産業省のガイドラインでは、出席型ハイブリット総会において、株主との

6）　会社法311条（書面投票制度）、同法312条（電子投票制度）。

質疑応答および動議に関し、リアル総会と異なる扱いを必要とする技術的な課題がいくつか指摘されている[7]が、これらは、ハイブリッド型であるがゆえに、リアル総会出席株主とバーチャル総会出席株主との間に扱いの差異が生じてしまうのである。むしろ、バーチャルオンリー総会の導入により、リアル総会との格差を懸念することなく、会社法の要請の範囲内での新しい総会運営方法を導入することができる。むしろ、メッセージ機能による質問の事前受付やAIを駆使した回答準備などにより、より高度な株主とのコミュニケーションが図れる。加えて、自宅から参加できることで議決権行使割合の上昇など、株主権行使や総会の運営、議事進行の在り方そのものがより充実する方向で変容する可能性を秘めている。しかも、これだけバーチャルでのコミュニケーションが発達し、在宅勤務下における社内外会議も何ら支障なく開催できる状況下において、株主総会において本質的に必要なコミュニケーションの双方向性や即時性が確保され、株主の質問の機会確保とそれに対する取締役等の説明義務が果たされ、動議などが支障なく行えるのであれば、株主総会の在り方の本質的な議論を経て、バーチャルオンリー型株主総会を認めてもよいのではないであろうか。バーチャルオンリー総会が実現されると、総会運営側としては、リアル総会の会場を用意するコストと手間がかからなくなり、株主総会での報告および議事内容の準備に専念することができる。もちろん、会社法の解釈上無理があるなら法改正を行う必要があるが、上述の通り現行法下でも「結果としてのバーチャルオンリー総会」が解釈上、実施可能なのであれば、正面から「バーチャルオンリー総会」を認めることも解釈上、可能なのではないであろうか？　世の中の情勢として、技術的にも、環境的にもオンラインでの「出席」が認められる状況が到来しているのであれば、開催そのものの実務も進化を遂げてもよいように思われる。そして「世の中の情勢として、認められる状況が到来」というのが正しく、今回の新型コロナウイルスの感染防止が求められているような状況であろう。

　経団連も、2020年4月20日「新型コロナウイルス感染症の拡大を踏まえた定時株主総会の臨時的な招集通知モデルのお知らせ」と題して、株主を会場に

7）　「ハイブリッド型バーチャル株主総会の実施ガイド」（2020年2月26日経済産業省策定）20頁〜23頁。

呼ばない（参加の見送りを促す）内容の株主総会招集通知モデルを公表した[8]。
その中では、以下のような文言で、株主には出席を見送るよう促している。

> 株主の皆様におかれましては、株主様と当社役職員の感染リスクを避けるため、本株主総会につきましては、書面またはインターネット等により事前の議決権行使をいただき、株主様の健康状態にかかわらず、株主総会当日にご来場されないようお願い申しあげます。本株主総会は、新型コロナウイルス感染拡大防止のため、株主様のご来場をいただくことなく当社役員のみで開催させていただきたく、株主様のご理解とご協力のほどお願い申しあげます。

　新型コロナウイルス感染拡大の目的という特殊な状況とはいえ、現行法下で、事実上、開催場所に株主が実在しない株主総会を認める事態となっている以上、もはや「バーチャルオンリー総会」の実施を認めることとほぼ同義ではないのだろうか。

5　バーチャルオンリー総会を取り巻く環境

　米国では、すでにいわゆるバーチャルオンリー総会の開催形態は一般的である[9]し、ISS（議決権行使助言団体）も、そもそも論として"ISS does not have a policy to recommend votes against companies that hold virtual-only meetings and is not changing that approach."と断った上ではあるが、新型コロナウイルス感染防止の観点から、"Virtual-only meetings may be both necessary and desirable in the current situation."として「バーチャルオンリー総会」についても、それを理由として議決権行使の反対推奨をしないと明示している[10]。一部の実務家からは、かかる新型コロナウイルス感染防止という大義のもとではいわゆる「バーチャルオンリー」総会の開催が現行法下でも可能あるいは、少なくとも来場を拒絶（"behind closed doors"）してもよいのではないかと示唆する考えも

---

8 ）　https://www.keidanren.or.jp/announce/2020/0428.html
9 ）　米国及び海外のバーチャルオンリー総会の状況については「第74回全株懇定時会員総会第1分科会審議事項『今後の対話型株主総会について～ヴァーチャル総会の利用も視野に～』（2019年10月18日）」に詳しく紹介されている。https://www.kabukon.tokyo/activity/data/study/study_2019_03.pdf
10）　IMPACTS OF THE COVID-19 PANDEMIC（ISS POLICY GUIDANCE）https://www.issgovernance.com/file/policy/active/americas/ISS-Policy-Guidance-for-Impacts-of-the-Coronavirus-Pandemic.pdf

示されている[11]。「結果としてのバーチャルオンリー総会」の実施結果をみて、もし、報告、議論や質疑応答がリアル総会同様に尽くされるのであれば、バーチャルオンリー総会の解禁が認められてもよいのではないだろうか。

6 バーチャルオンリー総会の課題

　しかしながら、バーチャルオンリー総会が可能になるということと、バーチャルオンリー総会を採用するかどうかは、まったく別の議論である。そもそも企業としては、会社法上の解釈論で総会運営を強行することはできない。後日、決議の手続や内容に瑕疵があったとして決議取消し[12]や、決議不存在・無効[13]といった事態に陥る懸念が生ずるからである。したがって、解釈上実施可能なことが、何らかの形で実務上も示される必要がある。その上で、バーチャルオンリー総会開催の是非を企業は検討することとなる。バーチャルオンリー総会では、ハイブリッド型と異なり、リアル総会開催の負担が削減されるというメリットがある一方で、運営上の課題が多い。たとえば、インターネットに障害が生じた場合の対応と決議の有効性、株主権行使方法の株主に対する周知・指導方法、本人確認の方法や動議の扱い、株主以外の第三者の閲覧や干渉の防止方法、マスコミや第三者に対して広く共有されてしまうことの懸念、総会中の株主の質問方法、議事進行に関する議長から出席株主への賛否確認方法、株主権の濫用的行使の防止方法、可視化と肖像権の問題、質疑応答長時間化の防止方法、海外の機関投資家からの質疑応答への対応など検討を必要とする事項や不安要素を挙げ出すと枚挙に暇がない。特に、インターネットアクセスの不具合など企業側で対応できなかった事由について、「リアル総会という選択肢があったのに敢えてバーチャル総会に出席した」という点に株主の帰責性を求めることもできない[14]。また、リアル総会の運営手法がそのまま通用しない場面も想定される。たとえば、出席株主が膨大な手元資料をもとに、ある

11)　内藤ほか・前掲1)論文33頁、武井＝森田・前掲1)論文12頁。澤口編著・前掲3)書37頁。前掲9)論文76頁。
12)　会社法831条。
13)　会社法830条。
14)　ハイブリッド型総会においては同様の考え方を採りうることが経済産業省のガイドラインで示されている（前掲7)13頁〜14頁）。

いは、株主ではない助言者を横に置いて、相当広範ないし詳細、精緻な質問を提示することも予想され、登壇役員の回答準備も今以上に周到に行う必要があるなど、実務的な負担が増えることも想定される。逆にバーチャルオンリー総会のメリットとしては、会場コストの削減以外に、たとえば、バーチャル空間を利用することで、時間、場所の制約が従来より低減し、臨時総会や継続会開催が容易になることが挙げられる。また質疑応答の手法についても、総会開始前に広く株主から収集し、回答を準備することが可能となるほか、議事進行中にテキスト機能を使った株主と事務局とのコミュニケーションにより、事前に議題外の質問を除いたり、AIを駆使した想定問答により、従来以上に精緻かつ詳細な回答ができる可能性がある。上述のとおりバーチャルオンリー総会では、リアル総会との差異を考えなくてよい分、株主総会の議事進行や運営が今までとは大きく変わる可能性、すなわち従来とはまったく異なるタイプの株主総会が開催される時代がやってくる可能性が秘められている。企業としては、バーチャル技術の進化を見極めながら、バーチャル総会のメリットや課題をよく斟酌した上で、企業側の都合や実務上の利便性だけでなく、機関投資家や議決権行使助言会社の意見をはじめとする株主側の反応も考慮した上で、慎重に採否を検討する必要がある。鶏と卵ではないが、新型コロナウイルス感染防止対策の観点からも、バーチャルオンリー総会が必要とされる状況下においては、まずは、バーチャルオンリー総会という選択肢が提供されることが重要である。それにより、バーチャル技術のさらなる進化が期待され、また今後の総会運営や感染症対策にも大いに資するところとなろう。新型コロナウイルス対策は、同時に株主総会の在り方についてのニューノーマルが到来する契機となる可能性すら秘めているのではないだろうか。

（本稿の記載内容は、すべて筆者の私見によるものであり、筆者の所属する団体の見解とは一切無関係であることをあらかじめお断りさせていただく。また、各引用先ホームページは、5月9日最終確認のものである。）

（なかお・ともさぶろう）

24 バーチャル株主総会が実施可能な要件

小関知彦　凸版印刷株式会社
法務・知的財産本部　コンプライアンス部長

> 常に呼吸のいきは、ゆるやかにして、深く丹田に入るべし。
> 急なるべからず。
> ──貝原益軒『養生訓』（石川謙校訂・岩波文庫）

1　はじめに

　経済産業省は、2020年 2 月26日に「ハイブリッド型バーチャル株主総会の実施ガイド」（以下、「実施ガイド」と述べる）を公表した。これは、昨年 9 月に立ち上げた「新時代の株主総会プロセスの在り方研究会」により議論を重ねた結果、策定されたものということで、昨今のコロナウイルスの状況を想定したものではない。しかし、偶然にせよ時宜を得たものとなったことは確かであり、この危機下において、バーチャル総会という選択肢を示すものとなっている。

　本稿では、経済産業省が提示したハイブリッド型バーチャル総会について俯瞰するとともに、それが現在の状況においていかに機能するのか、総会の実務を担当する立場から考察してみたい。また、現在の状況を脱した後であったとしても、個人的には、特に「出席型」のバーチャル総会については、まだ乗り越えなければならないハードルがかなりあるのではないかと考えている。その点についても論じてみたいと思う。

　なお、ここに述べた見解は、執筆者個人のものであり、執筆者が属する企業の意見ではないことをあらかじめ申し上げておく。

2　ハイブリッド型バーチャル株主総会について

　経済産業省が公表した実施ガイドについては、平易な言葉で簡潔にまとめられており、詳しくは直接ご覧いただくのがいいかと思うが、ここでは、後の考察につなげるためにその要点を整理してみたい。

(1)　バーチャル株主総会の種類

　実施ガイドでは、実際の会場を設定せずバーチャルのみで総会を実施する「バーチャルオンリー型株主総会」を、現行法の解釈から実施は難しいとして対象とはしていない。実際に会場で開催される株主総会（リアル株主総会）にバーチャルでも何らかの形で参加できる「ハイブリッド型バーチャル株主総会」を取り上げている。そして、ハイブリッド型バーチャル株主総会を、株主総会をバーチャルな方法により傍聴する形の「参加型」と、議決権行使等もできる「出席型」の 2 つに分類している。

(2)　ハイブリッド「参加型」バーチャル株主総会

　株主総会をインターネット等で傍聴できるようにするものである。この形は、ずいぶんと昔から、たとえば地方にサブ会場を設けてそこに中継するといった試みがなされているし、現在でもインターネットを用いて総会の様子を配信している企業はそれなりにある[1]。

　実施ガイドでは、その運営上の論点として、以下を掲げている。
　　①　議決権行使

　バーチャル総会の中で議決権行使はできない形であるため、その旨を周知すべきとのことである。なお、この部分の注記で、電磁的方法による議決権行使の期限の切り方によっては、中継動画等を傍聴した株主が、その様子を確認した上で議決権行使を行うことも可能となる、としている。このことは、出席型のバーチャル総会でも同じことが言えるが、果たしてそれがやるべきことなの

---

1)　全体の 5 ％程度の企業が実施している。「2019年度全株懇調査報告書」37頁。https://www.kabukon.tokyo/data/data/research/research_2019.pdf)

か、意味のあることなのか、という検討が必要になる。後ほど考察してみたい。

　　②　参加方法

　バーチャル総会に参加するためのアクセス方法について述べている。株主に
ID、パスワードを付与することなどが記載されているが、現在でも電磁的方
法による議決権行使を認めている会社は、そのためのID、パスワードを付与
しているところであり、そのハードルはそれほど高くないと考えられる。

　　③　コメント等の受付と対応

　参加型のバーチャル総会の場合、バーチャルで傍聴している株主は質疑を行
うことはできないが、それとは別のものとしてコメント等を受け付ける余地が
あるとしている。実際、参加型のバーチャル総会を実施したグリー株式会社で
は、このコメント等の受付を行ったとのことである[2]。しかし、参加型バー
チャル総会を実施したとしても、コメント等の受付をリアルタイムで行うこと
には二の足を踏む会社や担当者は多いのではないだろうか。株主総会で最も神
経を使うのは質疑応答である。いくらそれが質疑応答ではない「コメント等」
であったとしても、それを取り上げるか否か、どのように回答するかについて
は、やはり同様に神経質にならざるを得ない。正式な質疑でないことからか
えって判断に迷うかもしれない。このことは、株主総会当日における説明義務
違反を怖れるため生じてくることであるが、そのことは後述したいと思う。

　以上が実施ガイドに記載されている論点であるが、これ以外に、実際の実施
例なども拝見すると、実施態様についていくつかの方法があるのではないかと
考えられる。

> ①　株主総会のライブ配信（生中継）のみを行うもの
> ②　ライブ配信に加えて、株主総会終了後にも随時閲覧できる状態とするもの
> ③　株主総会が終了した後に、随時閲覧だけを提供するもの

---

2 ）　松本加代ほか「〈座談会〉ハイブリッド型バーチャル株主総会の実務対応」旬刊商事法務
　　2225号（2020年）13頁以下、松村真弓「バーチャル株主総会実施への道のり」資料版商事
　　法務432号（2020年）43頁以下、澤口実編著『バーチャル株主総会の実務』（商事法務、
　　2020年）89頁以下。

　これに加えて、中継の内容も、質疑応答も含めたすべての様子を配信するものと、質疑についてはカットするものがある。また、配信の対象も、株主に限定するものと一般公開するものとがある。

　これらの違いは、参加型バーチャル株主総会を解説する実施ガイドの射程とするところではないだろう。株主総会の「参加」ということであれば、当然にライブ配信となるであろうし、質疑も含まれるものになるであろう。しかし、現実にはこのような態様の違いが生じている。

　なぜこのような違いが生じるのであろうか。少し深読みしすぎかもしれないが、これも、株主総会の捉え方によるのではないだろうか。株主総会を株主とのコミュニケーションの場と捉えることを優先するのであれば、当然にライブ配信も事後もということになるであろうし、質疑も含めてすべて配信するであろう。一方、株主総会における決議の有効性ということに着目するのであれば、決議無効のリスク回避のため、ライブ配信のみで、質疑はカットということになるのかもしれない。

(3)　ハイブリッド「出席型」バーチャル株主総会

　株主総会において、バーチャルに参加した株主もリアルに会場に出席した株主と同様に議決権行使等ができるとするものである。実務においてはハードルの高いものであるが、実施ガイドにおいても、「参加型」に比べてかなりの紙数を割いている。実施ガイドに述べられている「環境整備」および「論点」は以下のとおりである。

①　環境整備

　実施ガイドでは、「前提となる環境整備」として通信環境について触れ、通信障害に対する考え方を整理している。実際に実施しようとした場合には通信障害のことは避けては通れないことであり、このような整理は有用であると考える。また、この実施ガイドに通底する考えとして、バーチャルによる参加・出席は追加的な出席手段であり、リアル株主総会に出席する機会が与えられているということがある。すなわち、バーチャルによる出席については多少権利が制限されてもよいとの論調であり、そのことは大変参考になる考えである。

　②　本人確認

　バーチャルであっても、株主総会に出席して議決権を行使するとなると本人確認というのは大事な論点である。実施ガイドでは、ID・パスワードによる認証についてや、代理人についての考え方などが整理されている。

　現在行われている実際の株主総会（リアル株主総会）では、特殊な事例を除き、議決権行使書を持参していれば本人確認ということは行ってはいない。しかし、バーチャルの場合には、なりすましの問題が気になることは確かである。リアル株主総会では、入場時には本人確認はしないとしても、人相・風体は確認できるし、問題行動を起こしたときには確認が可能である。しかし、バーチャルの場合には、ID・パスワード等の認証を信じるしかないということになる。また、他人のID・パスワードを入手すれば複数人を装うことも可能となる。腹の括り方の問題であるかもしれないが、出席型のバーチャル総会を考える上で乗り越えなければいけないハードルの１つである。

　また、リアル株主総会においても、株主名簿上の株主ではなくその裏にいる実質株主の入場を認めるか、というのは１つの論点となっている。リアルに比べてバーチャルは格段に出席のハードルが下がるがゆえに、今まで以上に実質株主から出席を認めて欲しいとの要望が出てくる可能性もあり、検討課題となるのではないだろうか。

　③　株主総会の出席と事前の議決権行使の効力の関係

　事前の議決権行使に重ねてバーチャル株主総会当日も議決権行使をしたらどうなるか、という論点である。ログインして出席をした段階で事前の議決権行使を無効にしてしまうと、最終的に議決権行使をしなかった者が増えた場合に無効票が増えてしまうという問題意識から論じられている。採決のタイミングで議決権行使があった場合に事前の議決権行使の効力を無効にするという提案には賛同でき、実務的に参考になるものとなっている。

　④　株主からの質問・動議の取扱い

　出席型バーチャル株主総会を検討する上で、最大の課題がこの質問・動議の取扱いであると考える。先にも述べたように、総会事務局が最も神経を使っているのが、質問・動議対応であるからである。実施ガイドでもその点は認識しており、バーチャルにおける特殊性、例えば、株主の心理的ハードルが下がる

ことや質問のコピー＆ペーストが可能になることなどを述べた上で、質問回数や文字数の制限、運営ルールの設定などを提言しており、腑に落ちるところである。特に、動議についてはリアル株主総会出席株主のみから受け付ける、すなわちバーチャル出席者からは受け付けないという方策を示して、これは大変参考になる提言である。本年度、出席型バーチャル株主総会を実施した富士ソフト株式会社のケースでも、バーチャル出席株主からは動議は受け付けないとされている。

　出席型バーチャル株主総会における質問に関して1つ考慮すべきこととして、海外からの出席者が増え、そこからの質問がなされる可能性があるということがある。海外からの出席者が増えるか否かというのは実施してみなければ分からないところがあるが、実際に海外の投資家で出席型バーチャル株主総会の導入を要請しているところもある。日本語以外で質問がなされた際の対応というのは、すでに備えているという会社も多いかもしれないが、これまで以上に多言語という点を含め準備が必要となる可能性がある。

　⑤　議決権行使の在り方

　バーチャル出席株主の議決権行使は、電磁的方法等による事前の議決権行使ではなく、当日の議決権行使として扱うというものである。そして、そのためのシステムを整える必要があるとしている。

　「出席型」と銘打つからには、確かにそのような施策が必要であろう。しかし、現実の株主総会では、リアルに出席した株主の議案に対する賛否は、特殊なケースを除き、拍手で確認するだけで集計には含めていない。一方、バーチャル出席株主はシステム上明確に賛否を示すことができるということになり、会場出席者との平仄が取れないことになる。出席型バーチャル株主総会を実施した富士ソフト株式会社のケースでは、以前から議場でもシステムを用いた賛否の投票をしていたものをバーチャルにも展開したというものとのことであり[3]、少し特異な事例といえるかもしれない。

　⑥　その他

　実施ガイドでは、その他として、招集通知における「株主総会の場所」の記

3）　赤松理「富士ソフトの株主総会対応」ビジネス法務2020年6月号67頁（https://www.chuokeizai.co.jp/bjh/entry_img/34f2b34242e4b5cfcebd2c303a39dbd275170922.pdf）

載方法、お土産の取扱いについて述べている。実務的にはこのような細かいことも気になるところであり、実際に実施しようとした場合には参考にできるかと考える。

3 バーチャル株主総会の実施

以上、実施ガイドについて俯瞰するとともに、実務の観点から気になる点を述べてみた。それでは、このようなバーチャル総会、特に出席型のバーチャル総会を指向した場合、何が課題となるのか。ここまででも断片的に触れているが、株主総会とは何であるか、どのような意義を持つのかという本質的な議論を避けては通れないと考える。

このことは、実施ガイドの作成母体である新時代の株主総会プロセスの在り方研究会でも、「会議体としての新たな株主総会像について」というテーマで取り上げられており、検討が進められている[4]。ここではあくまで実務の視点から整理を試みたい。

(1) 実際の株主総会

株主総会は、言うまでもなく会社の最高意思決定機関である。現在の株主総会は、その株主総会プロセス全体を通じて意思決定がなされている。プロセス全体と言っているのは、主には招集通知の準備から総会当日に至るプロセスであり、その過程で、企業は大株主である機関投資家等と対話をするなどして、事前に議決権の行使を得ている。より巨視的に捉えれば、役員選任議案などは、四半期開示等で示される日々の経営によって信任を得ていくと考えてもいい。従って、株主総会は総会当日だけではなく準備段階を含んだ全体として機能しているわけであるが、バーチャル総会を考える際に検討しなければならないのは、総会当日の在り方についてである。現在のリアル株主総会の現状は、次のとおりである。

　① 総会当日までに議案は可決している。

よほどの異常事態でない限り、総会前日までに上程される議案は可決できる

4）「第7回 新時代の株主総会プロセスの在り方研究会資料」よりhttps://www.meti.go.jp/
shingikai/economy/shin_sokai_process/007.html

票を集めている。それもほとんどの場合、圧倒的多数である。

　　②　総会当日の出席者の賛否は集計しない。

　先にも述べたように、総会当日の出席者の賛否は拍手で確認するだけである。たとえ拍手がまばらであったとしても、そのまま進行するであろう。なぜなら、その時点で、議案を可決できる議決権行使がなされていることは確認できているからである。すなわち、議場に賛否を問うというのは、一種の儀式にすぎない。私は、初めて株主総会を担当した際に、そのことにとても驚いた記憶がある。しかし、今となっては、総会当日の出席者の賛否を集計しなければならない事態となったら、つまり、総会当日まで議案の成立が分からない状態となったら、それは担当者としては悪夢である。

　ちなみに、決議通知や配当関係の書類は株主総会が終了した時点で直ちに発送されるが、それは何週間も前から仕込まれている。すべて、総会プロセス全体の中で議案が成立するという前提に立っており、総会当日に成否がかかるということはよほどの特殊事情でない限り考えていないのである。

　　③　それにもかかわらず周到な準備をする。

　以上のとおり、議案は前日までに可決状態となっており、当日出席の株主の賛否も集計するわけではない。それにもかかわらず、会社は総会当日に向けて過剰とも思える準備をする。招集通知を念入りに作成し、誤字がないか目を皿のようにしてチェックする。当日の質疑応答に備えて想定問答を作成し、役員を含めてリハーサルを何度も実施する。総会当日は、弁護士を含む事務局が控え、議長の言い間違えがないかチェックするともに、質疑においてはおかしな答弁とならないよう、回答カードを差し出す。上記①②の実態と総会の準備、総会当日の実施の態様がまったく合っていないのである。

(2)　法制度と株主総会当日運営の矛盾

　これは、株主総会当日の実施において、説明義務違反に基づく決議取消の訴えという可能性があり、また、動議（議案提案）がなされる可能性があるからである。総会においては、取締役の説明義務や株主の議案提案権、また決議取消を訴える権利が法定されているが、これは、総会当日に審議が行われ議決がなされることを前提に設けられている[5]。しかし、万単位の株主、すなわち株

主総会の出席対象者がいる中で、総会当日の議論で一から議決がなされるなどということはあり得ない。九分九厘の株主から賛成の議決権行使を事前に受けておきながら、なぜ、総会当日の説明義務違反により決議取消の訴えのリスクを負わなければいけないのか。株主提案の制度があるにもかかわらず、なぜ、当日出席の株主から突然に議案提案を受けることになるのか。

　総会を担当していて、少し神経質になりすぎていると感じることはある。しかし、日本の企業はかつて説明義務違反や動議を駆使した総会屋に散々苦しめられた。昭和56年の商法改正により、会社からの利益供与が禁じられることにより総会屋はほぼいなくなったわけであるが、説明義務違反等の法の建付けが変わったわけではない。企業としては、そのリスクを勘案して準備せざるを得ないのである。

(3)　株主総会の意義とバーチャル総会

　それでは、現状における株主総会の意義とは何であろう。在り方研究会の資料では、平時の株主総会の機能として、信認・確認の場としての意義、対話の場としての意義を掲げている。昨今の株主総会は、そのような機能を果たすべく努力されているように思う。たとえば事業報告においてわかりやすいビジュアルを用いるなどして、出席された株主にできる限り会社のことを理解してもらうべく準備している。質問も、たとえそれが会議の目的事項に沿うものでなかったとしても、丁寧に回答をしている。だからこそ、その実態に合うように法制度も見直して欲しいと思うのである。

　このような現状下において、特に出席型のバーチャル総会についてどのように捉えるか。前述したような神経質な株主総会当日に向けての準備が必要な状況下においては、やはり爆発的に普及するというわけにはいかないように思う。実施ガイドにも記載されているが、ネット上から出席することによる質問に対するハードルの低さといったところは、ネットにおける「炎上」の現実などを併せ考えると、躊躇する要因となる。

　一方、参加型の株主総会については、すでに実施している会社も多く、これ

5）　前掲「第7回 新時代の株主総会プロセスの在り方研究会資料」32頁。

から広まっていく可能性はある。参加型についても、記録に残る形の場合には微に入り細に入りチェックされたくないという気持ちが働くかもしれないが、世の中のニーズとのバランスの問題であろう。先に述べた総会実施前に議案は成立しているという実態から考えた場合、総会当日における議決権行使というのは意味のある話ではない。手間暇がかかるだけ、無駄であるという考えもあるだろう。そのように考えると、バーチャル総会というのは参加型で十分ではないかとも考えられるのである。

多くの企業は、機関投資家に向けて決算説明会を行っている。また、個人向けの説明会を行う会社もある。このような場では、事務局が鎧兜を着て控えていることもないし、弁護士が同席することもない。経営者も伸び伸びと自分の言葉で説明をしている。それは説明義務違反も動議提案もないからであるが、かと言って経営者が無責任に話しているわけではなく、公の発言として緊張感をもって望んでいる。このような会の中継のほうが、信任確認、対話という意味合いからは合っているのかもしれない。

④ 危機下のバーチャル総会

ここまで、バーチャル株主総会について現在の実態を加味して検証してきた。それでは、このようなバーチャル株主総会が現在のコロナウイルス危機の状況でどのように機能するであろうか。

(1) コロナウイルスとバーチャル株主総会

コロナウイルスが終息しない現在、すべての人が集まる会合は自粛すべきとされている。株主総会は、法解釈上、リアルで開催しなければならないとされているため自粛は不可能であるが、できるだけ規模を縮小して開催する必要がある。そのような状況下で、バーチャル株主総会が大きな役割を果たすのではないかという意見がある。しかし、実務的な側面から見た場合、いろいろと問題点があるように思われる。

　① 総会の開催時間を短くすること

リアルの株主総会は実施しなければいけない。そして、実際に来場された株主は受け入れることになる。もちろん、来場を控えてもらうよういろいろな形

で要請するし、経済産業省からは登録制という考え方も示されているが[6]、来場を拒否するというわけにはいかないであろう。そうなると、感染リスクを減らすため、株主総会の時間は可能な限り短くするということになる。通常であれば丁寧に説明する事業報告なども、場合によっては省略するということも検討せざるを得ない。実際に3月総会では事業報告の説明を省略している会社も見受けられる。

　そうなると、その短縮された無味乾燥な株主総会をわざわざ中継するのか、という疑問が生じる。もちろん、これまでに参加型のバーチャル総会（ネット配信）を行っている会社は今年も継続されるかもしれないが、新しい取組みということでは躊躇してしまうところなのではないかと思う。

　②　準備に手間がかけられない

　現在、多くの企業が在宅勤務となっており、総会の準備についてもどうしても制約が生じてくる。しかも、ただでさえ異常な状況下でのイレギュラーな総会を、在宅という環境下で準備しなければならない。そんな中で、特に出席型のバーチャル総会は考慮すべき点も多く、導入は難しいと思われる。参加型バーチャル総会といえど、新しいことへの取組みまで手が回らないという会社も多いのではないだろうか。

　以上のようにネガティブな要素はあるものの、それでも新たに配信に挑む会社はあるであろう。今年の株主総会は、できるだけ出席をご遠慮願うことを株主に要請することになり、その代わりとして株主の皆様にできる限り情報提供をしたいと考えるからである。前述した経済産業省のQ&Aでは、株主の来場なく総会を実施することが可能であることも示唆しており、経団連が公表した招集通知のモデルでも、来場しないことを強く要請するパターンも示されている[7]。このような対応に踏み込む企業にとっては、総会の様子を配信するというのは効果的な代替手段になると考えられる。しかし、その場合でも、出席の

6）　経済産業省「株主総会に関するQ&A」https://www.meti.go.jp/covid-19/kabunushi_sokai_qa.html（2020年4月28日最新更新）。

7）　日本経済団体連合会「新型コロナウイルス感染症の拡大を踏まえた定時株主総会の臨時的な招集通知モデルのお知らせ」http://www.keidanren.or.jp/announce/2020/0428.html

拒否まで行うことは相当に躊躇されることであるし、役員も含め出席者がいる以上、総会の開催時間の短縮ということは検討せざるを得ない。そうなると、前述したようなジレンマも生じることとなる。

　リアルの株主総会を開催しなければならないという「くびき」が存在する以上、このコロナウイルス危機下におけるハイブリッド型バーチャル総会の打開策としての効果は、限定的なものとなってしまうと思うのである。

(2)　その他の危機的状況とバーチャル総会

　今回のコロナウイルスは、社会全体の動きが止まり、会合が制約されるというかなり特殊な状態なのであると思う。それがゆえに、上記のような制約も出てくるわけであるが、それでは、それ以外の危機的状況、たとえば昨今の天災のような事態においては機能するであろうか。

　本社の所在する地域が壊滅的な被害を受け、予定していた本社では総会が開けなくなったということを想定してみよう。何とか別の地域で会場を見つけ、総会を実施したとする。そこにおいてはバーチャル総会というのは一定の機能を持つかもしれない。企業側は被災したけれども元気であるということをアピールしたいかもしれないし、同じ地域にいる株主は、出席できないけれども応援したいという場合、ネットで参加できるからである。しかし、もし「ハイブリッド」という制約が外れ、リアルの会場を探さなくてもいいことになれば、より活用できるのではないかと思われる。

　このように考察していくと、コロナウイルスのケースでもその他のケースでも、バーチャルオンリー型株主総会が認められると少し様相が異なってくるかもしれない。実際の議場を確保し開催しなければいけないという制約が外れれば、危機下ではとても使い勝手のいいものとなるのではないかと考えるのである。そして、バーチャルオンリー型株主総会を検討する際には、先に述べた説明義務違反や動議に関する根本的な見直しも是非併せてお願いしたいところである。

5　おわりに

　以上、バーチャル株主総会について、実施ガイドを軸にして実務的な観点から考察してみた。バーチャル株主総会について少し否定的な物言いに感じられるかもしれないが、私自身はその可能性に期待するところ大である。もう一歩進めれば、今回のコロナウイルスのような危機下でも柔軟に対応できるものとなるのではないだろうか。数年後には改正された会社法に基づき総会資料の電子提供も始まるが、そのような施策と相まって、是非、余計な労力のかからない、実質的な株主総会が運営できるようになればと願うところである。

（こせき・ともひこ）

25 危機管理下の取締役会
——グローバルなビデオ会議の実情を踏まえて

永江　禎　株式会社電通グループ
ジェネラルカウンセル・グループコーポレートセクレタリー

> 恋は甘い花である。しかしそれをつむには、おそろしい
> 断崖のはしまで行く勇気がなければならない。
> ——スタンダール『恋愛論』（前川堅市訳・岩波文庫）

　私は、日本企業では、あまりなじみのないコーポレートセクレタリーという
タイトルで、株主総会と取締役会を担当している。日本においては、会社法や
関連法令に明記された役職ではないが、要は、株主総会と取締役会の事務局担
当者のようなものである。

　現在、多くの関心を集め、活発に議論されている株主総会に関しては、当社
はIFRS導入時に12月決算に移行したため、3月末に定時株主総会を開催済み
である。株主総会の開催方法等の検討をしていた1月から2月の時点は、まだ
各社の対応の例も少なく、過去のSARSの際の各社の対応を参考にしつつ、手
探りの状態であった。6月総会ではなく、3月総会であることを嘆いてみたり
もした。結果としては、3月の定時株主総会は、国の緊急事態宣言発令の前
だったこともあり、ある程度の変更はあったもののそれほどの大きな混乱もな
く、通常のフォーマットの短縮型で開催し、無事に終了することができた。

　ほんの数か月前のことではあるにもかかわらず、緊急事態宣言発令後の在宅
勤務が継続したこともあり、この原稿を書いている今となっては、はるか遠い
昔のことのように思われる。新型コロナウイルスの影響は、SARSの比ではな
く、想像すらしなかった世界的な規模での長期戦と化しており、6月総会の企
業の担当の方のお話を伺うと、むしろ3月総会であったことが幸運であったと
思わなくてはならないような状況である。

　株主総会は何とか終了したものの、別途、取締役会の運営という悩ましい問題が発生している。取締役会は、株主総会と同様に、会社法上に規定された株主総会と並ぶ株式会社にとって非常に重要な公式な機関（会議体）である。株主総会は、各社の株主総会担当者や信託銀行、弁護士といった関係者で構成される株式懇話会（「株懇」）という情報交換の場が存在し、活発に情報交換が行われている。また、招集通知等も各社のWebサイトにおいて開示され、容易にアクセス可能である。株主でありさえすれば他社の株主総会に自由に参加し、見学することも可能である。何よりも、標準的な株主総会開催の標準フォーマットが確立されており、どこの会社の総会に行っても、議長の個性の影響はあるものの、運営自体は大きく変わらないというのが実感である。さらに、上場企業についても、それなりに裁判例が存在する。

　一方で、取締役会については、株懇のような他社との公開された情報交換の場は存在せず、また、上場企業レベルにおいての裁判例はわずかである。また各社の取締役会規則や取締役会の資料は開示されておらず、おそらく取締役会付議基準や取締役会に提出される資料のフォーマットや分量も各社各様であると思われる。近年は、コーポレート・ガバナンス報告書等により、取締役会についても構成等はある程度把握できるようになったが、運営については、各社の担当者が、手探りで各社なりに工夫しながら、各社のやり方で運営しているのが実情であると思われる。私も自社もしくは自社グループ企業以外については、取締役会がどのように運営されているかについては、担当者間での非公式な情報交換レベルの情報しか持ち得ていない。唯一の情報源は、複数社の取締役や監査役を兼務される社外取締役の方ということになるが、当然ではあるが、それぞれの会社との守秘義務があり、抽象的なお話しをいただくにとどまる。

　以上のように、取締役会は運営担当者にとって手探り状態にあるが、2015年3月のコーポレートガバナンス・コードの公表以降、取締役の構成の変化に伴い、取締役会の様子も大きく変貌し、変革期にあるように思う。前述したように他社の取締役会の運営の状況は、知る由もないが、私の乏しい経験では、私がこの仕事を始めた頃は、（あえて誤解をおそれずに言うと）大きな不祥事や社運をかけるような大型M&Aでもない限りは、社外監査役が会議を通して一

言二言発言する程度で、質疑も限定的で、予定どおりのタイムスケジュールで終了し、昼食会の会場に移動する、という非常に形式的な儀式的な会議体で、議事録もあらかじめ作成しておくことが可能なレベルの会議という認識であった。それは20世紀や昭和の話ではなく、21世紀や平成の話である。それが、いまや隔世の感がある。複数の社外取締役が選任され、活発に質疑がなされ、取締役の指名や報酬に関する委員会といった新たな要素も加わっている。当社の場合は、そこに複数の外国人も加わっている。

　前置きが長くなったが、新型コロナウイルスの影響下において取締役会が果たすべき役割や責任の範囲、決議方法等に関する会社法上の論点は多数あるようであるが、すでに多方面において、ニュースレターやWebセミナー等で私よりもふさわしい方により論じられているため、そちらをご覧いただければと思う。本稿では、取締役会の事務局を担当する者として、具体的な運営面に特化し、当社の取組みを通じて、取締役会の事務局を担当する者の悩みとして、新型コロナウイルスの影響下で特に浮き彫りになった点を含めて、ご紹介させていただければと思う。

1　当社の取締役会について

　まず、当社の取締役会の概要について簡単にご紹介したい。

(1)　構　成

　2016年3月に監査役会設置会社から移行し、現在は、監査等委員会設置会社である。さらに2020年1月に、持株会社体制に移行したことを受けて、2020年3月27日の定時株主総会で以下の構成に変更している。取締役は12名、うち社外取締役は5名、うち4名は独立社外取締役。外国人（いずれも日本語を話さない）は3名である。これまでも外国人の取締役は存在したが、日本語を話さないまでも、東京在住経験もあり、日本企業についての理解度が非常に高い方である。外国人取締役が、複数となり、本格的に異文化交流状態となったのは、2020年3月の定時株主総会以降である。

(2)　取締役会の付属の委員会等

　法定の監査等委員会の他に、任意（コーポレートガバナンス・コードや多くの機関投資家の議決権行使基準によると設置が実務上は義務づけられているとも考えられるが）の委員会として、2019年7月から指名と報酬についての諮問委員会を設置している。いずれも過半数が独立社外取締役により構成され、委員長も独立社外取締役である。開催頻度は、監査等委員会は取締役会に合わせて毎月、指名と報酬の諮問委員会はそれぞれ4回程度を予定している。

(3)　開催頻度と開催時間

　開催頻度は、定例の取締役会がほぼ月1回、午前9時スタートで年間スケジュールが組まれている。審議時間は、多くの場合、午前中いっぱい、およそ3時間前後である。これとは別に株主総会後や一定規模の議案についての臨時取締役会を開催しており、年に15回ほど開催している。なお、付議事項は、監査等委員会設置会社移行後も持株会社移行後も大きくは変更しておらず、完全なモニタリング型の取締役会には移行できていない。

(4)　開催方法について

　2020年3月までも海外在住の取締役（社外ではない取締役）が1名おり、説明者が海外在住の幹部となることもあったため、従来から取締役会規則上、電話やビデオ方式による開催を可能とし、実際に、これまでも電話やビデオ方式での開催を半分程度は実施していた。

(5)　言　語

　日本語を話さない取締役や説明者が参加するため、取締役会では、必ず同時通訳を入れている。海外の上場会社であるAegis Groupを買収後に海外との日英での会議が急激に増加したため、通訳ブースを常設した会議室を設け、そこで取締役会をはじめとする同時通訳での会議を開催していた。これは、東京本社の会議室で物理的に集まって会議をする際には非常に効果を発揮するのであるが、リモート開催となった場合には、なかなか効果を発揮する場面がないのが現状である。

2 新型コロナウイルス危機下における取締役会の運営について

(1) リモート開催

　当社は、東京本社ビルの勤務者に新型コロナウイルスの罹患者がかなり早期の段階で出たこともあり、非常事態宣言が出される前の2月末から原則全社リモート勤務の体制に移行するとともに、社外の方（社外取締役を含む）の本社ビルへの入館を控えていただく措置を実施した。そのため、社外取締役の方を入れた取締役会を通常の会議形式で開催することが不可能となった。

　同時に、原則リモート勤務の業務体制となったため、事務局も含めて出社人数は必要最小限とされ、社外取締役については、取締役会や各種委員会について、本社ビルの会議室ではなく、各取締役のオフィスもしくはご自宅から参加いただくこととなった。さらに緊急事態宣言以降は、議長を含む社内取締役も原則として各人の自宅からの参加となった。当然、海外在住の取締役についても、東京へ出張しての参加は非常に難しい状態となった。

　これまでは、電話会議やビデオ会議の場合であっても、取締役会の場合は、多くの参加者は東京の本社内の会議室に集まって、実施してきた。また、リモート参加となる海外側についても、取締役会については、自宅ではなくオフィスからの参加が通常であった。しかしながら、新型コロナウイルスによるリモート移行後は、議長を含めて、事務局も東京本社の役員会議室ではなく自宅からの参加となり、いわゆる完全リモート状態でのビデオ会議での取締役会の開催が強いられることとなった。

(2) ビデオ会議システムを使った同時通訳方式の会議

　これは、コロナ前に他の会議で採用されていた方法であるが、新型コロナウイルス影響下となってから、取締役会についても本格導入した。IT部門の絶大なる協力により、非常に速やかに導入することができた。Microsoft社のTeamsを採用したビデオ会議である。筆者のITリテラシーは必ずしも高いとは言えないので、間違いがあればお許しいただきたいが、Zoom等の他の方式でもほぼ同様だと思われる。

　同時通訳でのビデオ会議を実施する場合は、同じ会議について、日英2つの

Teams会議をセットし、日本語での参加者は、日本語音声のTeamsに参加し、英語での参加者は、英語音声のTeamsに参加する、また、資料についてはそれぞれの言語の資料をTeamsにアップするという方式を採用している。日本語音声の参加者は、英語での発言を通訳の声だけを聞くことになり、逆に、英語音声の参加者は、日本語での発言を通訳の声だけを聴くことになる。ただし、東京本社の会場には、通訳の音声はレシーバーを通じてイヤホンから流されるため、参加者の生の声を聞くことが可能であり、また日英両方のTeamsの画面を大画面で提示することにより、東京本社の会議室にいる議長から出席者全員の肉声や表情を（ビデオがONであれば）ライブで見ることが可能である。しかしながら、東京本社の会議室以外からは、2つのデバイス（PC、スマートフォン、タブレット）によってTeamsを2ライン開く等をしない限りは、全員の表情を見たり、本人の音声を聞くことはできない。

(3)　ビデオ会議でのルールの設定

　上記の方法により完全リモートでの状況を凌いだと思っていたが、早々に海外から参加する外国人の社外取締役から、運営についてさまざまな要請が出された。資料の構成、議題の選定、開催頻度、時間の使い方という根本的なもの以外に、特に、ビデオ会議では、できるだけビデオで発言者の表情を見たい、通訳の声だけ聴いていても誰が話しているかがわからない、質問をしたかったが、議長に伝わらず、議論に入ることができなかった、雰囲気をつかめるようにしたい、という強い要望をいただいた。

　このようなフラストレーションを解決するために、英国の企業での社外取締役の経験を有する海外在中の社外取締役からの提案を基に、以下のようなビデオ会議のルールを制定し、議長からの取締役会運営上の要請という形で事前に配布した。参考までご紹介させていただく。

【ビデオ開催の取締役会のルール（案）】
・ビデオ会議は対面での会議と同水準の会議を行うことは非常に難しいことですが、現状を踏まえ、取締役会をVCで行うことを受け入れなければなりません。距離、異なる時間帯、翻訳の質・不慣れさが、特にVCに参加するみなさんにとって、課題となっています。

- VCの議長を務めることは非常に難しく、2つの異なる言語の中での会議運営は、より一層困難なことです。この基本ルールは、VC運営を少しでも容易にすることを目的としています。
- 参加者は、通信回線容量等の技術的な問題がない限り、できるだけビデオカメラをオンにして、自分の顔が見えることを確認してください（例えば、逆光により影になっていないか等）。特に、質疑応答やディスカッションの際は、ビデオカメラをオンにしてください。
- 参加者が机の周囲に座っている場合は、カメラを近くに置いて、自分が見えるようにしておいてください。
- ご自宅から参加の場合は、短時間の間、カメラをオフにすることは許容されます。
- 電通ビル内の会議室（45G）から取締役に出席する場合には、各自がモバイルPCを持ち込み、ビデオカメラをオンにして、自分の顔を見えるようにしてください。
- 発言をしない時は、マイクを原則ミュートにしてください。
- 発言する参加者は、名前を名乗り、カメラがオンになっていることを確認して、発言を始めてください。これは、リモートで、かつ異なった言語の参加者が、どなたが発言しているかを分かるために重要であるためです。通訳者の声を聞いている参加者は、話し手の声を聞いていないことを忘れてしまいがちです。
- 会議途中で通信トラブル等により音声が聞きにくいような場合には、議長にマイクを通じて、もしくはTeamsのチャット機能を利用してお伝えください。
- 発言者は、適度なペースで、かつ、通訳者に十分配慮して、明確に発言するよう努めてください。発言者は、良く聞き取れるようにマイクに向かって発言をしてください。
- 参加者が発言を希望しても、自然に会話の流れに入り込めない場合は、（おそらく、その翻訳が少し遅れているか、多くの人が話したいと思うため）、Teamsのチャット機能を利用して、議長に意思を示してください。それにより、議長は、適切なタイミングでの発言を求めることができます。
- 逐次通訳の場合、発言者は翻訳者のために頻繁に間を作ることを意識してください。
- 同時通訳の場合、通訳者の声は発言者の15〜20秒遅れとなることに、会議参加者は、留意してください。
- 通訳のクオリティに関するフィードバックがあれば、毎回の会議の後に事務局までお願いします。

　お読みにいただくと、当然だと思うことや、日本人には違和感があるものばかりではないか、と思われるかもしれない。しかし、コーポレートガバナンス・コードで要請されているようなインターナショナルなダイバーシティが確保された取締役会を調和させ、会議体として前進させるためには、あうんの呼吸で察していただくのをただ待っているわけにはいかないようである。当たり前のことでもルールとして文書で明確化し、周知徹底し、全員が納得することは、極めて重要でなのである。今後は、ビデオ会議への参加方法以外にも、資料作成や報告の仕方、質問の仕方等についてもルール化できればと考えている。

(4)　その他の課題

　ビデオ会議システムを使っての最大の課題は、ビデオ会議システムのセキュティの問題である。特に取締役会のようなインサイダー情報を扱う会議体については、極めて重要な問題である。現時点において、このようなリスクについての回避手段を持ち得ていないが、ビデオ会議システムを使用しないという選択肢はなく、採用している。万が一、セキュリティ上の問題が自社のみならず、他社においても具体的に発生してしまった場合には、何らかの対応をせざるを得ないが、残念ながら、その解は持ち合わせていない。

　また、当社の取締役のビデオ会議は、東京、ロンドン、ニューヨークの3拠点を結んで会議となる。3拠点すべてを満足させる通常のビジネスアワーを3時間程度確保することは不可能である。日本人であれば、取締役会であるのだからその国の時間に合わせるのが当然であると考えるのかもしれないが、なかなかそうはいかない。自分が取締役会に最大の貢献をするためには深夜では難しい、という理屈で何の遠慮もなく、主張されると、なかなか対応が難しい。時差調整ばかりは、テクノロジーの進化によってもいかんともし難い永遠の課題である。

　その他に、個人の自宅のインターネット回線の容量、会議資料のプリント、議事録への署名方法、OA環境の問題等も課題は満載ではあるが、今後、ひとつずつ解決していきたい。

③　アフターコロナにおける取締役会の運営

　非常事態宣言が解除され、タイミングはともかく、いずれはコロナ前の状態に戻るであろう。しかし、私の個人の見解にすぎないが、今回の新型コロナウイルスの影響下で広く導入されたリモート型の働き方が、コロナ前の状態に戻るとは思えない。どうしても集まって対面で実施しなくてはならないもの以外は、リモートでもいい、という消極的な考え方ではなく、原則リモートとすべきである、という新しい働き方が定着していくものと思われる。当然、働き方だけではなく、取締役会や株主総会の運営についても例外ではなく、アフターコロナの運営のスタンダードについての模索が続くものと思われる。

　特に、当面の間は、国を越えた人々の移動のハードルは相当高い状態が継続することが想定される。そのため、取締役会については、海外在住の取締役が含まれている限りは、リモートによるビデオ方式の開催が原則となると思われる。いずれ取締役全員が会議室に揃ったオンサイトでの取締役会の開催が可能となった場合にも、それは年に何回もない、例外的な開催方法になるであろう。そのため、オンサイトの取締役会は、非常に貴重な機会となり、議題については、オンサイトでないとできないようなテーマを厳選することを迫られることになろう。

　年々要請が高度化するコーポレートガバナンス・コードへの対応に加えて、アフターコロナという新しい時代の取締役会や株主総会の運営が要請されている。運営担当者として、他社追随や前例踏襲ではない、新しい時代の取締役会の運営の確立に向かって、微力ではあるが、チャレンジしていければと思う。

（ながえ・ただし）

26 危機管理下の取締役会
―― 取締役会の継続プランを中心に

岸田吉史　野村證券株式会社　執行役員

> アリアドネは彼に怪物を突く剣と、一つの糸玉を
> あたえました。その糸玉さえあれば、迷宮の出口
> がわかるのでありました。
> ――ブルフィンチ『ギリシア・ローマ神話』
> （野上弥生子訳・岩波文庫）

1　はじめに

　本稿を執筆するにあたり、新型コロナウイルスの感染者数の推移、国や東京都の施策、社内における諸通知を時系列で並べてみた。あらためて見ると、社内対応はたとえば出張制限や在宅勤務等、世の中一般より早い段階から手を打ってきたように感じられる。そして取締役会の継続プランについて見ると、2月の下旬から検討し、3月初めの取締役会ではその主な内容について頭出しがされたところである。その当時は正直まだそこまで考えなくてもいいのではないか、という雰囲気がなかったわけでもない。筆者が参加を予定していた東京マラソンの一般の部が中止になっても、個人的には、取締役会は通常どおり開催できると思っていたし、経営法友会の大会も懇親会を含めて通常開催できると思っていた。

　しかしながら、本稿を執筆している5月現在では緊急事態宣言が延長され、そのときに策定した継続プランが相当程度に適用されている状況である。危機管理の原則の1つに最悪の事態に備えることが挙げられると思う。取締役に感染者が出るという最悪の状況ではないとしても、社会情勢としては相当に悪い状況が続いているわけであり、初動からそれを想定して継続プランを作ったことが今に生かされていると考えている。

263

　本稿では、当社における取締役会の継続プランの概要やこの危機下での取締役会の議論の一部について紹介するとともに、若干の法的考察や今後の取締役会のあり方に関する示唆を織り交ぜたい。なお、会社情報の管理の観点から、当社の取締役会の運営を必ずしもそのまま紹介するものでなく、事例の一般化や筆者による創作が含まれていることをあらかじめお断りしておく。

② 取締役会の継続プラン

(1)　継続プランを考える視点

　株主総会の開催時期や方法について、法務省や経済産業省からQ&Aが出され、数次にわたり内容が更新されているが、その軸にあるのは新型コロナウイルスの感染拡大防止という社会的要請である。株主総会は法定の会議であるとはいえ、開催自粛が要請されるイベント、集会であることには変わりがないということで、その社会的要請に応えるために、法的に考えて相当踏み込んだ対応が可能とされているのであろう。

　取締役会の継続プランを策定するにあたって何を重視するか。それは株主総会と何ら変わることがなく、取締役、陪席の役員および事務局社員の健康と安全である。3月決算である会社の場合は、例年3月から6月の株主総会までは法定決議事項も多く、取締役会の開催を減らしたり、付議事項を減らしたりすることは難しい。そこで法的に必要なことを満たした上で、感染リスクを減らすためにどのような工夫、措置が可能かという視点で検討を行うこととなる。

(2)　取締役会の準備段階

　会社によってどの部署が取締役会の事務局を行うかは異なるが、法務、経営企画および総務といった部署が関わることが多いと思われる。事務局の役割としては、資料作成（とりまとめ）、シニアマネジメントとの取締役会審議事項の調整、社外取締役への事前説明等が挙げられるだろう。事務局メンバーの一人でも感染し、事務局の全員が濃厚接触者として自宅待機というような事態になれば、取締役会の開催が困難になりかねない。そこでたとえば、取締役会の事務局を複数のチームに分け、別のチームメンバーには一切物理的には接触しないといった対応を行うことが有力な対策となる。具体的には、通常出勤と在宅

勤務に分ける、チームごとに別のオフィスで勤務させるといった対応が考えられる。緊急事態宣言が出された後において、全社的に在宅勤務がメインとなり、事務局部署においても在宅勤務者の割合が増えてくると、チーム分けによらずとも濃厚接触者となるリスクは減ってくる。

　重要な事務局業務の1つである社外取締役への事前説明は、平時であれば、資料を持参し、面会して説明するというスタイルである。これも物理的な訪問は行わず、ビデオ会議や電話での対応となる。もっとも外国人の社外取締役への事前説明はもともとそのように行っていたのであり、物理的訪問なしでも、特段の不都合が生じるものでもない。その他の事務局業務についても、普段であれば事務局メンバーは顔を合わせつつ確認、意見交換しながら進めていたところであるが、いまや在宅下でも連携をとりつつ工夫して行うようになっている。

(3)　取締役会当日の対応

　当社において3月初めの取締役会は通常開催であったが、今後の取締役会については、新型コロナウイルスの感染拡大の状況によっては、すべて電話およびビデオでの会議にすることもある旨、説明がなされた。外国人取締役も含め、一堂に会して取締役会を行うことが望ましいし、しばらくは通常どおり開催できるのではないか、と私はそのときは考えていた。ところが3月末の取締役会では、法律に基づく緊急事態宣言は出されていないものの、東京都ではさまざまな自粛要請がなされ、一堂に会しての取締役会を行うのには適切とは言えない状況となっていた。多くの会社も同様と思われるが、取締役会を開催する会議室はいわゆる三密の状態が生じかねず、取締役会が感染機会となり、クラスターが発生するリスクがあると言わざるを得ない。そこで取締役会に出席または陪席するメンバーをいくつかのグループに分け、取締役用の会議室での出席者、別の会議室（複数）からのビデオ会議での出席者、自席からの電話またはビデオ会議での出席者に分ける措置がとられた。取締役会の会議室での出席者は大幅に減り、間隔を空けて着席し、密な状況は形成されないよう配慮がなされた。事務局スタッフは事前および当日において、相当の苦労があったと思うが、事務局スタッフなしではこうした異例の取締役会は開催できず、前述

の事務局での感染防止対策も重要ということがあらためてわかる。

(4)　取締役会後の対応

　会社法上、取締役会の議事録が書面で作成されているときは、出席役員の署名または記名押印が義務付けられている。議事録を電子化し、電子署名とすることも認められているが、要件が厳格で実務的にはかなりハードルが高い。テレワークの障害として日本の「ハンコ文化」があり、緊急事態宣言後もやむなく出社した理由に「ハンコを押すため」というのが多いようだが、議事録の押印もその一つである。

　話は少しそれるが、当社において法務部員が全員在宅勤務とできない、若干名でも出社する必要がある理由が社長印の押印業務である。これまでも業務効率化の観点から、印鑑証明書を付す必要のある書類や全社的なプロジェクト等の重要な契約書以外は、必ずしも社長印は必要ではない（部店長の押印で代替可）という案内を発信してきたところであり、今般もあらためてその案内を発信したところである。しかしながら、契約相手方の要請、特に顧客への配慮という理由で、社長印押印業務の減少は緩やかなのが現状である。規制でなく、民間のプラクティスであるのも確かだが、政府の後押しを期待したい。

　話を戻すと、議事録押印に用いる印鑑は実印である必要はないので、メールベースで出席役員に議事録の確認を得て、法務部で保管している認印を代理で押印する運用としている会社も多いだろう。その方法によれば、議事録の文面確定後、各役員に押印を求めずとも議事録作成が可能である。ただ、役員数が少ない会社、あるいは比較的小規模の国内の子会社では議事録を押印のために物理的に回している社も多いのではないか。その場合は、役員含めて在宅勤務の中、議事録作成に苦慮していることであろう。議事録の電磁的に作成することも会社法上可能であるが、登記に用いる議事録のことまで考えると、その法的および実務的なハードル相当高く、より簡易な方法が可能となるよう制度改正が期待される。

(5)　書面決議の活用

　決算期末から株主総会までの期間は法定決議事項も多く、それを先送りする

こともできない中、取締役の全員が一堂に会するのが困難になるのではないか、という懸念から、継続プランにおいては、取締役会の書面決議を必要に応じて活用することも検討した。取締役会の書面決議については、取締役からの同意の取得方法は、書面に限られず、電子メールの返信による方法でもよいとされ、前述の取締役会議事録の押印のような実務上の困難さはないこともその理由の１つである。

　なお、当社、野村證券は監査等委員会設置会社であり、また、親会社、野村ホールディングスは指名委員会等設置会社であることから、それぞれ業務執行の多くを取締役または執行役に委任可能である。そのため、業務執行に係る緊急な案件を取締役会で決議しなければならないという場面が少なく、これまでほとんどこの書面決議の方法を採用してこなかった。ビデオ会議や電話会議による取締役会も法律上物理的に開催した取締役会と同様に扱われるので、今後の新型コロナウイルス対策の状況下でも書面決議を利用する必要性は高くないかもしれない。ただ、たとえば、コロナ対応で案件の検討が遅延し、取締役会までにファイナライズできず、最終一歩手前の状況で審議をせざるを得なかったが、おおむね内諾を得た場合等、あらためて取締役会で審議する必要性が低いときは、その後の検討状況を補充して取締役に提案事項をメールすることにより、書面決議を利用することがありうるだろう。また、形式的な規程改正等、取締役会で議論する必要がほとんどないものについては、書面決議を積極的に活用するということもあるだろうし、それはコロナ対応と関係なく、採り入れていくべきものであろう。

(6)　委員会の開催

　今回あらためて会社法の条文を確認して気付いたのだが、指名委員会等設置会社の３つの委員会と監査等委員会設置会社の監査等委員会については、書面決議は認められていない。「緊急性を要する決議事項が少なく、決議についても会議の省略を認めては密接な情報共有による組織的・効率的な委員会活動がおろそかになるからだろう[1]」とされており、確かに委員会の審議事項の内容

---

1)　岩原紳作編『会社法コンメンタール９　機関［３］』(商事法務、2014年) 155頁〔森本滋〕。

からして、委員が議論を行った上で決議するという過程が重視される。たとえば、少々極端なケースであるが、株主総会に提出する取締役選任議案について、委員会での議論を経ることなく、指名委員長の原案を回覧して書面決議というわけにはいかないだろう。

　書面決議は法令上認められていないし、その必要もないものの、当社で特に配慮したのは委員の感染リスクである。各委員会を構成する取締役はそれぞれ3名であり、委員会開催で物理的に会議室に集まったとしても多人数の「密集」の状況にはならないものの、比較的小さな会議室で活発に議論を行うことになるので、万一感染者である取締役や陪席者がいれば、感染のリスクは高いと言わざるを得ない。委員である取締役が複数名感染して、職務執行ができなくなれば、委員会の定足数を満たすことができず、会社のガバナンス上重要事項が決定できないということが生じてしまう。委員の追加選任という緊急的な方法もありうるものの、そのような事態を避けるべく、少人数の会議ではあるが、電話会議も活用する等の対策の必要性は高い。

③ おわりに

(1)　危機管理下の取締役会における議論

　会社法上、代表取締役および業務執行取締役（指名委員会等設置会社においては執行役）には、3か月に1回以上、職務執行状況の報告義務があり、少なくとも3か月に1回は取締役会を開催する必要がある。取締役会の継続プランを検討するにあたっては、ビデオや電話会議は活用できるものの、物理的に取締役が集合できないこともあり、会社法で認められている範囲内で、取締役会の開催を減らす工夫をすべきか、あるいは時間短縮の工夫をすべきかと、個人的に考えたこともあった。

　ところが、ビデオや電話での取締役会を開いてみると、普段の取締役会と変わらない活発な議論が行われている。それどころか、新型コロナウイルスの業務・財務への影響、感染拡大防止に向けた役職員に対する施策等を含め、より一層活発な議論が行われるようになっている。私が個人的に考えていた取締役会の開催削減や時間短縮に向けた施策はまったく不要であった。

　ところで、私個人の役員執務室はビデオ会議機器が設置されていないので、

電話での参加となっている。通常の社内会議ではそのようなことは感じないのだが、取締役会についていえば非常に重要度が高い会議ということで、出席されている取締役の方々の反応を見ながら話をしたいということがあり、若干その点でやりにくい面はある。

(2)　今後の法務部員に求められること

　緊急事態宣言後、当社の社員は原則在宅勤務となり、出社については部店長の許可制となった。多くの会社がそうであるように、役員や部長の幹部役職員についても適宜可能な場合は在宅勤務を行うようになっている。私個人についていうと、中高大それぞれ1人ずつ、計3人の子供が休校中で自宅にいるため、オンラインでの授業も徐々に始まってはいるとはいえ、相当騒がしく働く環境に適していないということで、出社して業務を行っているところである。法務の仕事をしていて会社にいるとよいなと思うことは、やはりいろいろな文献を手にとって調べることができることである。逆にいうと、自宅にいながら利用可能な安価なリーガルデータベースがあれば、物理的打合せがほとんどなくなってしまった状況下では、会社にいる意味はあまりないということでもある。

　法務部員が全員会社にいるという状況下では、他部署から法務部への相談は個人を指名することなく来ることも多いだろうし、マネージャーも実際に部下の顔を見ながら仕事を割り振るものだろう。しかしながら、在宅勤務中心となると、他部署から法務部への相談は既知の人に集中するかもしれないし、マネージャーからの仕事の割り振りも特定の人に偏るかもしれない。すわなち「デキル人」にますます仕事が集中するわけで、法務部員として仕事をとってくるためには、自己研鑽を積み、スキルを磨くことが今まで以上に重要になってくる。私は常日頃から先端分野の法律知識を含め、継続的な知識習得が大事であると話をしているが、コロナ後においても在宅勤務の積極活用というように働き方が変わってくれば、ますますその話があてはまることになるだろう。また、法務部の仕事に限らないが、ますますコミュニケーションが重要になってくる。在宅下でも社内外の関係者と積極的に意見交換をして、世の中、会社の状況をしっかりと把握することがよりよい法的アドバイスをすることに重要

である。みんなが会社にいるなら、「近くにいる」ということで、法務部はいつでも相談できるというアドバンテージがあったが、そうでなければ、コストを度外視すれば、外部の弁護士に最初から聞いたほうがいいということにもなりかねない。法的な知識、スキルを一段と向上させること、そして今まで以上にコミュニケーションに努めること、これらがこれからの法務部員に求められていくだろう。

(3)　雑　感

　冒頭に「筆者が参加を予定していた東京マラソンの一般の部が中止」と書いたが、2020年秋以降のマラソン大会も次々に中止が発表されている。「新しい生活様式」においては、「ジョギングは少人数で」、「すれ違うときは距離をとるマナー」等とあり、マラソン大会はもちろん、経営法友会ランニング部の有志で集まって皇居ラン後に懇親会といったささやかな楽しみでさえ当分できそうもない。いろんなことができなくなり、平凡な日常がいかに有難かったのか、日々感じている。再びマラソン大会のスタートラインに立って、ゴールして感動で涙する、そんな日がやってくることを信じて、仕事も練習も頑張っていきたい。

（きしだ・よしふみ）

第5章
みんなで語ろう

With / After
Coronavirus

27　〈バーチャル座談会〉"Stay Home Golden Week" に語る
コロナ禍において、今、企業内法務の私

経営法友会大阪部会有志

参加者（会社名五十音順）

少徳　彩子　（司会）
パナソニック株式会社 オートモーティブ社
常務 法務担当 兼 リーガルセンター所長

山形　知彦
シャープ株式会社
社長室 法務担当

田邉　慶周
オムロン株式会社 グローバルリスクマネジメント・法務本部
リスクマネジメント部長 兼 コーポレート法務部長

鈴木　利直
京セラ株式会社
法務知的財産本部 法務部 法務１部責任者

足立修一郎
株式会社クボタ
法務部 法務第２グループ長

大溝　貴史
株式会社神戸製鋼所
コーポレート・コミュニケーション部担当部長 兼 法務部担当部長

佐藤　圭
小林製薬株式会社
ヘルスケア事業部 オーラルケアカテゴリー カテゴリー長

宮田　穣
株式会社GSユアサ
総務部 法務グループ グループマネージャー

清水　哲夫
住友ゴム工業株式会社
法務部長 兼 ブランド管理部長

高宮　龍彦
株式会社電通グループ
電通ジャパンネットワーク 法務オフィス ディレクター

高橋規光明
西日本電信電話株式会社
総務部法務部門 法務担当課長

森　久恵
合同会社ユー・エス・ジェイ
法務部課長

たちが考えること、考えねばならないこと

●はじめに

少徳（司会）　読者の皆様、こんにちは。経営法友会大阪部会主査、パナソニック株式会社の少徳です。この度は、ゴールデンウィークを活用し、大阪部会の有志によるバーチャル座談会を企画しました。

このバーチャル座談会は、まず、大阪部会の有志の皆さんと座談会のテーマや構成等の大まかな流れを確認したあと、各項目の担当を決め各自発言案を作成し、それらを座談会形式に編集し再度有志の皆さんと調整、確認し完成させたものです。初めての試みのため、読者の皆様にとって読みづらい点も多々あるかと思いますが、何卒ご容赦いただき最後までお付き合いをいただければ幸いです。

今回、この企画を発案したのは、年初には想像もしなかったここ数か月の劇的変化に走りながらがむしゃらに対応してきたものの、事態の長期化が予想され、もはやビフォーコロナの状況に戻ることが現実的ではない中、ゴールデンウィークの休暇中に少し足を止め、今までの経験を踏まえ、何を感じ考えたかということを整理し、メンバー間で意見交換をすることに意義があるのではないか。そして、そのプロセスを通じ、なかなか先を見通せない状況下ではあるものの、漠然と不安や不満を抱くのではなく、得た学びや気付きを今後にどう活かしていくべきかを考えるきっかけになればと考えたからです。

私は、経営法友会の活動の本質は、会員企業間の「互助会」だと考えています。同じ企業内法務という機能を担う者同士、互いのノウハウや経験を共有することで、学びや気付きを得、より自信を持って、より高度な知識や知見を持って、より豊かな創造力を持って、業務に当たることができ、その積重ねが企業内法務の機能強化や経営貢献につながると信じています。特に、この度のコロナ禍のような今まで経験したことのない事態に直面したとき、各人、各社での対応には限界があり、そういうときこそ、この「互助会」の力が発揮されると思います。特に、大阪部会は、常日頃、メンバー間のディスカッションを重視しており、多種多様なバックグラウンドを持つメンバーが、異なる意見をざっくばらんに議論することを通じ、活動や企画の充実を図っています。それが、バーチャル座談会という今回の企画につながりました。この座談会を通じ、私たち参加者一人ひとりが、いろいろ学びや気付きを得たように、読者の皆様にとっても、少しでも同様の機会になればと切に願っています。

それでは、大阪部会有志の皆さん、早速バーチャル座談会を始めましょう！

第1部：今こそ大事、基本に立ち戻る

> 「あなたは無心になろうと努めている。つまりあなたは故意に無心なのである。それではこれ以上進むはずはない」
> ——こう言って先生は私を戒めた。
> ——オイゲン・ヘリゲル『日本の弓術』
> （柴田治三郎訳・岩波文庫）

●なぜ基本が大事か？

少徳　まずは今回のコロナ禍について、みなさんの率直なご感想、あらためて気づかれた点などを聞かせてもらえますか。

大溝　今回、1月時点では「何となく不安があるけど、まあそんなにひどくはならないだろう」と楽観していた部分もありましたが、2月に入り、日を経るごとに事態が変化していく中で、ふと考えると、足元でやっていることだけでなく、先のスケジュールをみて、それにかかわる人の動きを考えたときに、「これはマズいことになるかも」と漠然とした不安が形になってきたように思います。

少徳　わかります。私も、グローバルに事態が悪化する状況を目にし、根拠のない希望的観測が日に日に崩れていくことを痛感しました。

大溝　実際、社内から「どうするの？」と聞かれた際に、これまででしたら、何とかなっていたものが、コミュニケーションに支障が出る中で処理をしていかなければならない状況に置かれ、かつ、これまで考えてもいなかった状況が次々と生じたため、普段から、会社の「最後の砦」だと吹聴していながら、足元の不安定さに内心焦りも覚えました。

とはいえmustなことはmustであり、何から始めようとなった時には、やはり、原理原則に立ち返るということだったと思います。言い換えれば、軸になることを決める、ということでしょうか。

鈴木　私も同感で、今回のコロナ禍は基本に立ち返ることの大切さを気付かせてくれたように思います。山登りで遭難しかけたときには根拠のない自信のまま進むのではなく、迷った地点まで立ち戻ることが大事だと言われています。今回のコロナ禍という未経験の事態においても、まずは基本に立ち返り、普段の判断基準をあらためて問い直すことが必要ではないでしょうか。

少徳　具体的には、どのような場面で基本に立ち戻る、原理原則に立ち返る重要性を感じられましたか。

大溝　私の場合は、株主総会の運営責任者でもあるわけで、たとえば「株主総会はやらなきゃならないのか？」、「なぜやるのか？」、「最低限必要なことは何か？」をはっきりさせ、そこに肉付けをしていく。ここさえ決めてしまえばあとは、ある意味臨機応変な対応が可能であり、緊急事態の状況の中、不安要素を取り出し、つぶしていくことをやっていけばよいと思いました。

こうしたことを進めていくと、社内手続では、mustと思い込んでいたものが実はmustではなかったことがはっきりし

たり、mustと思っていなかったことが実は法的な担保のためにはmustであったりと、新しい発見も出てきます。

　緊急事態そのものは自分でどうにかできるものではないですが、落ち着いて、基本を確認し、軸を決める、これだけで危機発生時の対応は随分動きやすくなるように思います。

少徳　大溝さん、ありがとうございます。mustかどうかを追及することは、平常時にも通じる重要な視点ですね。

　鈴木さん、いかがでしょうか。

鈴木　たとえば契約書の不可抗力条項は、典型的なボイラープレート条項としてあまり深く検討していなかったように思います。しかし、今回のコロナ禍といった世界的な感染症問題や、最近しばしば生じる輸出規制問題などの外的要因によって契約の履行が困難となる事態は現実に発生しています。今こそ、いわゆるボイラープレート条項についても、実際に問題が起きたらどう処理されるのか、原点に立ち返って自身の判断基準を見つめ直したいですね。

●不可抗力をどう考えるか？

少徳　ありがとうございます。鈴木さんから、不可抗力についてのお話がでました。この点も、今後、さらに検討が必要になる場面が増えることが想定されます。皆さんどのようにお考えですか。

山形　感染が話題になりだした頃は、「パンデミックって言葉、契約に入れてたっけ？」とか「とりあえず、いま審査している契約には入れておこう」と軽い感じの会話が聞かれました。その後事態が深刻化するにつれ不可抗力の話などが

議論されるようになり、わらわらと案内され出した法律事務所などのWebセミナーで情報を収集しているのは皆さんも同じような状況ではないでしょうか。

足立　私も同じような状況です。今まで不可抗力条項について深く考えたことがありませんでした。ただ、よくよく考えると、日本は自然災害の多い国ですし、今回のようなパンデミックが再び起こらないとも限りません。今回を考える契機にしたいと思っています。

少徳　仰るとおりですね。どのようなポイントが検討の際に重要になると思われますか。

足立　そもそも今回の新型コロナウイルスの事案が不可抗力条項に当てはまるのかの検討が要るのだろうと思います。海外の契約を見ますと、例示列挙でpandemicと書いてあることがあり、その場合は比較的認められやすいと思いますが、それ以外の場合、特に日本の場合はそもそもこういった例示列挙を書いているケースは少ないのではないかと思います。そうなると解釈の問題になりますので、より解決に時間がかかることもあり得ます。

山形　不可抗力については裁判例も少なく、ましてや今回のように世界中で同じような状況に置かれた時に誰がどう不可抗力を主張するのか、できるのかについての方向性が見えてくるのはこれからなんでしょうね。

足立　そうだと思います。そもそも不可抗力条項自体がないケースもあります。その場合は当然、民法の原則に戻るわけですが、折しも今回、旧民法から新民法に切り替わる（2020年4月1日施行）過

渡期に当たります。あらためて旧民法と新民法の考え方の違いがクローズアップされるように思います。

少徳　なるほど。やはり、原理原則に立ち返ることがここでも重要になるわけですね。

清水　弊社の案件で言いますと、子会社がスポーツクラブを運営していたり、ブランド広告のためのサッカーチームのスポンサーやテニス大会の協賛などがありまして、コロナ禍の直撃を受けています。スポーツクラブの場合は、会員様／インストラクターとの調整があり、広告については試合／大会の中止を受け、スポンサー料や協賛金の返金の問題が生じています。

　もちろん、不可抗力の議論は外せないところではありますが、私は「痛み分け」ということは常に頭に置いておくよう部員に言っています。山形さんが仰るように過去の裁判例などがないような問題も発生するため、どうしても話し合いベースで、ということになってしまいます。その時のベースになる考え方は「損害の公平な分担」という民法上の大原則となり、各種事情が総合的に考慮されるべきと思うからです。もちろん利益追求が会社の使命ということからすると、何を甘っちょろいと思われるかもしれませんが、今回のような緊急事態下では、利己的な、あるいは利己的と捉えられやすい企業行動は、SNSでの拡散等思わぬ不利益を及ぼすこともあり得ると思います。

鈴木　清水さんのお話は非常に重要な視点だと思います。コロナ禍のような国難とも言うべき事態ですから、契約文言に固執するのではなく、できるだけ柔軟な判断が求められるように思います。契約書に定められた権利だとしてもそれを行使するのが企業の社会的責任として適切なのか、そういった観点でも事業部門にアドバイスできればよいですね。

足立　違った側面からの話になりますが、同じ会社の中でも、部門や案件によっては、不可抗力を適用したい場合とむしろ適用したくない場合があり得ます。日本では、継続的な取引関係を築いている取引先も多いですし、日本人のメンタリティーからいっても、お互い協力しながら乗り越えていきましょう、というスタンスで、友好的に解決できるケースが多いと思いますが、これだけグローバルになると、よりドライな考え方で立ち向かわないといけないことも出てくると思っています。

山形　不可抗力については、自社から見て「売り」と「買い」では立場が逆になるので、両面から考える必要があることはそのとおりだと思います。

　その他でもたとえば、取引先との契約で不可抗力の事態が起こった際に通知をしなければならない条項があったとして、これに従って通知をしようとした場合に、他の取引先にも同様の条項が入っているのか確認できていない段階でその取引先にだけ通知してしまってよいのか、他の通知すべき取引先に通知していないことが後々問題にならないかなどについても考える必要があります。多数の契約があった場合には簡単に調べることもできないと思いますが、今回このような事態が実際に起こったのですから、不

可抗力に陥った場合に自動的にフラグが立つようにするなどシステム構築を考えないといけないですね。

少徳 契約管理の問題ですね。今後不可抗力の問題に効果的に対処していくためには、有事下での活用を見据えた管理体制を平時に構築することも必要になりますね。

●**株主総会と開示実務**

少徳 不可抗力と並んで、株主総会運営と開示実務はこのコロナ禍において非常に影響が大きい部分だと思います。佐藤さん、大溝さん、総会運営に携わられている立場から、今回お感じになられた点を聞かせていただけますか。

佐藤 言わずもがなですが、株主総会は株式会社における最高意思決定機関であり、株主の出資と意思に基づき企業運営を委託されている以上、適法かつその求めに即した総会運営を行う必要があるのはご承知のとおりです。

大溝 佐藤さんが仰るとおり、定時株主総会については、株式会社にとってはmustな事項です。では、なぜmustなのか。それは、毎年度の決算を確定し、配当し、そして次の年度の経営を委任する者を決めるためということです。

昨今は、会社のPR的な側面が大きく取り上げられてきていますので、何となく"イベント"として受け止められがちですし、また、マニュアル化されていたり、何となく前例踏襲をしていると、ついつい"法律"が疎かになってしまっている印象があります。

そんな状況ですから、今回のような危機的状況に陥ると、ついつい「株主総会なんて……」というようなことを思ってしまう人がいたり、「この手続は省略してもいいよね」という人が社内にも出てきてしまうかもしれません。

ところが、実際には法的手続ですし、決算作業とも深く連動していて、簡単にやめるなんてことはできません。

少徳 おっしゃるとおりですね。弊社も含め多くの企業は6月に総会を控えている中で、このmustなイベントをどのように乗り切るかの対応に追われているところです。

佐藤 さらに近年では適法につつがなくでは収まらず、一橋大学の伊藤邦雄教授レポート[1]のとおり「株主対話の充実」が求められ、さらにはGPIFをはじめとする機関投資家が打ち出した議決権行使基準への対応、特に昨今のSDGsやROESG経営への対応は、平時より実行しているのは当然ながらも、総会という場での実行内容の表現方法についてもきわめて丁寧に対応する必要があります。

つまりは、これまでの事業運営の都合のよい見せ方や、寝た子を起こすような無駄口を叩かない総会などは昔話であって、投資家目線で透明性があり、社会や人との共生にて持続的成長を果たせる企業であることを証明する場でもあるということですね。

少徳 コーポレートガバナンス・コード

---

1) 「『持続的成長への競争力とインセンティブ〜企業と投資家の望ましい関係構築〜』プロジェクト（伊藤レポート）最終報告書」(2014年8月)

でも言及されている部分ですね。

佐藤　そうですね。このように企業にとってきわめて重要な場が総会なのですが、この危機的状況下における総会は本当に難しく、特に三密回避という中で、一方で透明性と未来への安心感の両方を満たすなど、すぐに矛盾に陥ります（笑）。

ただ、企業の透明性や共生持続性を求められている「事の本質」を考えると、意外にいろいろ見えてくるというのが実感で、特に弊社は3月総会であったこともあり、前例が乏しい以上、これらの本質に照らして対応を考えるしか方法がなかったとは言え、利益創出は当然ながらも社会の公器としての責任を果たすにふさわしい解が何であるかが「事の本質」なのだろうとあらためて実感しました。

大溝　あれやこれや考え始めると、迷路に入ってしまい、その分、時間を浪費してしまう、判断が遅くなってしまうこともありがちです。

そんなときにはやはり、原理原則に立ち返るということが必要で、その上で、トリアージをしていくということが実務を進める上で必要だと思います。

株主総会で言えば、「株主総会はやらなければならない」、「いつまでに？」、「基準日から3か月以内」、「基準日とは？」、「定款規定」、「開催のための法的手続は」……と原理原則を並べていくわけです。そうすると、押さえるべきポイントが見えてきて、危機管理下でやらなくてもよいことが見えてくる。大概は、社内の根回しが省略できたりするわけですね（笑）。

佐藤　感染不安のない会場設営とは何か、お土産はどうするのか、来場株主の体調管理と対応、三密回避可能な動線、もっと言えば議長が罹患した際の対応等々、すべて過去の前例を踏襲できない状況であるものの、これらの一つひとつを考える際に、株主への直線的な利益ではなく、社会正義や責任として、どのような批判や異論に対しても胸を張って我々の対応がそれらに照らして正しいと言える選択肢がどれか、を考慮して決断を行うことが大事なんだとあらためて感じた総会でした。大溝さんが仰ったように、法律要件を満たした上で、他方で総会に寄せられる期待の充足と社会的責任が果たせる運営とを両立させ、株主への全力の配慮は行いつつも毅然と企業市民としての責任の全うを優先する、つまりは法務パーソンの日々の姿勢にて最も私が重要視している「卓越した専門性を駆使しつつ、企業市民としての立場とビジネス永続性を総合勘案し妥当な解を導く」というスタンスで臨めば、自ずと対応は見えてくるかなとあらためて感じた次第です。まぁ14年ぶりに事業サイドに異動しているので、実のところ私はそうした議論の光景を見ていただけなのですけどね（笑）。

少徳　大溝さん、佐藤さんありがとうございます。総会運営においても、このような危機下においては原理原則・本質に立ち返って考えることが重要なのだとあらためて感じました。他方で、「過去事例に依拠したい」という気持ちも、どこかありますよね（笑）。この点はいかがでしょうか。

大溝　少徳さんの仰るとおり、やはり「過去に参考になるものはなかったのか？」となるわけですが、たとえば、東日本大震災は未曾有の大災害でしたから、2011年には、それまで"常識"と思っていたものを覆すような判断や解釈が出されました。個別の判例といったものではなく、行政としての判断が示されたわけですから、これは大きいです。

　ということで、さきほどの原理原則に東日本大震災の時の判断を加味してみると、「やるべきこと」、「やれること」、「悩ましいこと」、「やらなくていいこと」が見えてきます。

　たとえば、「基準日」は変えられないのか、というと、変えられる、では変えてしまうと何が起きるのかを考え、変えるにはどういう手続が必要かを整理していく、こうしていくと、目の前に絡まっていた紐が解けて、選択肢が選びやすくなっていくと思います。2011年に総会を担当された人に聞いてみれば、いろいろ参考になる話が聞けるのではないでしょうか。

　他に、法定手続の手順、スケジュール、これは原理原則ですから、しっかり押さえ、社内に周知させる。その上で、たとえば、招集通知は簡略化できないのかなど、作業負荷を軽減していく方法を考えるわけです。

　選択肢を示し、実現可能性まで詰めれば、あとは経営判断、と放り出すわけにはいきませんが、進むべき道が見えれば、多少道が荒れていても進めます。

　たとえば、「6月に総会を絶対にやる」と決めるだけでもずいぶん違います。そ

こは経営判断かもしれませんが、「これだけはまず決めてくれ」というのもスタッフ部門の大事な仕事だと思います。

少徳　お話を伺っていて、現場の混乱をどう乗り切ってこられたのかがよくわかります。総会担当者として、実現に向け道筋をいかにつけていくかが、腕の見せ所ですね。開示業務についてはいかがでしょうか。

大溝　開示業務も同じです。会社が、あるいは従業員が大変な時に、そんなことは……となりがちかもしれませんが、ルールはルールとして存在し、それに対する行政の対応が変わらない限り、我々はルール遵守が必須です。さらには、緊急事態になると行政側からも影響を受けることがあり、通常時より神経を使わなければならないこともあります。まずは「いつまでに」、「何を」やらなければならないかの基本を押さえる。次にどこまで社内手続などを簡略化できるか、簡略化してはいけないものは何かを整理する。

　ここまで整理しておくと、行政側がさまざまな緊急通達を出したとしても、迷いがなくなると思います。

●法務担当者・責任者に必要な心構え

少徳　ここまでは、今回のコロナ禍において感じた点、気づき、といった側面から基本・本質に立ち返ることの重要性についてお話しいただきました。次に、実際に業務に従事する上で、法務担当者・責任者に必要な心構え、といった点について伺えればと思います。可能であれば皆さんの会社の対応状況を含めお話しいただけますか。

森　弊社が運営するテーマパークは、今

回の新型コロナウイルスの感染拡大に伴い、まずは、パーク内で働く従業員にマスク着用を認めました。

その後、さらに感染が拡大し、2月29日から、閉園して今に至っています。

閉園に伴い、お客様に購入していただいたチケットはキャンセル、パークで予定していたイベントもキャンセル……と、これまで経験したことのないキャンセルの嵐に見舞われました。いったい、どういう対応をすればよいのか、法務部の意見も求められました。

チケットポリシーや契約書を見直し、必要に応じて外部の専門家の意見も伺い、対応の根拠を法的に整理することが求められました。対応すべき事象はパーク開園後はじめての経験ですが、対応に求められるスタンスは、平常時と同じではないか、と感じました。ただ、どっと押し寄せてきた感じはありますが（笑）。

田邉　危機下においては、激しい環境変化の中で、同じような課題がさまざまな部署で同時に発生します。そのため、社内イントラネット内の特設サイトへQAを掲載したり、メーリングリストを使って情報共有を積極的に進めて、全社で共通の理解とスタンスがとれるようにしています。

また、会社の方針や対応については、社外に対しても社内に対しても情報開示をしっかりと行い、信頼を維持していくことが大切です。今回も経営層、事業所スタッフなど多くの関係者と密接に連携をしながら、対応をしています。

宮田　弊社でも、コロナ禍における下請法の遵守、契約にある不可抗力条項につ

いての自社の考え方などについて、「法務News」という社内への啓発メールの形でなるべく早く発信するなど、可能な限り混乱が起こる前から指針を示すように心がけました。

経営法友会や法律事務所主催セミナーの受け売りもありましたが、社内でも好評をいただき、緊急時こそ、正しい情報をわかりやすく発信することが必要だとあらためて認識しました。

清水　弊社は神戸の会社であるからか、コロナ禍に対する初動は遅く、在宅勤務化も非常に遅れていました。そのため当初会社は「不要不急の業務」から順次在宅勤務へというような雰囲気がありました。その時私は、「我々の仕事は不要不急の業務ではない」と皆に檄を飛ばし、全員出社していました。幸いにも感染者が出ず問題とならずに済みましたが、結局今では20％未満の出社率が部の方針となっています。もちろん、私が示したかったのは根性論ではなく、「このような状況下で法務部というのは、とても重要な部門ですよ」ということです。未知のトラブルが生じ、現場の同僚は路頭に迷っているという状況下で、在宅勤務においても、やはり現場に思いを馳せる、寄り添うという態度／心構えが大切ではないでしょうか。

少徳　皆さんありがとうございます。Face to Face でコミュニケーションを図ることが難しい今だからこそ、法務部門から積極的に情報を発信し、想像力を働かせてお客様や現場の状況に思いを馳せることが重要ですね。

新型コロナウイルスの対応について社

内でタスクフォースを作って対応に当たられている方はいますか。

田邉 弊社は、法務部門がリスクマネジメント・危機管理全般について担当をしています。実際には、事業部門、人事総務部門やIT部門など分野ごとの主管部門、そして各地域統括会社のリスクマネジメント担当のメンバーと一緒になって、タスクフォースを作って対応を行っています。

コロナウイルス感染症対策については、当初1月上旬に中国エリアで開始され、2月にはグループ全体の対策本部に移行しました。社長が対策本部長となり、法務執行役員が事務局長を担っています。感染地域の拡大にあわせて、中国から韓国・東南アジア、ヨーロッパ、米国、日本と対応の中心を移行しながら、現在に至っています。

日本においては、2月頃から在宅勤務を推進し、緊急事態宣言発令後は、可能な職掌の従業員は原則在宅勤務を行ないながら、柔軟な運用を行ってきました。

現在は、経済活動の再開が進む中で、緊急事態対応後の"With コロナ"も見据えた運営について議論が進んでいます。

少徳 法務部門が積極的にリードしながらこのような危機下の対応に当たられているのは素晴らしいですね。

田邉 法務部門は、経営や現場から情報が入ってきやすい部署なので、このような危機下においては積極的に、社内で問題に対処する組織の構築などに関与していくことができると思います。

少徳 たしかにこれまで以上に、法務部門がリーダーシップを発揮して、このような危機下における社内横断的な組織づくりの音頭をとることが必要になる場面も増えそうですね。心構えについてはいかがでしょうか。

田邉 法務部門は、普段からコンプライアンスやリスクの観点から、経営の意思決定を支える役割を担っていますが、危機時には、ステークホルダーへの説明責任をしっかりと果たしていくために、さらに高い品質とスピードが求められます。

たとえば、出張規制や駐在員の帰国などを検討する際の企業としての安全配慮義務の考え方や、事業の活動が低下するにあたっての下請法を含めたお取引様に対する責任など、法務の基本をしっかり押さえておくことはもちろん重要です。

また、対応の準備をプロアクティブに行っていくにあたっては、たとえば、特措法が施行されたら実際にどのようなシナリオになるのか、それは各国のロックダウン規制とどのように異なるのか、といった情報を掴み先読みする力の必要性も実感しています。

足元の組織運営でいえば、対策本部業務の負荷が高まっていたり、誰かが感染して業務が止まってしまうリスクの観点からも、速やかにリソース投入やバックアップができるようにメンバーの能力向上や手順の共有をしておくことの重要性を痛感しました。

山形 先読みする力の重要性については私も同感です。今回の事態でマスクが品薄になることは容易に予想できますが、"休校"と"Stay Home"が重なると小麦粉やホットケーキの素（粉）が品薄になることを外出自粛が叫ばれる直前または直

後にすぐさま思いついた人はどのくらいいたのでしょうか。

　もしこれをすばやく予測できれば、買い占めにならない程度で必要な量を品切れ前に購入することができます。これを我々の仕事の分野でこの先に起こりそうなことは何か一歩踏み込んで考えて、それぞれ事が起こる前に手を打つことができれば影響をミニマイズすることが可能になると思います。言うは易しで、簡単に先読みできるものではないとは思いますが、物事の連鎖を深く考えてみる姿勢が大事かと思います。

佐藤　私は企業または企業人の競争力は先見性×決断力で決まるものであり、先見性は情報×想像力、決断は判断力×理想で構成されていると思っています。とりわけ危機的状況下においては競争力を企業力と読み替えてもよいと思いますが、いずれにせよ未来を見据える力と、英断する力がこういった状況であればあるほど重要なんだと思い知らされます。

　私が部下と接する際、「想像力と判断力は個人の資質的要素でもあるため、ある種優劣を問いにくいが、理想や夢を描くことと情報を集めることは誰しも可能なわけで、少なくともこのポイントだけは不断の努力を行え、そうすれば自ずと判断力も想像力も磨かれ、結果、競争力は養われるはずだ」と常に話しています。今日のような前例のない危機的状況下においても同様であり、企業として、また一法務担当者として、まずはとにかく法律知識含め情報収集が重要であると思います。政府の動向はもちろん、BCP上に問題はないか、従業員は何に困ってい

るか、社会は何を求めているか、今後何が起こり得るか、そしてそれらを解決する上で何がボトルネックか、他社はどのように動いているか等々。こうした課題抽出のための情報は企業、もしくは法務担当者が今何を検討すべきかの着眼点を生み、それらを重要度と緊急度によって整理することで、今、自身が考えるべき事項は何であるかが見えてくると思います。

宮田　先ほどの話にもありましたが、緊急時こそ、基本となる法律や自社の現在の状況や、他社の対応状況をできるだけ集めた上で、大局的な観点から冷静に検討する必要があると思います。そのような情報を収集するためにも、経営法友会をはじめ、平常時から多くの研究会や勉強会に参加し、顧問弁護士等の専門家とのパイプを作っておくことが重要だと思います。

田邉　共通のフレームワークや過去のノウハウを蓄積しておくことも、危機対応においては、非常に重要なポイントと考えています。今回のコロナ禍においても、弊社の「リスクマネジメントルール」に従った方針と体制の下で運営をしています。また、対応にあたっては、当初は以前に作成した新型インフルエンザの対応ガイドラインを参考にし、徐々に今回のケースに合わせて見直しを行っていきました。危機対応に際しての「Bad News First」についても、常に重視をし、浸透を続けているところです。

少德　皆さんありがとうございます。先を読む力、先見性が、危機下における法務担当者・責任者の基本所作を語る上で

のキーになっていると感じました。その
ほかにも何か重要と考えているポイント
はありますか。

佐藤 何より大事なのは、あるべき理想
像ですね。収集された法律や情報により
課題が見いだされ、それをどう解消すべ
きかを考える際、複数の選択肢が生まれ
ると思います。そのいずれを選択するか
を考える際、平時であれば一定の社会的
責任が満たされていれば法と経済合理性
のバランスで決断するのがおおむね理想
的だと思いますが、こうした危機的状況
下においては余程の経営環境でない限り
は、先義後利の考え、社会の公器として
対社内外にどういった企業でありたいか
の理想像における決断が重要なんだと
思っています。こういった時こそ企業も
個人も本質が出ますし、それを見られて
ますしね（笑）。

　危機を乗り越え、永続的に成長し続け
る企業や個人であるためにも、情報収集
からの課題抽出、そして常に理想を念頭
に、法、権利義務、常識的尺度、これら
を柔軟に活用できる法務パーソンである
ことが重要なんだと今あらためて感じて
います。

少徳 佐藤さん、ありがとうございま
す。企業内法務のあるべき理想像は、平
時から考え抱く必要のあるものではあり
ますが、このような状況下だからこそ、
各社、各人があらためて考える機会にせ
ねばなりませんね。それが今後のより強
固な拠り所になるはずですので。

山形 少徳さんのお話もぜひ聞かせてい
ただきたいのですが。

少徳 山形さん、ありがとうございます

（笑）。私自身、ここ数か月の変化は、
「ありえへん！」の連続でした。これか
ら数年かかると思われていたデジタルト
ランスフォーメーションが、この2か月
で実現したと言う人もいます。働き方改
革も同じことが言えるかも知れません。
そんな中、私が、さまざまなことを判断
する際に重要視したベースとなる考え
方、基準は、2つあったように感じてい
ます。1つ目は、傘下のメンバーや従業
員の健康を守る、感染しない／感染させ
ないことができるか、2つ目は、ゼロリ
セットで考えているか、言い換えれば、
固定観念に囚われていないか、です。

　原則、在宅勤務といち早く決めたとき
も、ほんとうに仕事は回るのか、業務効
率は落ちないのか、サービス残業は増え
ないのか、アウトプットをどう評価する
のか、など、いろいろな声があり、私自
身も確固たる答えを持っていたわけでは
決してありませんでした。ただ、この状
況下で、先ほどの2つの基準で考えた場
合、やはり、原則、在宅勤務とし、いろ
いろな問題が出てきたら、都度考えなが
ら進めていくしかないと思うに至りまし
た。もちろん、結果、いろいろな問題が
発生し、すぐさま解決できないものもあ
り、不自由な環境下で業務をお願いせざ
るを得ない状況は続いていますが、マネ
ジメントメンバーの創意工夫やメンバー
間のいつも以上の互いに対する思いやり
やコミュニケーションで、現在も、全
員、在宅勤務を継続しています。

山形 弊社でも今回の事態で多くのメン
バーが在宅勤務となり、Web会議が多用
されることになりました。これら環境の

変化に、在宅勤務になるメンバーには「在宅勤務だからできない」、「在宅勤務だから時間がかかる」など、「在宅勤務だから……」とは言わないようにしよう、むしろ在宅勤務を活用して効率を上げるためにはどうすればよいのかを考えようと伝えました。

鈴木　山形さんが仰るとおり、「在宅だから……」とならず、むしろこの機会を活用して考えることが重要ですね。まずは平時と変わらない法務サービスの提供に努めたいですし、関連書籍や資料の閲覧制限、打合せ機会の減少など、普段どおりには進められない部分もありますが、安易に妥協はしたくはないですね。

山形　弊社の場合、ここで結果を残せば、これまで在宅勤務を導入していなかった弊社でも在宅勤務本格導入に向けたアピール材料にできるかという下心も

ありました（笑）。

　もちろんいつもと違う状況なので、いつもどおりにできないことが出てきますが、それをどうすればこれまでと近いようにできるかを考えることが大事ですね。

少徳　山形さん、鈴木さん、仰るとおりです。緊急事態宣言が解除されたあとも、この経験を活かし、今までは、育児など特別な事情がある人、会社の働き方改革の取組みでトライアル的に取らざるを得ない人のものだった在宅勤務を、新たな「当たり前」にしていきたいと思います。さもなければ、メンバーの苦労が報われませんので。

山形　ありがとうございます。このような事態だからこそ、平常心で、浮かれず、騒がず、粛々と、先を見据えて行動していくことが重要ですね。

第2部：今から学ぶ、在宅勤務におけるマネジメント
我々は停頓しない爲に不斷に變化更新し若返らなければならない。
　　　　　　——フォン・ミュラー翰長手記『ゲーテ随聞記』
　　　　　　　　（木村謹治訳・櫻井書店）

少徳　第1部では、コロナ禍においてあらためて気づいたことを切り口として、基本や原理原則に立ち返る重要性、危機下における法務担当者・責任者の心構えなどについて話をしてまいりました。第2部では、読者の皆様にとっても、今回のコロナ禍で一気に身近になったと思われる「在宅勤務におけるマネジメント」をテーマに、さまざまな視点から議論をしていきたいと思います。

●**コミュニケーション**

少徳　やはり、在宅勤務になりますと、部門の内外問わず、コミュニケーションの取り方が大きく変わってくると思います。この点について、皆さんの会社での工夫や取組み、または皆さん自身の気づきなどについて、社内の状況も踏まえてお聞かせいただけますか。

高橋　弊社法務部門の今の状況をあらためて考えてみますと、当初想定してもなかったような体制で業務を進めている状

況に感じます。今回の新型コロナウイルスの感染拡大に応じた業務体制は、他社様も同様かもしれませんが、段階的に在宅体制へと移っていきました。

当初は、コロナ禍の深刻な状況が広がっていく中で、社内的にも「①在宅勤務の推奨」から「②各部門必要最小限のみのメンバーの出社」、「③不要不急を除く完全在宅」、「④事実上の完全在宅」といった形で進んでいきました。

森 弊社も原則全員在宅勤務になりました。とはいえ、従前のとおり電話会議やビデオ会議は可能ですし、特に急ぎでなければメールで対応できますので、それほど不便は感じていません。通勤時間がなくなったことで、通勤で感じていたストレスからは解放されました。

ただ、全員が出勤していたときは、「今、声かけてもよい？」という感じで軽くコミュニケーションができたことが、今は電話しないといけない、タイミングが悪いと、出てもらえない、という不便はあります。軽い会話から、いろいろな気づきもありますし、問題点の洗い出しもできるので、そういった意味では不便になりました。

高橋 弊社でも、組織内、組織外、弁護士等社外含む業務上の連絡、会議、イベント等、一にも二にも今まで当たり前のように行っていたオンサイトでのコミュニケーションの環境を失った状況となり、その点が業務を行う上での課題となっています。

少徳 コロナ禍によって普通に皆が出社し、顔を合わせて仕事をする、これを前提とするコミュニケーションがまったく成り立たなくなりましたね。顔や様子を見ていれば、たとえ会話を交わしてなくても、いろいろな情報が入ってきます。仕事がトラブってないか、パンクしてないか、周りの人とうまくやっているか、元気そうか、など。また、職場に一緒にいると、直接業務とは関係のない雑談などのコミュニケーションも自然に生まれます。これらを、皆、在宅勤務する中で、どう補完していくかは、ほんとうに難しい問題だと今も日々痛感しています。

森 雑談の重要性については私も再認識しています。雑談から仕事につながる話もできるので、決して無駄な会話ではないと思いますし、そういったコミュニケーションが、人と人とのつながりを作っていた面もあると思います。それがなくなったので、電話会議がない日だと、誰とも喋らなかった、なんていう日も出てきています。これが続くと、人によっては、メンタル面に影響がでてしまいますよね。

実際、在宅勤務になってから、外出自粛と相まって、引きこもりになりがちな生活になっています。そのせいで、精神的なしんどさを訴える従業員も出てきています。

少徳 あまり絶対的な解は持ち合わせていないのですが、マネジメントメンバーとのミーティングの際は、必ずカメラをオンにして、画面越しではありますが、顔を見て会話をする、チームごとのミーティングも、週１回だったものを、短時間でも毎日実施し声を掛け合う工夫をしている組織責任者もいます。

いつもなら立ち話やチャットで済む確

認も電話で会話をし、用件のあとに少々雑談もする。あと、弊社は、Teamsというグループウェアを入れていますので、メンバー全員のTeams下に、「近況・雑談リレー」というチャンネルを作り、毎日担当を決め、仕事以外のお喋り、在宅勤務の近況や趣味、最近気になるものやことなど投稿し、メンバーがいろいろな返信をして盛り上がっています。TeamsのWeb会議システムを、オンライン飲み会に活用することも会社として奨励しています。

森　「雑談チャット」はよいアイデアですね！　仕事の合間のちょっとした気分転換にもなりそうです。弊社では、たとえばヨガのインストラクターの資格を持っている従業員が講師役になり、ヨガの授業を配信して、家の中にいても、体を動かしてもらう、といった取組みを検討しています。

少德　素晴らしい！　在宅勤務下では運動不足も深刻な問題ですから、従業員の健康面にも配慮した、非常に有益な取組みですね。森さん、高橋さん、ありがとうございました。

●文献や書類の活用

少德　在宅勤務下では、日ごろ紙で保管している書類や、会社に所蔵してある法律専門書籍などの文献を参照することが物理的に難しいという問題もあります。皆さんの会社では、この問題に対して何らかの対応を行っていますか。

高宮　弊社では、文献・書籍は、会社に備え置いていて、在宅勤務期間中は見ることができません。なので、会社のイントラにアップされているマニュアル類を

参照したり、同僚に質問したりして、それでも解決できない場合は、弁護士に相談して対応しています。

足立　弊社も同じ状況で、部下から契約内容の確認を求められたときに、会社にいれば、「会社にあるあの本を確認したい、参照したい」というのがあるのですが、今は基本的に家にいますので、たまたま個人的に買っていた本やインターネット検索等で代用したりしています。

清水　弊社では、LEGAL LIBRARYという法律専門書データベースを一か月ほど無料でトライアルしています。一部の分野や著者の本がないといった不満はあるものの、ワード検索できる、試し読みができるといった利点があり、在宅勤務に限らず、今後の書籍管理の方法の幅が拡がったように感じています。

足立　清水さん、そのような法律専門書を電子的に読めるデータベースがあるとは知りませんでした。費用対効果の検討は必要かもしれませんが、こういったものが進むのは非常にありがたいです。会社の本棚スペースの削減にも大きくつながると思います。

　普段から書類のデータベース化をしておく必要性をますます認識していて、部員全員がどこにいても、人事異動で新しい部員が来ても、同じ文献、書類、情報にアクセスできる環境を整備する必要を感じています。

高宮　私もそのような法律専門書のデータベースがあるとは知りませんでした。やはり、法務業務に文献は必須ですので、今後、費用対効果を見定めながら活用を検討していくことになると思いま

す。今後、このようなサービスが増えていくのかもしれませんね。

少徳 皆さんありがとうございます。法律専門書のデータベースについては、今後新たなサービスも出てきそうですので、要チェックですね。書類についても普段からデータベース化するなどの工夫が今後は必須だということがよくわかりました。

●在宅勤務の環境整備

少徳 「文献や書類の活用」にも関連しますが、在宅勤務の環境整備について、今回みなさんが感じられた点、苦慮された点がございましたら教えてください。

足立 弊社では、従来からノートパソコンを使用している従業員は比較的在宅勤務に移行しやすかったのですが、デスクトップパソコンを使用していた従業員は、非常に困っていました。急遽、ノートパソコンを発注したり、中にはデスクトップをそのまま持ち帰った者もいます。

高宮 弊社ではノートパソコンの従業員への貸与が進んでいましたので、社外でパソコンを使用できる状況ではありました。

足立 羨ましいです。

高宮 ただ、自宅にネットワーク通信環境がないとか、自宅はモバイルWi-Fiで容量が厳しい場合などは、通信環境について苦労しますね。

足立 弊社でも、当初は会社が貸与した通信機器でのWi-Fiしか認めていませんでした。しかしながら、原則在宅勤務となり、アクセスが殺到した結果、非常につながりにくくなったため、急遽、一定の条件の下に、家で使うWi-Fiの使用を

認めました。会社が柔軟に対応してくれてよかったと思っています。

高宮 ネットワーク通信が業務実施に不可欠である以上、社外で業務をする際の通信環境をどうするのかは喫緊の課題だと思います。

少徳 ポストコロナにおいても、在宅勤務を推奨していくことを想定すると、自宅の通信環境を会社としてどのようにサポートしていくかの検討は必須ですね。

足立 あとは、作業効率の観点から、ノートパソコンを使用している従業員から、より大きいモニターを見ながら作業したいという要望もあります。従業員の中には、わざわざ自費でモニターを買った者もいます。特にエクセルの作業では、大きなモニターがほしいですね。

高宮 まったく同感です。自宅にモニターがないと、小さなノートパソコンの画面で契約書の検討などをしなければなりません。特に文字の小さい英文契約などを見るのは、作業効率が落ちる人も多いと思います。特に老眼の私には小さいモニターは非常につらいですが、画面を拡大しながら何とか対応しています。

少徳 大きなモニターを一台導入するだけでも、作業効率はかなり変わってきそうですね。そのほかの点についてはいかがでしょうか。

足立 先ほど申し上げたWi-Fiの環境も含め、自分の部屋を持っている、いない、家の間取り、設備の影響もありますし、家族構成によっても勤務に大きな影響が出てくると思います。

高宮 そうですよね。私は、子供が休校で終日家にいますので、リビングは家族

の場として、私自身は寝室にこもって業務をしています。寝室に机がなかったので、机を購入しました。幸い寝室にWi-Fiの電波が届くので問題ないのですが、自室がある方でも、電波が届きにくかったりすると、Web会議時などはルーターの近くに移動する必要がありますから、ご家族との過ごし方の調整も必要になってくると思います。

山形　弊社でも、在宅勤務だと小さな子供がまとわりついてきて仕事に支障があるので出社したいとの希望が出てきました。この場合でも感染リスクを下げることを最優先にして次善の策を考えるようにしています。在宅勤務が実現できればそれだけでよいかと言えば必ずしもそうではなく、子供の相手をしている間は業務時間外とするなどのフレキシブルな対応ができればよいのですが、勤怠システムがこれに対応しきれないことが課題です。

足立　年齢の低いお子さんがいて、保育所が閉鎖し、預かってもらえるところがない従業員は、休みを取らざるを得ない状況になっています。弊社では「特別休暇」として扱うこととなりましたが、小さなお子さんを家で面倒をみながら仕事をする難しさは想像に難くありません。

少徳　仰るとおりですね。従業員個人の負担を軽減するためにも、ご家庭の状況などのさまざまな事情に応じて、柔軟な働き方を許容するルール等を整備していかなければならないと再認識しました。

●労務管理、評価

少徳　在宅勤務は、仕事にメリハリがつきにくく、ともすると、だらだらと長く

仕事をしてしまう可能性があります。また、実際に仕事をしている様子を直接確認できないので、労働時間の管理、評価の仕方についても工夫が必要だと思います。みなさんの社内での取組みについて聞かせていただけますか。

清水　弊社の場合、法務部は通常出社時と同じ、8:30始業／17:00終業、残業無しを原則としています。これを原則とすることで、規則正しいリズムを維持できると考えたからです。ただ、自分でも在宅勤務をやってみて、やっぱり、途中で自主的に1時間休憩して、後でその分を追加するというのも合理的だと思い、課長に相談したりもしましたが、今のところ大きな不満もないため、この原則を当面続けていこうと考えています。もちろん多少の自己采配は各自してくれていると信じています。ちなみに弊社法務部には小さなお子さんのいるご家庭の従業員はほとんどいません。少徳さんの会社はどのようなご様子ですか。

少徳　弊社も平常時と変わらず、残業削減や定時退社の取組み、年休取得を推進している状況です。特に注意をせねばならないのが、言わずもがなだと思いますが、長時間労働にならないよう、労働時間をきちんと把握し、必要に応じ業務負荷の調整を図ることです。弊社は、在宅勤務をする際、始業と終業の際、上司にメールや電話で報告するルールになっているのですが、このルールの徹底とともに、当日、実施する業務や終了した業務を、組織責任者が日々確認を行い、業務量とそれに連動する労働時間を注視しています。

宮田 在宅勤務のメンバーには、業務開始時・終了時、休憩開始時・業務再開時、時間外申請をTeamsのチャット機能で、報告させています。上司は、内容に問題がなければ、「イイね！」マークを付けるだけで済む場合も多く、また、業務開始等はチャットの投稿時間が残るので、比較的管理の利便性は高いと思います。

少徳 Teamsで時間管理というのは斬新ですね！　評価の点については皆さんどのような取組みをされていますか。

山形 弊社では初めて導入された在宅勤務開始と同時に、予定表と日報の2つのフォーマットを作り、毎日直属上司に報告しています。これは、限られた時間内で仕事をする一般社員が在宅勤務でも時間の意識を持って執務してもらう意図で始めたもので、予定表や日報を作成すること自体に負荷がかかるとも思われるのですが、予定表で頭の中を整理し、日報で一日の成果が確認できてよいと前向きに捉えてくれているメンバーもいます。

宮田 弊社でも毎日、在宅勤務の部下に業務終了時に日報を出してもらうことにより内容確認をしています。ただ、正直これだけでは、評価できないため、他部門への回答などのアウトプットが出たときにその質で判断したり、進捗中の仕事についてWeb会議により音声で報告させたり、などを併用しています。

　メール、Web会議、チャットが増えたことで、もしかしたら全体の業務量は増えたかもしれません。

少徳 皆さんありがとうございます。在宅勤務時のメンバーの健康面のケアについては、何か工夫しておられますか。

宮田 弊社は、厳格な出勤制限は採っておらず、会社食堂も運営しているため、一日中、家に閉じこもって、仕事をしている社員からは、会社に出たいという要望もありました。そのような者については、週1～2回は出社できるようなシフトとしました。一方で、まったく会社に出社しない者もおり顔色等もわからないので、特にあまりチャットに入ってこないメンバーには、Teamsによる通話等を行い声のトーンなどを確認するようにしています。また週に一回、Teamsによるグループミーティングでメンバーの表情を見ながらお互いに話すことも多少のストレス発散にはなるのではないか、と考えています。

高宮 私も、毎週月曜日に、30分間程度のWeb会議を実施しています。普段のWeb会議では、映像を入れたり、入れなかったりですが、部のメンバーの週1のWeb会議は、幸い、全員自宅にWi-Fi環境があることもあり、映像付きでお互いに顔を見ながら話をしています。最初に業務上の話をして、残りは近況報告等の雑談ですね。

　ちょっとしたトピック・時事ネタの共有など、近くにいてすぐに話ができるから触れる話題というのは、在宅勤務だとやはり少なくなりますね。先ほど、「コミュニケーション」の部分でも触れられていましたが、意外とそういった情報が仕事につながってくる場合も多いですし、会話で気分転換にもなりますから、程度問題ですが、やはり雑談も必要だと思います。

山形 弊社でも、雑談の功罪の話題が出

ています。これまでは会社で雑談をすると仕事が止まって効率が落ちると思っていたが、在宅勤務で雑談がなくなると、仕事に集中しすぎてとても疲れる、雑談から得るものもあったことに気づいた、などの意見です。

　また、一日中誰とも話さず声を発しないことがストレスになるとの意見を聞いたので、毎日決まった時間に全員揃ってWeb会議で会話することにしました。この時ばかりは回線の負荷を無視して全員顔が見えるようにして、話題は特に決めず雑談に近い内容で全員が話すようにしています。脳を弛緩させる時間だと思っています。

　表情が見えると安心感があり、とりとめのない会話をすることや他の人がいま何をしているのかわかってよいなどの意見も出ています。ただ、この方法は10人程度までのグループが適当かと思います。

少徳　皆さんありがとうございます。これまではあまり過大視されてこなかった在宅勤務によるストレスをどう解消させていくのかも、今後マネジメントに必要な視点なのだと実感しました。

山形　少徳さんの会社ではどのような取組をされてらっしゃいますか。

少徳　在宅勤務のメリットを活かすために、一部ルールを緩和しました。当初は、在宅勤務の際も、昼食時間や連続勤務は所定どおりだったのですが、昼食時間を長めに取って気分転換も兼ねて夫婦や家族でランチをゆっくり楽しむことや、夕方から数時間仕事を抜けて、子供をお風呂に入れたりご飯を食べさせたり

した後、再度仕事に戻る等の柔軟な働き方も運用で認めています。ただ、悩ましいのは、それでなくとも組織責任者に負荷がかかる中、多様な働き方を認めると、組織責任者の労務管理にさらに負荷がかかることですね。

山形　ありがとうございます。勤務時間の運用を柔軟化されていて素晴らしいですね。しかし、仰るとおり、組織責任者の方の負担をいかに減らしていくかも、同時並行で議論していかなければなりませんね。

●仕事の仕方、考え方の変化

少徳　これまでは、組織をマネジメントする、といった側面からコミュニケーションや労務管理についてお話しいただきましたが、みなさん自身の仕事の仕方、考え方については、どのような変化があったでしょうか。

宮田　今回在宅勤務を実際にしてみて、かなり考え方が変わりました。以前は、どちらかというと在宅勤務に否定的でした。

　妊娠・育児中の社員の通勤時間を削減することによるメリットについては、当然認めていたものの、雑談のように他のメンバーと意見の擦り合せをした上で他部門への回答をすることよるグループ内の考え方の統一、情報共有化やメンバー相互間のレベルアップ（OJT）は、場所を共有することによってしかできないと考えていたためです。

　しかし、Teamsによるチャット機能やWeb会議システムの利用の仕方を工夫すれば、在宅勤務であっても、意思統一や情報共有はスムーズにできることを体感

しました。

少徳 私もさきほど述べたとおり、原則在宅勤務とするに当たっては「本当にうまくいくのか」と懸念した点がたくさんありましたが、やってみるとさまざまな利点も見つかり、できるもんだなと感じています。

山形 私自身はいまでも毎日出社が基本になっていますが、一度在宅勤務をした時に、1日で7本もWeb会議が入って、次から次に接続してそれだけで定時内は終わりました。それに加えて回線の混雑で通信状況が悪く、「聞こえますか？」などの会話で1.2倍くらい時間がかかっているイメージです。これは正直かなり疲れましたので、在宅勤務も大変だなと実感しました。

少徳 山形さん、1日7本はすごいですね（笑）。私も、今まで、オフィスに顔を覗かせ立ち話や雑談で調整や判断ができたものが、いちいちスケジュール調整の上Web会議の設定が必要になり、結果、日がな一日、次から次へとWeb会議をする羽目に。また、Web会議だと、いつも以上に会話に集中をせねばならなくなり、同時並行でメールを確認することが難しく、それでなくとも増加しているメールへの対応にアップアップしているという実情もあります。

高宮 私も在宅勤務になってからは、事前にスケジュールを入れてのWeb会議か、メールでのやり取りが多くなりました。また、不在者の電話を取ることもないですから、「固定電話が鳴ったのを取る」ということが減り、結構、継続して集中できる時間が確保できているように

思います。

ただ、ちょっとわからない、過去類似の対応経験があるかどうか聞いてみたい、など、ちょっと人の意見を聞きたい場合、席が近いと、相手の業務状況を見つつすぐに話ができるので、その点は同じ場所で仕事をしているメリットだと思います。在宅で、ちょっとした内容で、わざわざメールを書いたり、電話をかけて質問したり、というのがちょっと億劫なことがあります。結局聞きますけど（笑）。

少徳 私自身、頻発するWeb会議や増加するメールの問題に対する解は見いだせていないのですが、情報共有や報告のためだけの会議は、Teamsチャンネルへの情報投稿やメールでのやり取りで済ませ、審議や判断が必要なもののみ会議を実施する、また、よりシンプルなやり取りが可能なチャットをさらに活用し、メールでのやり取り負荷の軽減を図る、あたりからまずは始めたいと考えています。

山形 Web会議とメール対応の頻度をいかに低減するかは、切実な悩みですので、私もみなさんのお話を参考に、できるところから取り組んでいきたいと思います。

宮田 今回のコロナ禍で、現代のIT技術の進歩を強制的に試す機会ができたことにより、ようやく他社様のレベルに少し近づくことができたかな、と感じています。

また、会社トップが、在宅勤務の重要性・必要性を認識し、これを積極的に推進してくれたことで、全社的に在宅勤務

という働き方の理解が進んだと思います。

少徳　会社トップの理解を得られるかどうかは大きいですね。さまざまなITツールを使いこなすことは、アフターコロナの仕事では不可欠になりますし、かねてから課題とされてきた生産性向上や業務プロセスの効率化にも今回得られた経験はつながると思います。

山形　皆さんに聞きたいのですが、Web会議より直接会って打合せをしたほうが内容が濃い話ができると感じたり、そのために出張に行きたいと部下から言われた経験はないでしょうか？　回線を介して会話するとほんのわずかに発生する時差でギクシャクしたり、相手の息遣いというか、態度がよくわからないことがありますが、直接会うとスムーズにいくことがあります。これからしばらく対面することすらできないとなると、M&Aなどハードなネゴシエーションが必要な場面では苦労することもでてくるのではないかと思います。

高宮　たしかにWeb会議だと、タイムラグがあったり、発言タイミングが被って会話がストップしたりもしますよね。何より相手の表情がわかりにくいですので、複雑で内容の正確な確認が必要な案件など、対面で行ったほうがよい場合も多いと思います。

宮田　私の場合、業務で悩んでいる、仕事がうまく片付いた等の理由で、手が止まっているメンバーの様子を目で見て確認できないという点でデメリットを感じることがあります。ただ、幸いにも弊社の法務メンバーは、「もう少しで今の案件が終了して手が空きそうです」などと訴えてくるので、チャットなどでやり取りしながら仕事を再配分するなどしています。また、メンバー同士の相談内容が、後からでもチャットで確認できるので、これまでは出社していても会議で席を外していたメンバーには情報共有できなかったことを考えると、むしろ情報共有にはこちらの方が優れているかもしれない、とも考えるようになりました。

山形　ありがとうございます。宮田さんの仰るとおり、リモート環境になってポジティブに感じることもありました。Web会議を使って社内勉強会をした時に感じたのですが、イアホンをすると周りの雑音も遮断され耳元に直接クリアな声が聞こえるのでオンサイトより集中して聞くことができ、平常時でもこの方法はよいのではと思いました。

高宮　私も在宅勤務の期間が長くなって、Web会議の経験値が増えてくると、資料の共有も容易でコミュニケーションがかなり図れると思いましたし、特に遠隔地とのやり取りは移動時間を考えると非常に効率的だと感じました。あと、Web会議の方が予定どおりの時間にみんなが会議に入ってくることが多いように感じています（笑）。

高橋　高宮さん、たしかにそうかもしれませんね。

　みなさんが仰るとおり、オンサイトでのコミュニケーションについては、「メールや文書ではなく直接話ができるからこその効率アップ」が期待できる反面、オンサイトでのコミュニケーションのみを前提とする硬直的な運用をすると「効率ダウン」になる場合もあるなと感

じました。

　そこで、ある意味今回のコロナ禍における、在宅勤務での仕事のしにくさについては、仕事のしにくさを洗い出し、その改善策を整理することで、今後の日常業務の効率化につながるきっかけになるのではないかと考えています。

山形　高橋さんの仰るとおりですね。すでにこれまでのやり方を変えて対応していることも結構あります。たとえば、これまでは疑うこともなく必須と思っていた押印やサインなども、いまはさすがに可能になった時点でいいと会社も容認する場面がでてきています。いままで絶対必要と言われていたことでもやればできるんやって感じです（笑）。

清水　在宅勤務そのものもそうですが、やはり何か非常時のようなことが起こら

ない限り、新たな事に挑戦する姿勢が欠けていたのかな、と考えたりして、このことは、ささやかではありますが、コロナ禍でのポジティブな影響であるのかなと思っています。

山形　この先は、感染の回避と経済活動の正常化のバランスの中で、徐々に緩和されていくとは思われるものの現状が長期化することを想定し、"現状が通常"になると考えてどう働き方を変えていくかを考え始めています。

少徳　皆さんありがとうございます。今回得られた経験を活かし、在宅勤務が浸透した今の状態を一過性のものとせず、よいところは維持し、悪いところは改善を加えていきながら、この新たな働き方をしっかり定着させていかなければならないと、思いを新たにしました。

第3部：今を活かす、新しい働き方に向けて

> さあ、でも来い、おれの身体がねじれるならば、ねじってみろ、という了簡で、事をいて行く時は、難事が到来すればするほど面白味が付いてきて、物事はもなく落着してしまうものだ。
> ——勝海舟『氷川清話』
> （徳富蘇峰（序）吉本襄（撰）・土曜社）

少徳　いよいよ、このバーチャル座談会も最終部にはいります。第3部では、「今を活かす」をテーマに、今回のコロナ禍で得られた経験や教訓を、業務にどのように活かしていくのか、また、今後法務部門に期待される役割は、どのように変化していくのかについて、議論していきたいと思います。

●**業務プロセス**

少徳　まずは、「業務プロセス」をテー

マに議論したいと思います。押印、稟議、プロジェクト管理、法務研修など、これまで当然に行われていた業務が、コロナ禍においてそのあり方を問われていると思います。みなさんも苦慮された点が多かったのではないでしょうか。みなさんの気づき、教訓を可能な限りで共有していただき、今後に活かしていきたいと思います。お話しいただけますか。

鈴木　やはり今回のコロナ禍で一番変

わったのは働き方を含めた我々自身の業務プロセスだと思っていて、弊社でも在宅勤務が当たり前のようになり、会議も基本的にWeb会議となりました。弊社の場合は会議室が慢性的に不足していましたが、パソコンさえあればどこでも会議ができるようになったのはありがたいです。

高橋　すでにこれまでの話にもでてきていますが、遠隔でのコミュニケーション手段として、電話・メールは普段から使用していた手段かと思いますが、その他のツールとしてもさまざまなものが活用されています。たとえば弊社においても、単にWeb会議だけではなく、社内システムにおけるチャット機能、資料共有が可能なWeb会議システム、テレビ会議等とシチュエーションやコミュニケーションの内容に応じて使い分けながら実施しています。これらは、コロナ禍のこのような状況になって、はじめて活用することとなったものも多く、普段ではコミュニケーションツールとして活用する俎上にも上がることのなかったものが多いのですが、今後の「働き方改革」としての在宅勤務活用の1ツールとしてだけではなく、弊社における本社・支店間、あるいはグループ間におけるコミュニケーションツールとしても活用していくことで、普段の業務プロセスにおいて使用できるコミュニケーション手段の選択肢を増やすことにつながるのではと気づかされました。

鈴木　弊社でも、必要なインフラの導入が一気に進んだため、今後もさまざまな面で活用したいと思っています。たとえば、法務部員はそれぞれが独立して仕事をする個人商店になりがちですので、Web朝礼で出勤者も在宅勤務者も1日に1度は同じ時間を共有したり、他拠点の法務部員と連携した業務もどんどん活発化させたいと思っています。遠隔地にある拠点向けの法務教育の機会も増やしたいですね。

契約書の捺印処理、伝票処理など、紙ベースで行っている業務はまだまだ多いのですが、このコロナ禍を機会にさまざまな見直しが始まっています。

少徳　なるほど、従来の業務を代替する以上に、インフラ面だけみても、活用の幅がいろいろな場面に拡がっているということですね。従来の業務との関係ではいかがでしょうか。

森　やはり押印問題が発生しています。弊社では、押印は法務部の業務になっています。ニュースでも話題になっていたように思いますが、「わざわざハンコを紙におすために、電車に乗って会社に行くの？　人との接触8割減とか言っているこの時期に？？？」という感じです。

不要不急な契約は見直すように全社に通知しましたが、それでも不要不急ではない契約書等には押印しなければならず……。そうすると、出勤のために電車に乗ってオフィスに来なければならず……。これって、感染のリスクを負ってやらないといけない作業なのか、という疑問は、多くの会社が持たれたのではないかと思います。

宮田　弊社では、緊急事態宣言発出に合わせて、毎日行っていた押印日を週2回に減らしました。

ただし、短納期とならざるを得ない押印書類も多く、当初期待したほどの業務量の削減にはつながらなかったという印象です。

IT系企業を中心に、ようやく日本でも押印文化からの脱却が議論され始めましたが、一層の普及のためには、電子契約についての民事訴訟上の証明力について何らかの法的な手当てがなされることはもちろん、民間同士の手続に関する電子化も不可欠だと考えています。

清水 弊社の場合、電子契約についてはゴルフのプロ契約でのニーズがあり、コロナ禍前から部分的に検討していました。大量の契約書を定期的に締結する必要性、有名プロとの契約での印紙税の節約、さらに言えば、契約書を試合会場などに持参してタブレットでサインしてもらえるようにする等の理由がありました。しかし、今回のような状況下でにわかに必要性を感じ、あらためて検討すると、平時でももっと幅広い分野での採用の利点があることに気づきました。

森 弊社でもこのコロナ禍を機に電子押印が使えないか、という話が社内から出てきています。このコロナウイルスの問題が長引く可能性があるので、導入は避けられないのではないか、と個人的には考えているところです。

今後、弊社で電子押印が導入となれば、それに応じて、押印に関する社内規定も見直そうと考えています。

ついでに、役所が押印された紙の書面を要求する文化も、そろそろ見直してほしいですね。せっかく電子押印を導入しても、役所が受け付けてくれないと、あまり意味がありませんから。

宮田 官公庁でも電子入札システムが導入されているところもありますが、まだIT化されていないところもあります。一体どこがネックになっているのか、という議論がより活発化し、電子化に向かっていくことが必要ですね。

高宮 総務省の有識者会議で、企業間の請求書などの電子書類が本物だと証明する制度を2022年度から始める案が示されたとの報道もありましたので、今後、国が推進していけば、対外文書についても電子化がより進むのではないかと思います。

少徳 みなさんありがとうございます。やはり押印の問題は、今後も検討が必須ですね。契約は相手がいるので簡単にはいかない場合もあるとは思いますが、このコロナ禍を機に各社で電子押印や電子契約の導入が進むのではないでしょうか。また、官公庁でも電子手続を推進する方向性となっていますので、今後の動きに要注目ですね。社内手続などについてはいかがでしょうか。

高宮 社内手続等では、ワークフロー等電子化されているものはもちろん、電子化されていないものについても、電子メールベースで承認者の確認を得て証跡を残すなどにより、在宅での勤務が可能なように対応しています。

宮田 弊社でも、稟議、契約書検討依頼、プロジェクト管理など会社の多くの手続がイントラネットのDB上で処理できる仕組みを整えられていたのが、このような緊急時には、とても役立ったと思います。

誰がどの仕事をしており、どこで手続が滞っているかが可視化でき、新規案件を誰に担当してもらうかという業務配分について、リモートであっても見当をつけやすい体制が整っていたと思います。

今後、代表者印の押印受付・審査もDB化することで、より効率的な運営が可能になるのではないかと考えています。

少徳　高宮さん、宮田さん、ありがとうございます。社内手続についても電子的に処理できるようにすることで、効率化も図れ、業務量の見える化もできるということですね。そのほかの点で、何か工夫されている方はいますか。

高橋　業務プロセスの効率化に関しては、法務分野としては、法務としての顧客の一つである社内の相談者（相談主管部）への貢献の効率化として、相談QAの展開、相談チャットボット等の仕組みといった、法務相談事例の見える化等は、すでに進められている会社も多いのではないかと思います。

一方で、今回のコロナ禍で法務メンバーが自宅で業務に従事することにより、より感じたのが、相談主管に向けた相談事例の見える化だけでなく、法務内における業務ノウハウの見える化の必要性です。法務業務といっても、弊社においても、事業分野や事業形態に応じて特に必要となる法令がいくつかあります。そういった法令分野については、上記のようなQA形式で相談主管に対して回答するレベルの簡易なものから、必ずしもそのようなQA形式にはそぐわない詳細な議論の蓄積によるノウハウもあります。

こういったノウハウの共有・伝承が、

弊社においては、これまでは、保存された当時の資料とそのノウハウを前任者から伝承を受けた個人間での属人的な共有・伝承にもっぱら委ねられている実状があります。

したがって、普段であればそのノウハウを活用する必要に迫られれば、同じ職場でそのノウハウを持っている担当者に声をかければ、聞くことができるといった安心感のもとに成り立っていた業務プロセスでした。

しかしながら、このノウハウ伝承手法については、対面での人対人とのコミュニケーションに依存した業務の進め方が前提となっており、今回のようなコミュニケーション手段に制約を受けた経験を踏まえると、組織内のノウハウについても見える化、共有が可能な手段の充実化の必要があるのでは、と感じました。

弊社においては、実は今回のコロナ禍が表面化する、少し前の段階から、法務メンバー内で共有するノウハウをまとめたガイドを作成してはどうかという議論が上がり、一定程度時間をかけてでもノウハウを持ち寄りまとめていこうといった試みを始めています。

鈴木　高橋さん、素晴らしいですね。弊社では、グローバルレベルで法務部同士が教育資料を共有することができないか、といった検討が進み始めました。

少し話が変わりますが、弊社で手探りが続いているのが新入法務部員に対する研修です。4月に入社したものの、入社当日にパソコンを受け取ってそのまま在宅勤務となっています。

複数の若手社員に新入社員研修チーム

を立ち上げてもらい、日々の研修プログラムの策定・実施のほか、面談も実施してもらっています。

少し疲れの見える新入社員には2年目の若手法務部員が自主的に電話フォローもしてくれているようですし、課単位で茶話会のようなイベントを企画してくれています。県外から就職してきた新入社員もいますので、いつも以上にきめ細かなフォローをしてあげたいと思っています。

ノウハウの伝承という点から高橋さんの会社での取組みを参考にさせていただきます。

宮田　弊社も今年からロースクール卒業生1名を採用していますが、教育・指導には、対面で指導できる平常時と比べると、どうしてもやりづらさを感じておりました。皆さんのお話が非常に参考になります。

少徳　高橋さん、鈴木さん、宮田さん、ありがとうございます。「ノウハウの伝承」については、すでに部内に蓄積しているものを「見える化」していくことも重要ですし、今回のコロナ禍でもかなりのノウハウがたまると思いますので、このノウハウをいかに残していくかも重要な視点ですね。

●法務部門の職域拡大

少徳　今回のコロナ禍を通じて、この座談会の中だけでも、不可抗力、総会運営、労務管理や業務プロセス改革など、さまざまな論点が出てきました。平時に行っている業務とは違う側面から、危機下においてはさまざまな問題に対処しなければなりません。そのような文脈の中で、今回のコロナ禍を契機に、いわゆる「危機管理」といった分野を含め、法務部門の職域はさらに拡がっていくのだと思います。最後はこの点についても少し触れたいと思います。田邉さん、いかがでしょうか。

田邉　危機管理もそうですが、ビジネス全体の不確実性が高まっている中で、法務に期待される役割は確実に大きくなっていることを感じます。主担当・主管部門が別にいて、法務がサポートするという関係から、法務が共同であったり主部門そのものとして、対応するテーマが増えています。

少徳　仰るとおりです。弊社は、法務部門が、リスクマネジメントの事務局業務を担っています。毎年、海外を含む各事業場でリスクアセスメントを実施し、コーポレート、カンパニーレイヤーでの重要リスクを選定の上、主管部門をアサインし対策計画を立案させ、その進捗をモニタリングする業務です。このような機能を担いつつも、いつも悩ましいのは、今回のような非常事態が発生した際、その対策推進に法務部門としてどう関与すべきか、付加価値が提供できるのは何なのか、ということです。

田邉　私が思うに、法務部門として、当然の前提となる法律の専門知識の高さ、信頼に加えて、共通して求められている能力が3つあるように思います。

1つは、プロジェクトマネジメント能力です。経営層、事業担当者、海外メンバーなど、異なる視点や背景を持つ関係者の意見をまとめて、前に進めていく力は、私たちが付加価値を出していく前提

となっていくと思います。

　もう1つは、インテリジェンス能力です。環境変化のスピードが速くなっていく中で、幅広く、そして一歩早く情報を掴み、分析し、シナリオを提示していく力に対しても、その必要性が高まっていくように思います。

　そして、リスクコミュニケーションの能力です。時には "High Stress, Low Trust" の状態になることがある中でも、法的なリスクヘッジと信頼関係を両立させることができるコミュニケーションは、リスクマネジメントの成否を分ける大きなポイントとしてますます重要になっていくと思います。

　これらは、もちろんつながっています。そして、法務担当者が経験を積んでいく中でベースとして持っている力です。これらを高め、分野を問わず幅広く活用し、法務部門として貢献していくことが、期待されているのではないかと思います。

少徳　田邉さん、ありがとうございます。企業内法務として、高い専門性だけでは、会社が直面する危機への対処に十分貢献ができないと言うのはまったく同感です。これらの多様なビジネススキルも専門性同様に磨き駆使することにより、先を読み、さまざまな意見を集約し、バランスの取れた解を提示し、企業が進むべき道を照らす、そうしていくうちに自ずと、法務部門の職域も拡大していくのだと感じました。

おわりに

さあ、このあとは、あなたがたのおはなしです。
その主人公は、あなたがたです。
　　　　──バージニア・リー・バートン『せいめいのれきし』
　　　　（いしいももこ訳・岩波書店）

少徳　読者の皆様、いかがでしたでしょうか？　取り上げたテーマが多岐に渡り、少々とりとめのない話になってしまい、議論の深堀りが不十分なところもありますが、このバーチャル座談会企画の趣旨に賛同した経営法友会大阪部会有志メンバー一人ひとりが、コロナ禍がもたらしたさまざまなチャレンジに立ち向かう中で、悩み、感じ考えたことの本音を垣間見ていただけると思います。私たちもまだすべての課題に対し解を持ち合わせているわけでもなく、アフターコロナの世界が見通せているわけでもありません。これからも、走りながら試行錯誤を繰り返し、柔軟かつ臨機応変に対応していくしかありません。

　そもそも、コロナ禍に見舞われる以前から、これからの社会経済環境は、"VUCA"だと言われていました。ご承知のとおり、VUCAとは、Volatility（変動性）、Uncertainty（不確実性）、Complexity（複雑性）、Ambiguity（曖昧性）を指します。コロナ禍は、VUCA元来の文脈で語られるものではないかもしれませんが、今まで経験をしたことのない危機に直面するという意味では同じだと思います。私

は、かねてから、このVUCAの時代に必要なのは多様性だと感じています。それを実現するためには、各人、各社だけでは限界があり、さまざまなバックグラウンドや環境に身を置き、異なる価値観やアプローチを持つ多種多様な人材が知恵をだす、その衆知を集めることが重要です。

私は、多様性がもたらすものは、耐久力、適応力、創造力だと思っています。このバーチャル座談会も、まさに衆知を集める活動です。私自身も、他のメンバーの意見や取組みを聞き、さまざまな気付きや学びがありました。そして、何よりも、私も負けてられないと元気をもらいました。読者の皆様にとっても、たとえ解はなくとも、この危機に立ち向かうヒントやアイディアが1つでもあったことを願ってやみません。

最後になりましたが、読者の皆様と大切な方々のご健勝と各社がこの苦難を乗り越えますます発展されることを心から祈念し、バーチャル座談会を終わりたいと思います。

（本座談会で述べられていることは各参加者の個人的見解であり、現在所属する、または過去に所属した組織や企業などの見解ではありません）。

（しょうとく・あやこ／やまがた・ともひこ／たなべ・よしちか／すずき・としなお／あだち・しゅういちろう／おおみぞ・たかし／さとう・けい／みやた・じょう／しみず・てつお／たかみや・たつひこ／たかはし・きみあき／もり・ひさえ）

経営法友会「大阪部会」とは

大阪部会は、経営法友会が発足した1971年から遅れること2年後の1973年5月8日に発足しました。東京のみならず、関西でも経営法友会の活動を展開していきたい、という発足人の熱い思いのもと、19社28名が発足会に参加し、活動をスタートしました。現在は関西のならず、西日本全域の活動を統括しています。毎月1回、さまざまなバックグラウンドを持つメンバーが集まり、月例会、研修会、会員懇談会など各種活動の企画検討を行っています。

19社でスタートした大阪部会ですが、2020年5月30日時点で、関西以西に所在する会員企業は200社に上ります。新規のご入会も西日本の各地からいただいており、近年では、関西のみにとどまっていた活動を、九州・中国・四国などにも、各地域の会員企業の交流を目的とした会員懇談会を中心に拡大しています。

関西に所在する各種機関・団体との意見交換も積極的に行っており、経営法友会における唯一の地域組織として、多方面に活動しています。

28 今、経営法友会に求められる 機能と役割

経営法友会事務局

> わたしたちは、いわば、二回この世に生まれる。
> 一回目は存在するために、二回目は生きるために。
> ──ルソー『エミール』（今野一雄訳・岩波文庫）

1 経営法友会事務局としてのマインドセット

　2020年を迎えた当初は、テクノロジーの利活用が不可避であるとするSociety5.0。私たちは時代に向けた取組みをより積極的に進める一方で、オリンピック・パラリンピックの開催時期には、東京を離れて地域会員会社との交流を兼ねて会員相互の連携を積極的に図るべく、具体的な検討へ着手を始めたところであった。

　ところが、1月下旬頃から新型コロナウイルスの感染が徐々に深刻化し始める。会員各社の海外事業の営業自粛や工場の操業停止が伝わる中、日本国内においても感染が拡大していった。各企業においても在宅勤務の推奨、営業自粛が要請され始め、4月7日には7都府県に緊急事態宣言が発令され、16日に全都道府県に拡大、5月4日には1か月の継続延長の事態となった。14日に39県が解除されたものの、いまだ予断を許さない状況である。

　これまでも、リーマンショックや東日本大震災など危機状況に遭遇してきたが、日本全国の企業において、地域・業種・規模を問わず、これほど甚大な影響が及ぶ事態に直面したことはないのではないか。とりわけ人と人との接触が制限されるという状況において、経営法友会事務局として、会員各社に対してどのような役割を果たしていくのかという現状の課題のほか、これまでの経営

法友会の活動を振り返りつつ、このような緊急事態だからこそ従来からの発想を転換することも必要ではないかとの問題意識の下、経営法友会の根幹となる「法務担当者の情報交換、相互交流の場」「企業法務の重要性についての認識の向上」の観点からマインドセットし、今後の会員各社との協働活動にあたってどのような役割を果たしていくことが望ましいのかについて検討してみたい。

2 法務部門が直面している課題

月並みであるが、法務部門の役割は、自社の事業活動を推進、展開するにあたり、経営層に対してはいわゆる内部統制システムを構築し、運用していくために、各事業部門に対しては、自社に有利に、また、法的にも問題がなく業務が進められるようにサポートしていくことにある。

すなわち、社内の各事業部門の業務が滞っている状況においては、法務部門および法務担当者として従来の所管（業務範囲）を超えてどこまで対応していくことができるのかといったことが重要になる。

緊急事態宣言下における法的問題は各社によって異なるが、たとえば下記のような法的問題について、法務はどのように機能しているのであろうか。各社によって主管部門の違いもあろうが、法務部門が直接関与している企業から、間接的に関与している、あるいは関与していない企業まで、さまざまであるのが実情であろう。

(1) 労務管理

初めて長期間の在宅勤務の経験となった企業においては、在宅勤務者に対する労働時間管理、情報セキュリティ、私物の業務利用、メンタルヘルス等の対応、やむを得ず出社している社員（在宅勤務ができない、またはその環境が間に合わない企業も含む）に対する安全配慮義務の問題、非正規雇用者に対する契約更新や補償への対処のほか、コロナウイルス感染症罹患者への対応（罹患者が役員、社員、家族、取引先等によって異なる場合もある）など、対象者、対象場面によって対応は異なるし、その対応も時間の経過とともに修正が必要となっている。このような状況における法的観点からはどのような検討が必要になるのであろうか。

(2)　ガバナンス関係

　目下の課題は株主総会の開催である。3月の定時株主総会でも問題となったが、さらに、5月、6月の定時株主総会では、緊急事態宣言の発令に伴い会場閉鎖や役員がコロナウイルス感染症に罹患するリスクのほか、最悪の場合、当日開催ができない事態も想定される。すでにそもそも決算発表ができず、招集通知の発送が遅延し開催を延期せざるをえない会社も散見されている。併せて取締役会もまた、出席を前提にした運営方法の見直しも課題となる中で、M&Aや資金調達も中断しているケースもあり、事業の中止・継続にあたってのリスク対応は、日々刻々と変化している状況を踏まえて深刻な問題である。

(3)　不祥事関係

　在宅勤務が継続することによって、個人情報をはじめとした機密情報の漏えい、社内サーバへの不正アクセスなどのセキュリティ関係のほか、不正会計や横領などのリスクも高まる。万が一、不祥事が発生した場合に、事案にもよるであろうが、緊急事態で対応が不十分であったという理由は、ステークホルダーに対してどこまで説得力を持たせることができるのであろうか。日ごろの内部監査や同時に事実関係や調査も制限があり、どこまでの管理体制ができるのか、未然・再発それぞれの防止策も検討していく必要がある。

(4)　取引関係

　法務部門の主管業務であるが、工場の閉鎖や事業活動の休業、従業員の出社制限による業務の停滞、さらに、サプライチェーンをはじめとする関係事業者が連鎖して、納品や支払の遅延といった現状をどのように考え、取引の正常化に向けて何をするのか、契約条項のみでは判断はできない。自社（取引先）の破綻懸念も生じている。一方で、たとえば、実際の倒産事案に関与したことのない法務担当者も少なくない中で、現時点でどのような対応が必要なのか想定できていないとの声も聞かれる。

③　法務部門が求められるもの、法務担当者に求められるもの

　各社が直面している課題は、一般的には上記のようなことが想定されるなか

で、各事業部門ひいては経営陣は、人的にも時間的にも限られたリソースの中で最善の策を講じなければならない。この判断の下支えできるのは法務部門であることに異論はないであろう。すなわち、いずれも法令やガイドライン等の規定や裁判例等の先例、慣習のほか他社の類似事例を踏まえ、当該問題の事実関係から自社における解決（妥協できる）策の見通しなどを総合的に判断していくことになるからである。

　しかしながら、現行の法制度および実務対応では対処できない事態も多く生じてくる。すでに、政府において緊急対策、補正予算措置のほか、官庁からの緊急措置が取られているとはいえ、当面は各社が判断するしかなく、法務部門として、また、法務担当者としてのスタンスが重要となる。

　今後起こりうる事態として現実に避けたいのは、当事者間でトラブル（裁判）となり、最終的に自社が（多大な）損害を被る（回復が見込めない）ことであろう。たとえば、「契約書には不可抗力免責条項（「感染症」等との文言）があるから何とかなるであろう」「過去の裁判例から考えるとこうなるであろう」という対応が考えられるとしたら、「不可抗力の範囲に争いが生じないのか」「先例と同視できるのか」というさらなる問いに対してはどのように考えればよいのだろうか。一概に結論付けることはできないが、既存のルールや考え方に固執するのではなく、あくまでビジネスとして企業法務担当者としての思考プロセスが重要となろう。

　いずれにしても、このような状況の中で経営サイドおよび事業サイドに対して法務がどの程度サポートできるかが、社内における法務部門の評価として問われることになる。

　このような観点から、多種多様な会員企業が集まる経営法友会の果たすべき役割は重要であると考える。同様な悩みを共有できる関係や、すでに対応している企業の経験を参照できる環境などが整っていれば、少しでも早い対応が可能となるし、その情報を参考にした企業からの経験がフィードバックされることにより、さらによりよい実務対応策の手がかりが蓄積されることになろう。

　また、法務部門（法務担当者）がこのような対応ができる前提は、ある程度の経験に基づくところが大きい。団塊の世代が引退しつつあること、各社の異動サイクルが短くなっていることなどから、人材不足、経験不足の担当者が多

い会員企業にとって、経営法友会として実務対応策の手がかりを示していくなど何らかのサポートを進めていくべきであろう。

　さらに、人材育成の観点からも経営法友会に期待の声が高まっている。即戦力として中途採用も増加しているが、現時点で解決すべき課題には対応できたとしても、中長期的に見れば、将来の法務マネジメントとしての人材も必要であり、社内の人員構成と比較して年代構成も考慮すると、新人育成も必要となる。緊急事態対応が優先されがちであるが、従来の研修プログラムが遂行できない会員企業に対してのフォローアップもまた、経営法友会の使命となろう。

　ところで、社内に設置される部または課レベルで法務部門が設置されていた企業は、2000年で51％とわずかに過半数を超える程度であり、その後は順調に推移しているものの、2015年で69％程度という状況にある（第11次法務部門実態調査）。

　また、各社における法務部門の規模・体制はさまざまであるが、典型的な違いは主管業務によるところが大きい。たとえば、契約業務（審査）に関する業務や社内の法律相談、訴訟（弁護士管理）はほとんどの企業で担当している（それぞれ70％超）のに対し、株主総会（招集通知作成や総会準備・運営）に関しては30％程度にとどまっている（第11次法務部門実態調査）。

　今年は第12次実態調査の開催年であるが、今回の緊急事態を受けて、各社における法務の位置づけと、法務部門（担当者）の意識がどの程度変化しているのか、大いに関心があるところである。単に法務部門数や法務担当者の人数だけではなく、法務が社内のあらゆる場面でどのように機能しているのかが垣間見られることを期待したい。

④ 経営法友会の機能と役割

　経営法友会は、"企業法務実務担当者の情報交換の場"として発足した法人単位の任意団体である。

　規模・業種の異なる各社において、経験も異なる担当者同士が「企業法務」という共通キーワードの下で意見交換、自己研鑽に努めるとともに、企業における法務部門としてのプレゼンスを高めるための意見提言や研究活動を行って

きた。

いずれも実際に集い、学び、語らいあって、人と人とのネットワークを積み重ねてきた、いわゆる「三密」状態が経営法友会の根幹であったが、今回の緊急事態によって一時的に停止状態に陥っている。まだしばらくは「実際に」が厳しい状況になることが想定される。これまで50年近くにわたり培ってきた経験を活かして、現状の環境の下で、何ができるのか、また、どのようにしていくのが望ましいのかについて、これまで述べてきたことと併せて、経営法友会機能と役割について整理しておきたい。

(1) 基礎知識の習得と業務課題解決の手がかり

経営法友会の活動は、月例会と研修会がメインであるといっても過言でない。緊急事態宣言の下では、既存の法令・ルールでは対応できない問題への対処に悩まれている一方で、法務部門に新たに配属された担当者にとっては、実務における基本的な知識を習得することもままならないといった状況で、月例会や研修会の充実は継続しなければならない。

現在では、各法律事務所をはじめ、さまざまな団体が無料の法令情報の提供や実務研修講座を開催している。費用対効果としての評価はもちろん重要であるが、経営法友会の提供する内容が、他の団体といかに差別化を図ることができるか、そのことの理解が浸透しているのかどうかが問われている。

企業法務担当者の観点から、時機に応じたテーマから根拠を問う基礎知識に至るまで、さまざまな会員ニーズに応えていくことが求められる。テーマや講師の選定、さらには講義時間やその形式も、既存の枠組みに囚われることなく柔軟に取り組んでいけるよう努めていきたい。

(2) 会員相互のコミュニティ

設立の趣旨の一つである各社法務担当者の相互交流の機能がほぼ停止している現在、あらためてその重要性を実感する。一方で、その交流のあり方についても今一度考える機会にもなっている。研修会、研究会、懇談会等を通じてそれぞれ固有のネットワークが培われてきているが、今後は経営法友会としての循環機能（還元策）を検討したい。

　たとえば、新入会員の共通する期待は、法務担当者としてのスキルアップはもとより、他社との交流を通じて情報を収集することと、さらには他社からの経験則を学び、自社の法務機能を充実させていくことにある。また、この緊急事態宣言の最中では、同業他社はもとより企業の動向として、各社では何を悩み、どのような対応をしているのかについて、逐次情報を得たいと考えても、現状ではなかなかその手掛かりがない。面識のない会員企業（担当者）同士をどのようにつないでいくか、さらには、すでにそれぞれ結び付きのある関係者同士が接点を持てるような環境づくりが課題である。

(3)　守秘義務と情報共有

　各社において守秘義務があることは言うまでもない。また、法務部門としての蓄積、法務担当者としてのノウハウを開示することはそれなりに躊躇せざるをえないこともある。

　しかしながら、大なり小なり、法務担当者の悩みは共通しているところがあり、相互に補完しあう関係にあるのが経営法友会であることを再認識しておきたい。

　法務の業務は幅広く、自社や同業者であれば当然であることも、他社（所在・業種・規模にかかわらず）では未経験であることは少なくない。また、多様な経験者からの話も有益である。一人で悩む話もこの情報共有で解決できることは数知れない。さらに実際の現物（契約書、規程、社内資料等）に接することができれば、百聞は一見に如かず。すでに実用されている生情報は、悩まれている企業にとっては力強い説得力になりうるのではないか。

　各社担当者において、このような関係を成り立たせるためには、担当者相互の信頼関係に基づくネットワークづくりが欠かせない。一朝一夕に作り上げられることでもなく、また、未来永劫続くものばかりでもない。ただし「企業法務」というキーワードで共有できる組織が経営法友会であり、いつでもその接点（機会）はあり、経営法友会事務局がその一助として機能するためにはどうあるべきか、喫緊の課題である。

(4)　意見提言、意見交換

　緊急事態の中では、各社、各団体の実務対応にも限界があり、立法・行政・司法に対する働きかけも重要となる。これまでも関係団体への意見提言・意見交換を行ってきたが、業種や規模にかかわらず企業実務全体として取り組むべき課題については、各団体との課題認識の共有のほか、場合によっては官公庁や大学等に対して検討要請もありうるところである。

　今回のように、既存の法令・ルールでは解決できない場面も多くありうる。立法趣旨を踏まえつつも、当時の状況とは異なる事態が生じた場合にどのように考えればよいのか、実務と理論との交錯場面を検討していくことは次の立法提言にもつながることであろう。

　それぞれ個別会員企業では対処できない問題であっても、経営法友会であれば対処できる問題はありうる。個別企業や特定業種の利益代表ではなく、業種や規模を超えた「企業法務」として、また「企業法務の実務担当者」として意見・提言を発信していくことも経営法友会の使命として考える。

(5)　人材育成とスキルアップ

　法務担当者として必要となる法令の基礎知識と、実務での対応を習得する各研修プログラムは、各社OJTの一環として、また、各社担当者との交流の場として活用されている。法務部門に初めて配属された担当者が多く受講されているが、おおむね高評価を得ている。この形式となって30年が経過するが、これら従来の集合型研修と同様の形式ではない新しいスタイルが求められる。

　また、最近は入社時から法務部志望が増えている。弁護士有資格者の採用も増加傾向であり、法務部門の転職市場も盛況であるとの声もある。各社において法務機能の重要性が意識されている結果でもあるが、企業法務には、スペシャリストとゼネラリストが必要であるといわれ、その必要性は各社で異なる。たとえば、「わが社には人が来ない」「なかなか定着しない」「まだ人が足りない」など、需要と供給のバランスと、理想と現実のギャップはいまだ大きいように見受けられる。とりわけ、今回の緊急事態は誰もが経験したことがない状況において、法務はどのように対応すべきかについては、やはり、長年の経験頼みともいえ、このような経験値を活用できるような会員相互の連携、情

報共有を生かした「法務部門（マネジメント）の事業承継」というテーマも検討していきたい。

(6)　経営法友会事務局の務め

　最後に補足となるが、事務局の役割（課題）について述べる。言うまでもなく、会員各社からの信任がなければ、すべての活動は機能しないのみならず、継続もしない。抽象的には、会員相互の関係性を理解し、会員の利益に資することが経営法友会の利益にもなるとのバランスを認識しながら、具体的には、同時並行的に行われる各種事業を調整して遂行していくことが重要となる。各社法務部門と同様に、また、各法務担当者の方々とともに、事務局としての人材育成、スキルアップを図るという意味での協働的運営に努めたい。まずは、国際交流が途絶しているいまだからこそ、あらためて外国語の習得に励み、加速度を増してやむところを知らないITリテラシー向上を共同体験していくことが課題である。

（飯泉拓野　経営法友会事務局長）

エピローグ
――そこに「残心の構え」はあるか

森　健　森総合研究所 代表・首席コンサルタント
（『企業法務入門テキスト』編集委員）

　今回も錚々たるメンバーによる緊急企画が実現した。経営法友会らしいスピード感と豪華執筆陣により、新型コロナウイルス感染症の大きな「うねり」にどう適応・対抗し、また新たな価値が創出されるかについて論じられており、当方自身もワクワクする思いである。

　僭越ながら本稿では、誌面を少し頂戴して全体のエピローグ的にいくつかの私見をご披露しつつ、同時にリスク・課題の総整理をしてみたいと思う。

「一瞬にして圧倒的な状況の変化（危機の定義）」に立ち向かう法務部門

　まず危機管理体制下の特に対策本部体制のあり方や法務部門の関与の仕方についてだが、この点は今後も議論は活発化していくだろうし、対策本部事務局である総務部やリスク管理室などとの協業方法、対策本部事務局の交代要員確保・バックアップ方法などもすでに実務の世界で課題に挙がっている。

　同時に、危機発生時に法務部門が他部門の通常業務をどのように支援していくかという議論も大切で、危機時・非常時における、たとえば労働時間管理を含む労務管理全般の方法論や、原材料調達の基本契約における不可抗力条項の

〈筆者プロフィール〉　経営法友会「法務組織運営研究会」公認オブザーバー／『企業法務入門テキスト』編集委員。1966年東京都出身。開成高校・慶應義塾大学法学部卒業後、約12年間地方自治体（県庁、市役所）で実務経験を積む。その後企業へ転職し、住友電装株式会社におけるリスク管理体制再構築など、BCP、リスク管理の統括を複数社でマネジメント職として実践。2015年に独立し「森総合研究所」の代表に就任。その他に内閣府「防災技術の海外展開に向けた官民連絡会（JIPAD）」メンバー（2019年〜）など。

見直し論などについて、平時より本気で準備していた組織は少ない中、法務部門が人事担当や調達担当に対し「大枠この範囲に入っていれば大丈夫」と羅針盤を示すこともいつも以上に重要だ。

またパンデミック下の「新しい生活様式」に対応すべく、所管の通常業務をどのような運営スタイルに変貌させていくかも喫緊の課題である。株主総会や取締役会など「会社機能」を維持するための意思決定・コミュニケーションのあり方をどうするか、在宅勤務・テレワークなどの範囲で適用するかなど、すべての業務をパンデミック仕様に変更していく努力はまさにBCPの問題といえ、ここも法務部門の積極関与が求められる。

そしてこれらを下支えする「人材育成」の問題も待ったなしの課題である。人の集合は「密」なので通常の集合研修や直接・対面の指導を抑制しつつ、どのような方法で人材育成に取り組み組織強化や体質改善を継続するかは、法務部門だけではなく、また官民を問わずすべての組織における共通のテーマとなっている。

この点、これは私見であるが、当方は今回の危機を「個と向き合うチャンス」と再定義している。個と向き合い、個の強化を通じて組織開発・体質改善を当面の間は目指さざるを得ない状況で、階層別研修などの基本線は維持しつつも、大胆な人材開発戦術（方法論）の転換が求められている。

平時の「事前対策」も「危機管理」の一部

今回の大きなテーマは「危機管理」だ。危機管理というと発生後の対応がクローズアップされがちだが、事前対策（平時の準備）も実は「危機管理」の守備範囲であるので、この平時の準備に関する「心構え」について最後に二点ほど付言したいと思う。

一点目は「起きると思って準備する」という基本的な姿勢である。

今回のパンデミックについて、平時から本当に起きると思って準備していた組織は、残念ながら少ないと感じている。起きると思えないのは「正常化の偏見」にほかならないが、これに負けないのが危機管理であるし、経営層に「そのリスク対策は必要です。先行投資すべきです。」と取締役会で本来は議論・意見具申すべきところ、現実はついつい後回しになってしまいがちである。こ

れらは役員・経営層が「危機が本当に起きると思っていない」証左であって、こうならないような統制環境づくりも法務部門を中心に、平時からの取組強化が必要だ。

　二点目としては「残心の構え」を挙げたいと思う。「残心の構え」とは武道用語であるが、例えば剣道でいえば「打ち込んだあと、万が一の相手の反撃に備える心の構え」であり、弓道でいえば「矢を射たあとの反応を見きわめる心の構え」を意味する。この心理的な姿勢も危機管理上はとても重要で、特に新型コロナウイルス感染症パンデミック下の現在、特に重視すべき姿勢・心構えである。

新型コロナウイルス感染症・今後の事態の推移予測
（専門家会議資料をベースに森にて作成）

【ポイント①】ワクチンの開発・普及、集団免疫の獲得までは事態は終息しない
【ポイント②】今後数回にわたり「流行の波（再燃）」が発生し、その都度「社会的距離政策」を強化して感染者数を抑え込む
【ポイント③】企業・事業者としてはいわゆる「新しい生活様式」への移行と以降に伴うリスクへの対策が必要になる

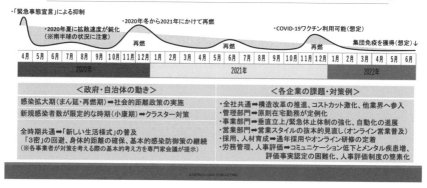

　具体的には、たとえば新型コロナウイルス感染症パンデミックの流行の波第１波が終了した後の小康状態の期間（「小康期」）のうちに、あらかじめ「第２波、第３波」が来ると考えて対策用品の備蓄を再度強化したり、一時的に生産強化を行い製品在庫の積み増しを図るなどは、次の休業期間に備えた対策の先行実施であって「残心の構え」的な発想である。

　また社会全体が新型コロナウイルス感染症パンデミック一色に染まる中、

「他のリスクに対して油断なく備える」という残心の構えも必要だ。そろそろ風水害の季節に入っていくし、首都直下地震も待ってくれるわけではない。もし風水害や地震が発生し、従業員の一斉帰宅抑制が必要になった場合、自社拠点があたかも「避難所」と化して「三密空間」となり、クラスターを発生させてしまうかもしれないというリスクを今から検討しておくという「心のゆとり（あそび）の部分」もあるべきだろう。

「常に備えよ」が危機管理の本質

最後にこの故事を紹介して筆を置きたい。

時は昭和15年（戦前の言い方だと「紀元2600年」）にこれを祝う一大記念祝典が東京で挙行された。当時の国内各界の要人・海外からの賓客が多数この式典に夢中で参加する中、時の連合艦隊司令長官・山本五十六（いそろく）は式典への参加を辞退し、自身は東京湾上に浮かぶ連合艦隊旗艦「長門（ながと）」の艦上に在ったという。

なぜ華やかな記念祝典に参加しないのかという周囲の質問に対して、山本司令長官曰く「皆が祝典に夢中になっているこのようなときだからこそ、私は油断なく空を睨んで東京を守っていようと思う。もし今、万が一、奇襲の東京空襲があったらどうするかを考え、備えているのだ。」

さすが山本五十六、これぞ常に備える「残心の構え」、危機管理の本質であろう。

企業の法務部門には、平時も有事もこの「残心の構え」を経営層に促す重要な役割があるのではと考える次第である。最後までお読みいただき感謝に堪えない。

（もり・たけし）

新型コロナ危機下の企業法務部門

2020年6月27日　初版第1刷発行
2020年7月1日　初版第2刷発行

編　　者　　経 営 法 友 会

発 行 者　　石 川 雅 規

発 行 所　　鹣 商 事 法 務
〒103-0025 東京都中央区日本橋茅場町3-9-10
TEL 03-5614-5643・FAX 03-3664-8844〔営業〕
TEL 03-5614-5649〔編集〕
https://www.shojihomu.co.jp/